Eine Arbeitsgemeinschaft der Verlage

Beltz Verlag Weinheim · Basel
Böhlau Verlag Köln · Weimar · Wien
Verlag Barbara Budrich Opladen · Farmington Hills
facultas.wuv Wien
Wilhelm Fink München
A. Francke Verlag Tübingen und Basel
Haupt Verlag Bern · Stuttgart · Wien
Julius Klinkhardt Verlagsbuchhandlung Bad Heilbrunn
Lucius & Lucius Verlagsgesellschaft Stuttgart
Mohr Siebeck Tübingen
C. F. Müller Verlag Heidelberg
Orell Füssli Verlag Zürich
Verlag Recht und Wirtschaft Frankfurt am Main
Ernst Reinhardt Verlag München · Basel
Ferdinand Schöningh Paderborn · München · Wien · Zürich
Eugen Ulmer Verlag Stuttgart
UVK Verlagsgesellschaft Konstanz
Vandenhoeck & Ruprecht Göttingen
vdf Hochschulverlag AG an der ETH Zürich

Katja Kessel/Sandra Reimann

Basiswissen
Deutsche Gegenwartssprache

Zweite, überarbeitete Auflage

A. Francke Verlag Tübingen und Basel

Katja Kessel M. A. studierte Germanistik, Pädagogik, Deutsch als Fremdsprache und Internationale Handlungskompetenz an der Universität Regensburg und Boulder, CO, USA. Von 2002 bis 2006 war sie als Wissenschaftliche Mitarbeiterin am Lehrstuhl für Deutsche Sprachwissenschaft in Regensburg tätig. Derzeit arbeitet sie als Referentin der Hochschulleitung an der Fachhochschule Coburg.

Dr. Sandra Reimann studierte Germanistik, Politik, Soziologie und Journalistik in Regensburg und Eichstätt. Seit 1992 ist sie Hörfunkjournalistin. Von 2001–2006 Wissenschaftliche Mitarbeiterin, seit Oktober 2006 Wissenschaftliche Assistentin (Akademische Rätin a. Z.) am Lehrstuhl für Deutsche Sprachwissenschaft in Regensburg. Wissenschaftliche Betreuung des Historischen Werbefunkarchivs der Universität Regensburg.

Umschlagabbildung: © Stefanie Günther

Bibliografische Information der Deutschen Nationalbibliothek

Die Deutsche Nationalbibliothek verzeichnet diese Publikation in der Deutschen Nationalbibliografie; detaillierte bibliografische Daten sind im Internet über <http://dnb.d-nb.de> abrufbar.

2., überarbeitete Auflage 2008
1. Auflage 2005

© 2008 · Narr Francke Attempto Verlag GmbH + Co. KG
Dischingerweg 5 · D-72070 Tübingen
ISBN 978-3-7720-8249-8

Internet: http://www.francke.de
E-Mail: info@francke

Satz: Informationsdesign D. Fratzke, Kirchentellinsfurt
Druck und Bindung: Ebner & Spiegel, Ulm
Printed in Germany

ISBN 978-3-8252-2704-3 (UTB Bestellnummer)

Inhalt

II. Wortarten

III. Flexion

IV. Wortbildung

V. Sprache und Sprechen

VIII Inhalt

X. Stilistik

Lösungsvorschläge zu den Übungen

Vorwort zur 2. Auflage

Schon nach kurzer Zeit durften wir für unser Basiswissen eine zweite Auflage vorbereiten. Über die große Nachfrage, die positiven Rückmeldungen der Studierenden und Lehrenden – auch aus dem Ausland bzw. dem Deutsch-als-Fremdsprache-Unterricht – freuen wir uns sehr. Für die Überarbeitung haben wir zahlreiche Anregungen erhalten, für die wir uns an dieser Stelle recht herzlich bedanken möchten. Wir haben in der zweiten Auflage des Basiswissens die neuesten Entwicklungen der Rechtschreibung berücksichtigt, so dass auch die Klassifikationsmöglichkeiten, z. B. bei den Prädikaten, an den Stand vom 01.08.2006 angepasst wurden.

Nochmals ein kurzer Hinweis zum Schluss: Wie bereits beim Vorwort zur ersten Auflage angemerkt, ist unser Einführungsbuch lediglich als Einstieg in die Analyse der deutschen Sprache gedacht. Der Leser soll ermutigt werden, sich in einem zweiten Schritt weitere Theorien und Analysemöglichkeiten anzueignen, auf diese Weise sein Wissen ständig zu erweitern und sich auch eine eigene Forschungsmeinung zu bilden.

Vorwort

Unser Ziel war es, ein übersichtliches, verständliches und analyseorientiertes Arbeitsbuch zu schreiben. Deshalb halten wir Übungsaufgaben (mit Lösungsvorschlägen), Analyseraster und Tipps für die Bearbeitung schwieriger Fälle und „Fallen" für besonders wichtig; in den meisten Einführungsbüchern kommt der Transfer vom theoretischen Wissen zur Anwendung auf eine konkrete Analyse leider zu kurz oder wird überhaupt nicht angestrebt. Unser Buch ist damit in gleichem Maße als Unterrichtsgrundlage wie auch zum Selbststudium für unsere Hauptzielgruppe, die Germanistikstudenten im Grundstudium, geeignet.

Alle für uns besonders relevanten Bereiche der deutschen Gegenwartssprache sind abgedeckt – einschließlich der im (bayerischen) Staatsexamen geprüften Inhalte. Die Gliederung richtet sich nach dem Kriterium „vom Großen zum Kleinen" – von der Satz- zur Lautebene. Zwei Hauptgebiete der deutschen Gegenwartssprache, „Syntax" und „Wortbildung", sind für die verschiedenen Abschlussprüfungen besonders relevant und werden deshalb von uns ausführlicher als in vielen anderen Einführungen behandelt. Dass die beiden Kapitel „Textgrammatik" und „Stilistik" erst am Ende des Buches erscheinen, liegt an dem für diese sprachwissenschaftlichen Teilbereiche notwendigen Vorwissen, welches man sich in den vorhergehenden Kapiteln erarbeiten muss.

Unsere Absicht war nicht, die gesamte Breite der sprachwissenschaftlichen Forschung aufzugreifen und verschiedene Theorien zu den einzelnen Themen einander gegenüberzustellen. Solche Diskussionen gingen dem Buch voraus und wir haben uns bemüht, den Hauptkonsens stets zu berücksichtigen. An einigen Stellen (z. B. der Klassifikation der Prädikate) haben wir uns für einen eigenen, uns schlüssig erscheinenden Weg entschieden. Die Inhalte stellen ein Basiswissen dar, welches im Laufe des Studiums vertieft und durch andere, eventuell sich widersprechende Theorien ergänzt werden sollte. Das Buch kann also auch den Einstieg in die Auseinandersetzung mit der wissenschaftlichen Literatur erleichtern. Dazu ist es unerlässlich, sich mit primärer Forschungsliteratur (Grammatiken, Aufsätze) auseinander zu setzen. Nach jedem Kapitel werden weiterführende Literaturhinweise gegeben, die einen ersten Anstoß zur vertieften Beschäftigung mit den Themen geben sollen.

Folgende Wörterbücher sind für das Studium der Sprachwissenschaft allgemein sehr nützlich; sie werden deshalb nicht in den einzelnen Kapiteln erwähnt: Hadumod Bußmann: Lexikon der Sprachwissenschaft. 3., aktual. u. erw. Aufl. Stuttgart 2002. – Helmut Glück (Hg.): Metzler-Lexikon Sprache. 3., neu bearb. Aufl. Stuttgart/Weimar 2005 – Wilfried Kürschner: Grammatisches Kompendium. Systematisches Verzeichnis grammatischer Grundbegriffe. 5., durchges. Aufl. Tübingen/Basel 2005.

Einige wichtige Informationen sind durch besondere Hervorhebungen gekennzeichnet:

$\stackrel{\backslash | /}{\bigcirc}$ Hier finden Sie besondere Tipps für die Analyse.

! Dieses Zeichen bedeutet „Achtung!"
Hier werden Probleme oder „Fallen" besprochen.

✎ Der Stift erläutert die sprachwissenschaftlichen Schreibkonventionen.

Definitionen und Schritt-für-Schritt-Vorgehen sind grau unterlegt, Exkurse sind durch eine senkrechte Linie und einen kleineren Schriftgrad markiert.

Die Rechtschreibung berücksichtigt den Stand von Juni 2004.

Das Buch ist aus unseren Proseminaren an der Universität Regensburg entstanden. Wir danken allen Studierenden, Tutorinnen und Tutoren, die als Testpersonen bereitwillig zur Verfügung standen und uns durch kritisches Nachfragen und Mitdenken in der Konzeption dieses Buches vorangebracht haben.

Unser besonderer Dank gilt Herrn Prof. Dr. Albrecht Greule (Regensburg), Frau Prof. Dr. Nina Janich (Darmstadt) und Frau PD Dr. Christiane Thim-Mabrey (Regensburg). Außerdem danken wir herzlich Frau Prof. Dr. Marianne Hepp (Pisa, Italien), Herrn Jörg Kessel M. A. (Regensburg), Frau PD Dr. Susanne Näßl (Leipzig) und Frau Prof. Dr. Dagmar Neuendorff (Turku/Åbo, Finnland).

Wir wünschen allen Leserinnen und Lesern, dass sie durch dieses Buch „Einsicht in den Bau der (deutschen) Sprache" erhalten und damit erfolgreicher sind als die drei Suchenden auf dem Buchumschlag. Uns würde es freuen, wenn Sie Lust darauf bekämen, die deutsche Sprache zu entdecken und sie bewusster wahrzunehmen.

I. Syntax

Syntax (griech. ‚Zusammenordnung') ist die Lehre vom Bau der Sätze.

1. Was ist ein Satz? Zur Satzdefinition

Auf den ersten Blick scheint völlig klar zu sein, was ein Satz ist. Aus sprachwissenschaftlicher Sicht tauchen jedoch einige Probleme auf, die dazu führten, dass mitunter über 200 Satzdefinitionen gezählt wurden. Eine allgemein anerkannte Satzdefinition gibt es nicht.

Wir gehen davon aus, dass ein Satz ein Verb, genauer ein Prädikat (vgl. Kap. I. 2. a Prädikat) braucht, z.B.

Professor Weber hält seine Vorlesung heute um 10 Uhr.

✎ Die untersuchte Sprache (z.B. alle Beispiele) nennt man **Objektsprache**. Sie wird im Gegensatz zur **Metasprache**, d.h. der wissenschaftlichen Sprache, mit der man über Sprache redet, *kursiv* gesetzt.

Ein Sonderfall sind Ellipsen. Das sind Sätze, in denen Teile weggelassen werden, die jedoch aus dem Text oder einer vorhergehenden Äußerung ergänzt werden können. Hierher gehört das Beispiel *Heute (kommt mein Besuch).* auf die Frage *Wann kommt dein Besuch?*

Definition des Verbalsatzes: Ein Satz ist eine sprachliche Konstruktion aus verschiedenen Satzgliedern, in deren Zentrum ein Prädikat steht.

Ein Satz hat formale, grammatische und inhaltliche Eigenschaften:

formal	grammatisch	inhaltlich
geschriebene Sprache: • Großschreibung am Satzanfang • Satzschlusszeichen am Satzende gesprochene Sprache: • Abgrenzung durch Intonation, Pausen	• Binnenstruktur eines Satzes ist nicht beliebig (v. a. vom Prädikat abhängig) • Prädikat als entscheidendes Kriterium (Def. des Verbalsatzes) • Sonderfälle: Ellipsen, Setzungen, Satzäquivalente	• Sätze sind inhaltlich und kommunikativ relativ abgeschlossen und stehen meist innerhalb größerer sprachlicher Äußerungen (Texte), die Auswirkungen auf die Binnenstruktur des Satzes haben (vgl. Kap. IX. Textgrammatik).

Nicht satzhaft dagegen sind z. B. die Ausdrücke *Nein!*, *Hilfe!*, *Aua!*, *Überfall auf Supermarkt!*. Sie können eingeteilt werden in:

- **Setzungen:** Sie benötigen kein Prädikat und es kann bzw. soll auch keines ergänzt werden (z. B. bei der Zeitungsüberschrift *Überfall auf Supermarkt!* oder bei *Hilfe!*).
- **Satzäquivalente** (als eigene Wortart): Dazu gehören Empfindungswörter (Ausrufe oder Interjektionen genannt), z. B. *Aua!* oder *Hurra!* und *ja*, *nein*, *doch* als Antworten auf Entscheidungsfragen sowie *bitte* und *danke*.

2. Das Verb

a) Prädikat

Das Prädikat ist ein (verbales) Satzglied (bzw. strukturelles Zentrum des Satzes), das ein finites Verb enthalten muss. Ein Prädikat kann aus mehreren Teilen bestehen, die auch eine Satzklammer bilden können, d. h., die Teile des Prädikats werden durch andere Satzglieder voneinander getrennt (diskontinuierliches Prädikat). Bsp.: *Peter hätte gerne als Pilot gearbeitet.* (vgl. Kap. I. 4.1 Prädikatsteile).

b) Finitum

Das Finitum ist ein konjugiertes Verb. Die Kategorien der Verbkonjugation (vgl. Kap. III. Flexion) sind Person, Numerus, Tempus und Modus. Ein finites Verb kann allein das Prädikat bilden (= Vollverb). Bsp.: *Der Nachbar mäht den Rasen.*

Das Passiv wird im Deutschen mit Hilfsverb gebildet, z. B. *Der Rasen wurde gemäht.* Das Genus verbi (Aktiv und Passiv) wird oftmals allerdings als Konjugationskategorie angeführt.

c) Infinitum

Das Infinitum ist ein Verb, das den oben genannten Kategorien der Konjugation nicht unterliegt. Hierzu gehören im Deutschen Infinitiv (z. B. *lachen, lächeln*) sowie Partizip I (z. B. *lachend, lächelnd*) und Partizip II (z. B. *gelacht, gelaufen*). Ein infinites Verb allein kann nicht das Prädikat bilden.

3. Satzklassifikation

3.1 Satzart

Bei der Klassifikation nach der Satzart steht die kommunikative Funktion des Satzes im Vordergrund. Sie wird bestimmt durch Modus, Stellung des finiten Verbs im Satz, Intonation und Zeichensetzung (Interpunktion). Wir können mit einem Satz eine Aussage machen, eine Aufforderung aussprechen oder eine Frage stellen.

	Aussagesatz	Fragesatz	Aufforderungssatz
Modus	Indikativ oder Konjunktiv	Indikativ oder Konjunktiv	Imperativ
Stellung des finiten Verbs	2. Position	2. Position in Ergänzungsfragen 1. Position in Entscheidungsfragen	1. Position
Intonation	fallend	fallend oder steigend	fallend
Interpunktion	Punkt oder Semikolon	Fragezeichen	Ausrufezeichen
Kommunikative Funktion	„Ich sage/behaupte das"	„Ich will wissen"	„Ich will/empfehle dir, dass du das tust"

a) Aussagesatz

Im Aussagesatz steht nie Imperativ, das finite Verb steht gewöhnlich an zweiter Stelle (vgl. Kap. I. 3.2 Satztyp) und die Intonation ist fallend. Die Grundeinstellung des Sprechers ist: „Ich sage/behaupte das".

Ich freue mich auf die Semesterferien. Obwohl ich arbeiten muss, bleibt mir bestimmt viel Zeit mich zu erholen.

b) Fragesatz

2. Stelle (handwritten)

ja/nein / ↑ 1. Stelle (handwritten)

Fragesätze können Ergänzungsfragen und Entscheidungs- oder Satzfragen sein. **Ergänzungsfragen** können eingeteilt werden in Wortfragen (W-Fragen: *wer, was, wo, wann, ...*) und in verbale Ergänzungsfragen (*Was macht X?*), mit denen nach dem Prädikat und den Ergänzungen (vgl. Kap. I. 4.2 Die Valenz) gefragt wird (*X lernt für das Staatsexamen.*). Die Ergänzungsfragen zeichnen sich durch ein Fragewort und die Zweitstellung des finiten Verbs aus. Im Gegensatz zu den Ergänzungsfragen kann man auf eine **Entscheidungsfrage** gewöhnlich nur mit *ja* oder *nein* antworten. Das finite Verb steht hier meist an erster Stelle, z. B. *Hast du dich schon für das Hauptseminar „Sprache der Politik" angemeldet? – Nein.*

Fragen haben als Satzschlusszeichen ein Fragezeichen und eine fallende oder steigende Intonation. Auch gewöhnliche Hauptsätze (Kernsätze, vgl. Kap. I. 3.2 Satztyp) können Fragesätze (Satzfragen) sein, wenn sie mit der entsprechenden Intonation bzw. Interpunktion ausgestattet sind: *Peter geht morgen auch mit auf das Konzert?* Hier geht es nicht um formale Kriterien, wie die Stellung des finiten Verbs, sondern darum, was der Sprecher/Schreiber mit seiner Äußerung bewirken will (z. B. eine Frage, ein Versprechen, eine Warnung, eine Drohung aussprechen). Unser Beispiel zeigt also, dass man auch mit einem Aussagesatz eine Frage stellen kann. Die linguistische Teilwissenschaft, die sich mit den sprachlichen Einheiten als Äußerungen mit einer bestimmten kommunikativen Funktion beschäftigt, heißt **Pragmatik**.

c) Aufforderungssatz

Der Aufforderungssatz wird auch Imperativsatz genannt, weil der Modus Imperativ kennzeichnend ist. Bei allen Imperativsätzen steht das finite Verb an erster Stelle und der Sprecher bringt damit zum Ausdruck: „Ich will/empfehle dir, dass du das tust", z. B. *Geh in dein Zimmer! Lesen Sie bis zur nächsten Sitzung die Seiten 15–33! Lasst euch besser gegen Hepatitis impfen!* Nicht alle Aufforderungen müssen durch den Imperativ ausgedrückt werden. Wenn wir Satzarten nach der Intention des Sprechers einteilen, dann können z. B. auch Fragesätze eine Aufforderung beinhalten. Auf die Frage *Gibst du mir mal das Buch?* wird nicht die Antwort *ja* oder *nein* erwartet, sondern eine Handlung (siehe oben: Pragmatik).

d) Wunschsatz und Ausrufesatz

Einige Grammatiken, so etwa die Duden-Grammatik, erwähnen zusätzlich einen Wunsch- und Ausrufesatz. Diese Unterscheidung ist allerdings umstritten, da es Überschneidungen mit den anderen Satzarten gibt. Der Wunschsatz („Ich wünsche mir, dass …“) ist vor allem durch seinen Modus Konjunktiv gekennzeichnet, z. B. *Wärst du doch gekommen! Wäre doch endlich dieses langweilige Referat vorbei!*. Diese Sätze sind nach der Stellung des finiten Verbs und der Interpunktion Aufforderungssätze. Der Ausrufesatz drückt dagegen ein „Ich wundere mich, dass …“ oder „Ich bewundere“ aus, enthält oft typische Partikeln, wie *ja, doch, aber, aber auch*, und ist durch eine markante Wortbetonung gekennzeichnet. Am Satzende steht ein Ausrufezeichen und die Intonation ist fallend, z. B. *Bist du aber gewachsen! Das ist aber ein hübsches kleines Häuschen, das ihr euch da gekauft habt!*.

3.2 Satztyp

Die Einteilung nach dem Satztyp basiert auf der Verbstellung des finiten Verbs. Hier werden alle Haupt- und Nebensätze untersucht.

a) Stirnsatz

Wenn das finite Verb an erster Stelle steht, liegt ein Stirnsatz vor. Das ist vor allem bei Entscheidungsfragen der Fall, z. B. *Gehst du heute Abend mit ins Kino?* oder bei Aufforderungssätzen, z. B. *Antworten Sie bitte!*.

b) Kernsatz

Für das Deutsche ist es typisch, dass in allen Hauptsätzen, die Aussagesätze sind, das finite Verb an zweiter Stelle steht, d. h. nach dem ersten Satzglied, das durchaus aus mehreren Wörtern, ja einem ganzen Nebensatz bestehen kann. Dieser Satztyp heißt Kernsatz.

1. Position	2. Position	
Heute		
Seit drei Tagen	*lerne*	*ich auf meine Prüfung.*
Weil ich noch nichts weiß,		

Ebenfalls Kernsätze sind Ergänzungsfragen (*Wann gibst du mir das Buch zurück?*) und einige uneingeleitete Nebensätze (wenn sie Ergänzungssätze sind, vgl. Kap. I. 5.4 Klassifikation von Ergänzungen und Angaben): *Ich glaube, das Essen wird mir heute Abend gut gelingen.*

c) **Spannsatz**

Als letzte Möglichkeit ist noch die Endstellung des finiten Verbs zu besprechen. Diese Sätze heißen Spannsätze und sind typisch für den deutschen Nebensatz.

Nachdem Günther sein Examen mit einer sehr guten Note bestanden <u>hatte</u>, bekam er sehr schnell eine Anstellung in einer großen internationalen Firma, die Computerzubehör <u>herstellte</u>.

Allerdings sind nur **eingeleitete Nebensätze,** d. h., Nebensätze, die mit Subjunktion (siehe Kap. 8.1) oder Relativwort beginnen, Spannsätze. Uneingeleitete Nebensätze (wenn sie Angabesätze sind, vgl. Kap. I. 5.4 Klassifikation von Ergänzungen und Angaben) sind Stirnsätze. Vergleichen Sie dazu die beiden Möglichkeiten eine Bedingung mit oder ohne Subjunktion auszudrücken:

Wenn (= Subjunktion) ich im Lotto <u>gewinne</u> (= Spannsatz), reise ich einmal um die ganze Welt.
<u>Gewinne</u> ich im Lotto (= Stirnsatz), reise ich einmal um die ganze Welt.

Bei der Bestimmung des Satztyps ist außerdem zu beachten, dass bei Ellipsen die fehlenden Satzteile ergänzt werden müssen, um eine korrekte Satzklassifikation zu erhalten. *Ich gehe heute zuerst an die Uni, (ich) muss dann beim Copy-Shop vorbeischauen und (ich) lasse meine Arbeit binden.* Alle Hauptsätze im Beispiel sind Kernsätze, da das Subjekt *ich* jeweils zu ergänzen ist. Bei *Ich gehe erst an die Uni und dann ins Kino.* fehlt im zweiten Hauptsatz sowohl das finite Verb *gehe* als auch das Subjekt *ich.* Als Satztyp liegt aber immer noch ein Kernsatz vor.

3.3 Satzform

Zuletzt können Sätze noch nach formalen Kriterien eingeteilt werden. Wenn wir unseren Satz bzw. unsere Teilsätze auf den Satztyp hin untersucht haben, dann wissen wir im Prinzip auch schon, wie viele Haupt- und Nebensätze vorliegen: Alle Hauptsätze (Aussagesätze) haben Verbzweitstellung, (fast) alle eingeleiteten Nebensätze Verbendstellung. Haben wir lediglich ein finites Verb (in Zweitstellung), dann liegt ein **einfacher Satz** vor. Wenn mehr als ein finites Verb (und damit mehr als ein Prädikat) vorkommt, dann ist das zunächst ein komplexer (= zusammengesetzter) Satz. Er kann eine **Satzreihe** (Parataxe) mit einer Reihung von Hauptsätzen oder ein **Satzgefüge** (Hypotaxe) mit einer hierarchischen Struktur von Hauptsatz/Hauptsätzen und mindestens einem untergeordneten Nebensatz sein. Auch innerhalb der Nebensätze kann es noch Über- und Unterordnungen geben, wenn etwa von einem Nebensatz ein weiterer Nebensatz abhängt.

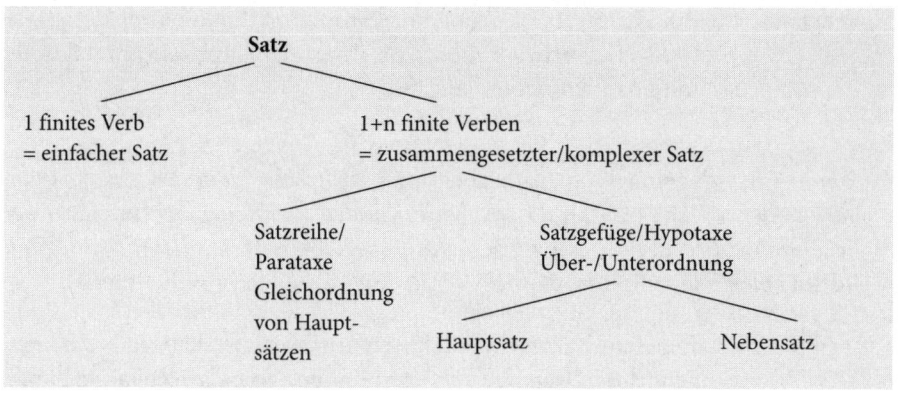

Als Sonderfall ist die **Parenthese** zu erwähnen, die ein eigenständiger, zwischen-geschalteter Satz mit Zusatzinformationen oder Kommentar ist, der stimmlich abgehoben und in der Schrift durch Gedankenstriche, Klammern oder Kommata gekennzeichnet ist, z. B. *Die Parenthese ist – und das sollte man stets berücksichtigen – ein von der Satzstruktur unabhängiger Schaltsatz.*

Die hierarchischen Verhältnisse komplexer Sätze können auch in einem Baumdiagramm verdeutlicht werden:

Es regnet nun schon seit vielen Monaten und die Bauern müssen um ihre Ernte bangen.

HS$_1$ – *und* – HS$_2$: Zwei Hauptsätze sind parataktisch durch *und* verbunden.

Das Bundesministerium hat bereits seine Unterstützung zugesagt, aber die Finanzierung der Ernteausfälle ist noch unklar.

HS$_1$ – *aber* – HS$_2$: Zwei Hauptsätze sind parataktisch durch *aber* verbunden.

! Sätze können auch **asyndetisch,** d. h. ohne eine verbindende Konjunktion (parataktisch) aneinander gereiht werden. Es gibt dafür die Möglichkeit ein Komma (*Petra geht nicht ins Kino, ihr Freund ist krank*), ein Semikolon (*Ich wartete; er kam nicht.*) oder einen Doppelpunkt (*Das ist meine Freundin: Sie ist schön, intelligent und hat Humor*) zu setzen.

Obwohl die Preise für Brot und Gemüse erst im vergangenen Monat gestiegen sind (= Nebensatz 1) *und gleichzeitig die Lebensmittelimporte verstärkt wurden* (= Nebensatz 2), *müssen die Verbraucher mit weiteren Preisanstiegen rechnen* (= Hauptsatz).

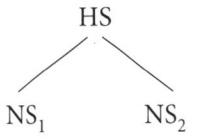 Ein Hauptsatz ist hypotaktisch mit zwei durch *obwohl* eingeleitete Nebensätze verknüpft, die ihrerseits durch *und* parataktisch miteinander verbunden sind.

Wenn es dazu kommen sollte (= Nebensatz 1), *wird es wieder den Einzelhandel hart treffen* (= Hauptsatz), *da sehr viele Kunden wahrscheinlich verstärkt bei Lebensmitteldiscountern einkaufen werden* (= Nebensatz 2), *die in den letzten Jahren einen hohen Kundenzuwachs verzeichnen konnten* (= Nebensatz 3).

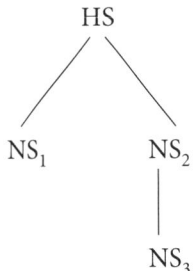 Ein Hauptsatz ist hypotaktisch mit zwei eingeleiteten Nebensätzen (durch *wenn* und *da*) verbunden. Vom *da*-Nebensatz hängt ein weiterer Nebensatz ab, der durch das Relativpronomen *die* eingeleitet wird.

Einen komplexen Satz mit Satzreihen und Satzgefügen kann man auch als **Satzperiode** bezeichnen.

Anmerkung: Nebensätze können weiter nach ihrer syntaktischen Funktion in Gliedsätze (Ergänzungs- oder Angabesätze) oder in Attributsätze eingeteilt werden. Dazu jedoch mehr unter Kap. I. 5.4 Klassifikation von Ergänzungen und Angaben. Ein Sonderfall ist der so genannte weiterführende Nebensatz (vgl. Kap I. 6.2 Attributtypen).

Vorgehen bei der Satzklassifikation

1 Bestimmen Sie die Satzart (kommunikative Funktion) des Gesamtsatzes. Richten Sie sich dabei nach den formalen Kriterien. Sollte es hier Abweichungen geben – ist eine formale Frage z. B. eher ein Befehl –, kommentieren Sie diese.

2 Klassifizieren Sie alle finiten Verben, die im Gesamtsatz vorkommen.

3 Bestimmen Sie die Stellung der finiten Verben. Achten Sie besonders bei den Hauptsätzen darauf, dass die erste Position auch von einem Nebensatz eingenommen werden kann.

4 Beachten Sie, dass bei Ellipsen Satzteile weggelassen werden. Sie müssen bei einer korrekten Bestimmung des Satztyps ergänzt werden!

5 In der Regel gilt: Hauptsätze sind Kernsätze und Nebensätze sind Spannsätze. Nutzen Sie die Unterteilung nach dem Satztyp, um die Satzform zu bestimmen. Suchen Sie zuerst den Hauptsatz/die Hauptsätze und ordnen Sie die Nebensätze hierarchisch nach ihrer Abhängigkeit von Hauptsätzen oder von Nebensätzen. Stellen Sie diese Abhängigkeiten grafisch dar.

4. Das Prädikat

4.1 Prädikatsteile

Prädikate können aus nur einem Wort (= Vollverb) bestehen, setzen sich aber häufig aus mehreren Bestandteilen zusammen: Es können ein weiteres Verb, aber auch nichtverbale Elemente hinzukommen.

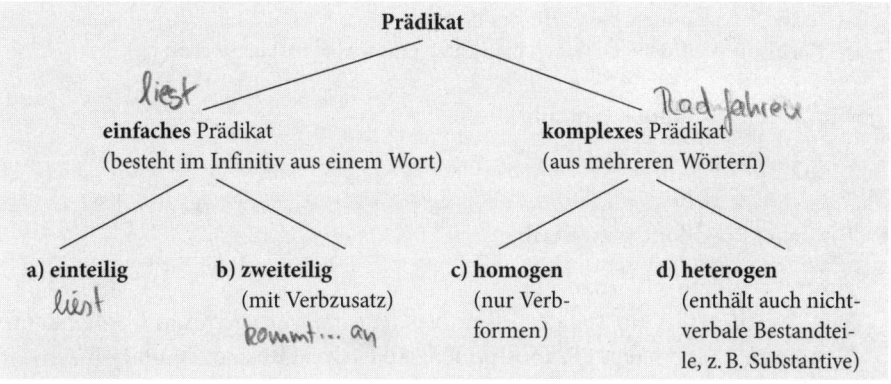

Die meisten komplexen sowie einfachen zweiteiligen Prädikate sind **diskontinuierlich** (im Gegensatz zu kontinuierlich), d. h., die Teile des Prädikats werden durch andere Satzglieder voneinander getrennt, z. B. *Peter* _hat_ *gestern Gemüse* _eingekauft_ (= diskontinuierliches Prädikat), *weil er heute für seine Freunde* _kochen_ _will_ (= kontinuierliches Prädikat).

Exkurs

Die Verbklammer
Das Deutsche weist neben der Zweitstellung des finiten Verbs auch noch die Eigenheit auf, die weiteren Prädikatsteile (z. B. infinite Verben oder trennbare Verbzusätze) an die letzte Position im Satz zu stellen. Man spricht hier von der verbalen Klammer des Deutschen. Diese hat den Nachteil, dass der Leser/Hörer einer Nachricht unter Umständen sehr lange auf die eigentliche Satzaussage warten muss, nämlich dann, wenn die Prädikatsteile sehr weit voneinander entfernt stehen.

Gestern **wurde** *der gefährliche Serienmörder, der in weiten Teilen der USA für großen Schrecken unter der Bevölkerung* **gesorgt** *und dessen Anwalt bisher kaum Erfolge zu verzeichnen* **hatte***, überraschenderweise* **freigesprochen***.*

Um das Satzverständnis zu erleichtern, werden besonders in der gesprochenen Sprache, aber auch in der Presse, z. B. zwischen Prädikatsteilen stehende Nebensätze oder längere Satzglieder gerne „ausgeklammert", damit der Leser/Hörer die Hauptinformation schneller erhält. *Gestern* wurde *der gefährliche Serienmörder überraschenderweise* freigesprochen*, der in weiten Teilen der USA …*

Zur Beschreibung der Wortstellung in einem Satz verwendet man folgende Termini:

- Vorvorfeld: Ø-Position, die z. B. von Konjunktionen eingenommen wird (vgl. Kap. I. 8.1 Konjunktionen und Subjunktionen)
- Vorfeld: Position vor der linken Satzklammer
- linke Satzklammer (hier: finites Verb)
- Mittelfeld: Position zwischen den Satzklammern
- rechte Satzklammer (hier: infinites Verb)
- Nachfeld: Position nach der rechten Satzklammer (= Ausklammerung)

a) **Einfache Prädikate – einteilig**

Er liest *ein Buch.*

b) **Einfache Prädikate – zweiteilig**

finite Verbform + Verbzusatz
Ein Verbzusatz ist ein Teil des Infinitivs, der vom Verb getrennt werden kann. Es kommen (ehemalige) Präpositionen, Adjektive, Substantive und – nach der neuen Rechtschreibung nur in Ausnahmefällen – Verben in Frage.

Der Besuch kommt *heute um 3 Uhr am Bahnhof* an*. Der Händler* bietet *seine Ware* feil*.*

Probe: Ist Trennung im Kernsatz möglich?
Die oben genannten Beispiele stellen bereits Kernsätze dar. Der Infinitiv heißt *ankommen* bzw. *feilbieten*. Wird mit dem Verb z. B. ein Spannsatz gebildet, ist zunächst nicht ersichtlich, dass das Prädikat zweiteilig ist: *Ich weiß, dass der Besuch heute um 3 Uhr am Bahnhof* ankommt*.* Im Gegensatz zu den Verbzusätzen lässt sich ein Präfix in keinem Fall abtrennen, was etwa die Kernsatzprobe zu *erblühen* zeigt: *Die Blume erblühte heute Morgen.* (vgl. Kap. IV. 9.2 Explizite Ableitung und IV. 9.5 Sonderfall: Unfeste Verbbildung).

c) **Komplexe Prädikate – homogen**   *Infinitiv, Part I. u. II*

- **Hilfsverb** (*haben, sein, werden*) **+ infinite Verbform**

  Ich habe das Buch gelesen.

- **Modalverb + Infinitiv**
  Modalverben: *können, müssen, sollen, dürfen, wollen, mögen*

  Die Organisatoren müssen vor Beginn der Tagung noch einiges erledigen.

- **Modalitätsverb +** *zu* **+ Infinitiv**
  Modalitätsverben: z. B. *beginnen, versuchen, scheinen, drohen, pflegen, belieben, verstehen*

  Der schiefe Turm droht einzustürzen.

Modal- und Modalitätsverben verändern (modifizieren) die Bedeutung des im Infinitiv stehenden Vollverbs, z. B. in Bezug auf die Wahrscheinlichkeit. Zu beachten ist, dass im Deutschen einige Verben sowohl als Modalitätsverben als auch als Vollverben verwendet werden können.

Der Lehrling verspricht ein guter Bäcker zu werden. (Modalitätsverb)

Gemeint ist: Der Lehrling veranlasst zu der Hoffnung, dass er einmal ein guter Bäcker wird./Es sieht so aus, dass der Lehrling ein guter Bäcker wird.

Dagegen: *Der Lehrling verspricht(,) ein guter Bäcker zu werden.* (Vollverb)

Gemeint ist: Der Lehrling sagt: „Ich werde ein guter Bäcker"./Er gibt ein Versprechen und es ist seine Absicht, ein guter Bäcker zu werden.

- **finite Verbform + Infinitiv**

  Das Kind lernte schnell laufen.

- **Empfindungs- und Bewegungsverb + Infinitiv**
  Empfindungsverben sind *hören, sehen, fühlen, spüren*, Bewegungswörter u. a. *fahren, kommen, gehen*.

  Das Kind sieht die Mutter kommen. Der Nachbar hört ihn husten. Er geht heute Abend laufen. (vgl. Kap. I. 7.4 Valenzerhöhung).

- **Kausativverb („Veranlassungsverb", z. B. *lassen, machen, heißen*) + Infinitiv**
  Caesar <u>lässt</u> die Soldaten eine Brücke <u>bauen</u>. Der Richter <u>hieß</u> den Angeklagten <u>aufstehen</u>. Der nahende Termin <u>machte</u> uns <u>rennen</u>. (vgl. Kap. I. 7.4 Valenzerhöhung).

- **finite Verbform + Partizip**
  eingesperrt gehören, geschenkt bekommen, sich gefeiert fühlen (Passivvarianten), *gelaufen kommen* (aktivische Bedeutung), *rasend werden.*

  Dieser Verbrecher <u>gehört eingesperrt</u>. Das Kind <u>kommt</u> zur Mutter <u>gelaufen</u>.

d) Komplexe Prädikate – heterogen

- **formal reflexives Verb**
  Als „formal reflexiv" bezeichnen wir Verben, bei denen das Reflexivpronomen semantisch leer ist, also keine Bedeutung hat. Das Reflexivpronomen gehört zum Verb, z. B. *Er <u>schämt sich</u>.* (vgl. Kap. I. 9.1 Reflexive Verben).

- **Scheinsubjekt oder Scheinobjekt:** *es* in festen Verbindungen
  <u>Es regnet</u>. Er <u>hat es eilig</u>. Die Eltern <u>meinen es</u> nur <u>gut</u> mit ihm. (vgl. Kap. I. 9.2 Die verschiedenen Funktionen von *es*).

- **finite Verbform + Substantiv**

  Der Bauer <u>fährt Traktor</u>. Der Diabetiker hält beim Essen <u>Maß</u>.

  Zu dieser Kategorie zählt auch die Streckform, z. B. *Der Student <u>hat Interesse</u> an seiner Kommilitonin. Die Urlauber <u>machen</u> an einer Raststation <u>Halt</u>.* Hier ist das komplexe (heterogene) Prädikat ohne Bedeutungsverlust durch ein Vollverb desselben Wortstamms (hier: *sich interessieren, halten*) ersetzbar.
  Zur Unterscheidung, ob ein Substantiv zum Prädikat gehört oder ein eigenes Satzglied ist, vgl. Kap. I. 5.2 Satzgliedtests.

- **finite Verbform + Adjektiv**

  Die Kundin <u>schlug</u> den Bankräuber <u>bewusstlos</u>.

- **finite Verbform + Adverb**

  Kommst du mit? Ja, ich <u>bin</u> auch <u>dabei</u>.

- **finite Verbform + Präposition + Substantiv (= Funktionsverbgefüge, FVG)**

Der Pfarrer bringt die Glocke in Schwung. Das Stück kommt heute erstmals zur Aufführung.

Das FVG hat einen semantischen Mehrwert – in den Beispielen ist es der Beginn einer Handlung (inchoativ) bzw. eine Passiversatzform – im Vergleich zum einfachen Verb *schwingen, aufführen*. Das Verb im FVG, in unseren Beispielen *bringen, kommen*, hat nicht mehr die ursprüngliche Bedeutung (wie in dem Bsp. *Ich bringe dir einen Kaffee.*), sondern vor allem die Funktion, die Stelle des notwendigen Finitums auszufüllen.

- **Phraseologische (idiomatische) Wendung**

Sie gibt ihm einen Korb. Die Schüler tanzen dem Lehrer auf der Nase herum.

Phraseologismen bzw. idiomatische Wendungen zeichnen sich dadurch aus, dass sich die Gesamtbedeutung der Konstruktion (z. B. *einen Korb geben*) nicht aus der Bedeutung der einzelnen Wörter zusammensetzt. Das Beispiel *Sie gibt ihm einen Korb.* bedeutet nicht, dass jemand einem anderen einen Korb überreicht, sondern dass z. B. eine Einladung abgelehnt wird.

Außerdem sind bei den komplexen Prädikaten weitere Kombinationen möglich, z. B. *Das Stück wird heute erstmals zur Aufführung kommen.* (Hilfsverb + FVG) oder *Er muss sich für sein Benehmen schämen.* (Modalverb + formal reflexives Verb).

! Die neue Rechtschreibung brachte es mit sich, dass viele bisher einfache zweiteilige Prädikate im Infinitiv nun getrennt geschrieben werden oder zumindest eine Getrenntschreibung erlaubt ist; damit kann es zu Änderungen in der Klassifikation kommen.

Du hackst bitte die Kräuter klein. (alt: *kleinhacken*; neu: *klein hacken* oder *kleinhacken*)
Die alte Dame lernte ich schätzen. (alt: *schätzenlernen*; neu: *schätzen lernen*)
Mein Kind fährt schon Rad! (alt: *radfahren*; neu: *Rad fahren*)

In diesen Fällen liegen nun komplexe heterogene bzw. homogene Prädikate vor: *hackst klein* (Verb + Adjektiv), *lernte schätzen* (Verb + Verb), *fährt Rad* (Verb + Substantiv).

Die Rechtschreibreform wirkte sich jedoch nicht auf alle einfachen zweiteiligen Prädikate dieser Art aus. Es bleibt bei der alten Schreibung z. B. bei folgenden Verben:

Wir <u>stimmen</u> im Prinzip in dieser Frage <u>überein</u>. (übereinstimmen)
Ich <u>sitze</u> im Sommer immer im Biergarten <u>herum</u>. (herumsitzen)
Die Diskussion im Unterricht <u>läuft</u> konstruktiv <u>ab</u>. (ablaufen)
Die Gäste <u>steuern</u> etwas zur Feier <u>bei</u>. (beisteuern)

- Stellen Sie in Zweifelsfällen durch die „Kernsatz-Probe" fest, ob ein einfaches zweiteiliges (heterogenes) Prädikat (oder ein Prädikat mit nicht trennbarem Präfix) vorliegt.
- Überlegen Sie bei komplexen Prädikaten, ob sie ausschließlich aus Verbformen (homogen) oder aus verschiedenen Wortarten (heterogen) bestehen.
- Die Beherrschung von Teilen der geltenden Orthografieregeln ist Voraussetzung zur korrekten Klassifikation des Prädikats. Die neuesten Entwicklungen tendieren zu einigen Kann-Schreibungen bei der Getrennt- und Zusammenschreibung von Verben. Kommentieren Sie diese gegebenenfalls.

4.2 Die Valenz

Die Valenztheorie beschäftigt sich mit der Eigenschaft von Wörtern (vor allem von Verben, aber auch von Substantiven und Adjektiven), andere Wörter an sich zu binden. Lucien Tesnière (1893–1954) gilt als Begründer der Valenzgrammatik. Am Beispiel des Theaters erläutert er seine Theorie:

Für ein Theaterstück benötigt man zunächst eine Handlung. Sie entspricht im Satz im einfachsten Fall dem Vollverb. Für das Bühnenstück werden außerdem Mitspieler benötigt, da ohne sie die Handlung nicht (oder nur eingeschränkt) stattfinden könnte. In der Valenzgrammatik werden sie „Ergänzungen" genannt. So fordert jedes Verb eine ganz bestimmte Anzahl von Ergänzungen (quantitative Valenz) in einer festgelegten grammatischen und semantischen Form (qualitative Valenz). Das ist die Wertigkeit (Valenz) eines Verbs. Zu einem Theaterstück gehört schließlich noch das Bühnenbild, die Bestandteile der Kulisse. Valenzgrammatisch werden diese Teile als „Angaben" bezeichnet, die beliebig hinzufügbar oder weglassbar sind und das zeitliche, räumliche, kausale usw. Umfeld für die Handlung darstellen. Ergänzungen und Angaben bilden die Satzglieder eines Satzes.

Der Valenzträger wird auch „Regens" genannt, die abhängigen Elemente heißen „Dependentien". Die Valenz lässt sich dabei gut mit der Wertigkeit eines Atoms vergleichen, welches nur eine festgelegte Anzahl an Bindungspartnern haben kann.

Beispiele:

- *husten*: wer/was? *hustet*? (1-wertiges Verb)
  Das Verb *husten* benötigt nur jemanden, der diese Handlung ausführt.

  Das Kind hustet.

- *wohnen*: wer/was? *wohnt* wo? (2-wertiges Verb)
  wohnen benötigt zunächst jemanden, der wohnt. Außerdem wird ein Ort des Wohnens erwartet.

  Mein Vater wohnt in München.

- *schenken*: wer/was? *schenkt* wem? wen/was? (3-wertiges Verb)
  schenken verlangt einen, der schenkt, etwas, das geschenkt wird, also ein Geschenk, und jemanden, der beschenkt wird. Letzterer muss aber nicht unbedingt erwähnt werden, um einen grammatisch sinnvollen Satz zu bekommen (zur Weglassbarkeit von Ergänzungen vgl. Kap. I. 5.2 Satzgliedtests).

  Die Eltern schenken dem Kind ein Fahrrad.

  Interessant wäre hier eventuell der Anlass des Schenkens. Wird er genannt, handelt es sich um eine Angabe. Dass diese Information nicht vom Verb *schenken* gefordert wird, lässt sich durch Tests überprüfen (vgl. Kap. I. 5.2 Satzgliedtests).

- *schreiben* in der Bedeutung ‚etwas Sinnvolles aufzeichnen und mitteilen': wer/was? *schreibt* wem bzw. an wen? wen/was? worüber? (4-wertiges Verb)
    Diese Handlung fordert eine Person, die schreibt, einen Gegenstand, über den geschrieben wird, ein Medium, mit dem die Nachricht übermittelt wird und einen Empfänger. Grammatisch notwendig ist allerdings lediglich die schreibende Person.

  Luisa schreibt ihrer Freundin eine Mail über ihren Urlaub.

- *kaufen*: wer/was? *kauft* wen/was? (2-wertiges Verb)
  kaufen braucht einen Käufer (wer?) und ein Produkt, das gekauft wird (was?). Es werden also zwei Ergänzungen gefordert. Dagegen sind z. B. Ort oder Zeit des Kaufens für das Verb nicht relevant (Angaben).

  Laura kauft Schokolade und Eis.

Nr.	Satzbauplan	Beispiel
1.	Subjekt + Prädikat	Die Rosen blühen.
2.	Subjekt + Prädikat + Akkusativobjekt	Der Gärtner bindet die Blumen.
3.	Subjekt + Prädikat + Dativobjekt	Der Sohn dankt dem Vater.
4.	Subjekt + Prädikat + Genitivobjekt	Ich harre seiner.
5.	Subjekt + Prädikat + Präpositionalobjekt	Inge achtet auf ihre Schwester.
6.	Subjekt + Prädikat + Gleichsetzungsnominativ	Karl ist mein Freund.
7.	Subjekt + Prädikat + Raumergänzung	Das Buch liegt auf dem Tisch.
8.	Subjekt + Prädikat + Zeitergänzung	Die Beratung dauerte zwei Stunden.
9.	Subjekt + Prädikat + Artergänzung	Die Rose ist schön.
10.	Subjekt + Prädikat + Begründungsergänzung	Das Verbrechen geschah aus Eifersucht.
11.	Subjekt + Prädikat + Dativobjekt + Akkusativobjekt	Werner schenkt seiner Mutter Blumen.
12.	Subjekt + Prädikat + Akkusativobjekt + Genitivobjekt	Der Richter beschuldigte ihn des Diebstahls.
13.	Subjekt + Prädikat + Akkusativobjekt + Präpositionalobjekt	Er verriet ihn an seine Feinde.
14.	Subjekt + Prädikat + Akkusativobjekt + Raumergänzung	Ich hänge das Bild an die Wand.
15.	Subjekt + Prädikat + Akkusativobjekt + Zeitergänzung	Er zog das Gespräch in die Länge.
16.	Subjekt + Prädikat + Akkusativobjekt + Artergänzung	Die Mutter macht die Suppe warm.
17.	Subjekt + Prädikat + Artergänzung + Präpositionalobjekt	Er handelt niederträchtig an ihm.
18.	Subjekt + Prädikat + Artergänzung + Raumergänzung	Es geht lustig zu auf der Festwiese.
19.	Subjekt + Prädikat + Akkusativobjekt + Gleichsetzungsakkusativ	Klaus nennt mich einen Lügner.
20.	Subjekt + Prädikat + Akkusativobjekt + Akkusativobjekt	Herr Meier lehrt uns die französische Sprache.
21.	Subjekt + Prädikat + Dativobjekt + Präpositionalobjekt	Ich rate dir zum Nachgeben.
22.	Subjekt + Prädikat + Dativobjekt + Artergänzung	Es geht mir schlecht.
23.	Subjekt + Prädikat + Präpositionalobjekt + Präpositionalobjekt	Er sprach zu den Kindern über seine Reise.
24.	Subjekt + Prädikat + Artergänzung + Dativobjekt (2. Grades)	Ich bin diesem Mann fremd.
25.	Subjekt + Prädikat + Artergänzung + Genitivobjekt (2. Grades)	Er ist des Diebstahls schuldig.
26.	Subjekt + Prädikat + Artergänzung + Präpositionalobjekt (2. Grades)	Ich bin auf deinen Bericht gespannt.
27.	Subjekt + Prädikat + Artergänzung + Dativobjekt (2. Gd.) + Präp.-Obj. (2. Gd.)	Er ist mir an Ausdauer überlegen.
28.	Subjekt + Prädikat + Artergänzung + Raumergänzung (2. Grades)	Er ist in München ansässig.
29.	Subjekt + Prädikat + Akkusativobjekt (2. Gd.) + Artergänzung	Der Spalt ist einen Fuß breit.
30.	Subjekt + Prädikat + Akk.-Obj. (1. Gd.) + Akk.-Obj. (2. Gd.) + Artergänzung	Er wirft den Ball 70 m weit.
31.	Subjekt + Prädikat + Akkusativobjekt (2. Gd.) + Raumergänzung	Er geht die Treppe hinunter.
32.	Subjekt + Prädikat + Akk.-Obj. (1. Gd.) + Akk.-Obj. (2. Gd.) + Raumergänzung	Sie warfen ihn die Treppe hinunter.
33.	Subjekt + Prädikat + Pertinenzdativ	Dem Kind blutet die Hand.
34.	Subjekt + Prädikat + Akkusativobjekt + Pertinenzdativ	Er streichelt ihr die Wangen.
35.	Subjekt + Prädikat + Akkusativobjekt + Arterg. + Pertinenzdativ	Der Arzt richtet ihr die Nase gerade.
36.	Subjekt + Prädikat + Raumergänzung + Pertinenzdativ	Ich klopfe ihm auf die Schulter.
37.	Subjekt + Prädikat + Akkusativobjekt + Raumergänzung + Pertinenzdativ	Er legt ihm die Hand auf die Schulter.

Abb. 1: Satzbaupläne

Vergleichen Sie aber: *Peter kauft Gesundheit*. Dieser Satz ist grammatisch korrekt, jedoch ist er semantisch eigentlich nicht möglich. Ein Abstraktum (z. B. *Gesundheit, Wahrheit, Ehrlichkeit, Liebe*) als Produkt, das gekauft wird (was?), ist bei diesem Verb nicht vorgesehen. Die semantische Verträglichkeit von Wörtern im Kontext wird **Kompatibilität** genannt. Man spricht auch von semantischer Valenz im Sinne von logischer Valenz. Bei Sätzen wie *Katzen würden Whiskas kaufen* wird mit der semantischen Valenz des Verbs gespielt. Nur aufgrund der Abweichung – Tiere können nicht mit Geld bezahlen – ist der Satz in der Werbung auffällig.

An diesen Beispielen konnten Sie sehen, dass man (in einem ersten Schritt) versuchen kann, die Valenz des Verbs durch Sachverhaltswissen zu ermitteln. Diese Vorgehensweise allein – sich nur auf sein muttersprachliches Gefühl zu verlassen – reicht aber nicht aus und das gilt nicht nur für Zweifelsfälle. Wie bereits angesprochen, brauchen wir Satzgliedtests, um Anzahl und Art der Ergänzungen sicher bestimmen zu können (siehe Kap. I. 5.2 Satzgliedtests).

! Der Valenzträger ist nicht immer ein Verb (allein). Auch komplexe heterogene Prädikate sind insgesamt der Valenzträger (Bsp.: *Der Pfarrer bringt die Glocke in Schwung*. Prädikat: *bringt in Schwung*, Valenzträger: *in Schwung bringen*: 2-wertig: wer/was? wen/was?).

Die komplexen homogenen Prädikate sind hiervon ausgenommen, da Modal-, Modalitäts- und Hilfsverben keine Valenzträger sein können; sie sind problemlos weglassbar, so dass der Satz auch mit dem Vollverb (als Finitum) allein grammatisch korrekt bleibt (Bsp.: *Peter muss zu Hause bleiben*. Prädikat: *muss bleiben*, Valenzträger: *bleiben*: wer/was? wo? Vgl. *Peter bleibt zu Hause*).

Vergleicht man die Wertigkeiten aller Verben, so ergibt sich eine (begrenzte) Anzahl an Satzbauplänen (*schenken* etwa hat den gleichen Satzbauplan wie *empfehlen*). In der vorausgegangenen Tabelle (vgl. Abb. 1) wird allerdings noch die traditionelle Terminologie verwendet.

5. Die Satzglieder

Ein sprachwissenschaftliches Prinzip ist **segmentieren und klassifizieren**, d. h., wir zerlegen größere Einheiten (hier Sätze) in kleinere und benennen diese. Das erfolgt allerdings nicht willkürlich, sondern nach bestimmten Regeln bzw. mit Hilfe von Tests, die das Segmentieren erleichtern und objektive Entscheidungskriterien sein sollen. Wenn ein Satz in seine nächstkleinere Einheit zerlegt wird, dann sind wir auf der Ebene der Satzglieder. Das ist die **Grobstruktur** des Satzes. Wenn wir die Satzglieder dann weiter zerlegen, analysieren wir die **Feinstruktur**.

5.1 Traditionelle Satzgliedklassifikation

Satzglieder kennt auch die traditionelle Grammatik und unterscheidet zwischen Prädikat, Subjekt, Akkusativ-, Dativ-, Genitiv-, oder Präpositionalobjekt und Adverbiale. Die Valenzgrammatik benutzt eine andere Terminologie und sieht das Prädikat als das strukturelle Zentrum eines Satzes an, das eine andere – herausgehobene – Stellung beansprucht als die übrigen (nicht-verbalen) Satzglieder (vgl. Tabelle in Kap. I. 5.4 Klassifikation von Ergänzungen und Angaben).

5.2 Satzgliedtests

Für die valenzgrammatisch korrekte Segmentierung eines Satzes in Satzglieder gibt es folgende Tests: die Frageprobe, die Ersatzprobe und die Verschiebeprobe.

Die Sprachwissenschaftlerin, die bereits während ihres Studiums bedeutende Arbeiten geschrieben hat, nimmt heute an der Konferenz in Rom teil.

a) Frageprobe

Bei der Frageprobe erfragen wir die Satzglieder des Hauptsatzes vom Prädikat aus.

Das Prädikat des Hauptsatzes ist *nimmt teil*. Wir können nach den verschiedenen Satzgliedern fragen, z. B. *Wer nimmt teil? – Die Sprachwissenschaftlerin* oder: *Die Sprachwissenschaftlerin, die bereits während ihres Studiums bedeutende Arbeiten geschrieben hat. Wann nimmt sie teil? – heute. Woran nimmt sie teil? – An der Konferenz in Rom.* Evtl. können wir auch fragen: *Wo nimmt sie teil? – in Rom.*

b) Ersatzprobe

Da die Bestimmung der Satzglieder durch den Fragetest allein nicht eindeutig ist – wir wissen zunächst etwa nicht, ob das erste Satzglied nur *die Sprachwissenschaftlerin* ist oder ob der Nebensatz dazugehört –, brauchen wir weitere Hilfen, z. B. die Ersatzprobe. Hier werden Satzglieder bzw. vermeintliche Satzglieder daraufhin getestet, ob sie ausgetauscht werden können (besonders durch so genannte Proformen = **Pronominalisierung**). Statt *Die Sprachwissenschaftlerin* kann man etwa *sie* verwenden, aber nur, wenn der Relativsatz gleichzeitig ersetzt wird: *Sie* *nimmt heute an der Konferenz in Rom teil.* Entscheidend bei diesem Test ist, dass der Satz grammatisch korrekt bleibt; ob Informationen verloren gehen, ist hier nicht relevant. So könnten wir etwa *Die Sprachwissenschaftlerin, die ...* auch durch *der Koch/meine gelehrte Tante* etc. ersetzen. Auf unsere Frage, ob *an der Konferenz in Rom* aus einem Satzglied oder zwei Satzgliedern besteht, erhalten wir durch diesen Test auch keine eindeutige Antwort. So ist *Die Sprachwissenschaftlerin, die ...,* *nimmt heute <u>daran in Rom</u> teil.* ebenso plausibel wie *Die Sprachwissenschaftlerin, die ..., nimmt heute <u>daran</u> teil.*

c) Verschiebeprobe

Der eindeutigste Test ist die Verschiebeprobe (auch: Permutationsprobe). Hier werden Satzglieder insgesamt an andere Positionen im Satz gestellt. Die aussagekräftigste Position ist die erste. Wenn dieser **Spitzenstellungstest** positiv ist, d. h. zu einem grammatisch korrekten Satz führt, dann sind die Wörter vor dem finiten Verb (= zweite Position) zusammen <u>ein</u> Satzglied. Mit diesem letzten Test ist eigentlich schon bewiesen, dass *Die Sprachwissenschaftlerin, die ... hat* zusammen ein Satzglied ist, denn erst nach dem Relativsatz folgt das finite Verb des Hauptsatzes. Eine Position kann man sich also eher als eine semantische Einheit vorstellen, wobei es egal ist, ob diese aus einem Wort, mehreren Wörtern oder einem Satz besteht. Wenn wir testen wollen, ob nun *an der Konferenz in Rom* aus einem oder zwei Satzgliedern besteht, so müssen wir für alle Fälle testen, ob eine Spitzenstellung möglich ist und ob sich der Sinn des Satzes ändert.

Vergleichen Sie die verschiedenen Möglichkeiten:

a) *An der Konferenz nimmt die Sprachwissenschaftlerin, die ... hat, heute in Rom teil.*
b) *In Rom nimmt die Sprachwissenschaftlerin, die ... hat, heute an der Konferenz teil.*
c) *An der Konferenz in Rom nimmt die Sprachwissenschaftlerin, die ... hat, heute teil.*

Es ist wichtig, bei der Verschiebeprobe immer auch die Gegenprobe zu machen und dann zu diskutieren, welche Möglichkeit am wahrscheinlichsten ist. In unserem Fall entspricht die Probe c) dem Originalsatz sinngemäß. Demnach handelt es sich um nur ein Satzglied.

! Bei den Proben darf sich der Sinn des Satzes nicht ändern!

Für unseren Beispielsatz erhalten wir also drei Satzglieder:

- *Die Sprachwissenschaftlerin, die bereits während ihres Studiums bedeutende Arbeiten geschrieben hat*
- *heute*
- *an der Konferenz in Rom*

Beachten Sie auch, dass die Verschiebeprobe nur in Hauptsätzen (Kernsätzen) durchgeführt werden kann. Wenn Sie etwa einen Nebensatz – wir befinden uns jetzt auf der Ebene der Feinstruktur – auf seine Satzglieder testen wollen (Satzglieder gibt es im Prinzip immer, sobald ein finites Verb vorkommt), dann müssen Sie erst diesen Nebensatz in einen Hauptsatz umwandeln. In unserem Beispiel etwa ist der Relativsatz Teil des Satzgliedes *Die Sprachwissenschaftlerin, die ... hat.* In einem zweiten Schritt können wir auch den Relativsatz auf seine Satzglieder testen. Dafür brauchen wir aber einen Hauptsatz, z. B. *Sie hat bereits während ihres Studiums bedeutende Arbeiten geschrieben.* Dies ist jedoch nur eine Hilfskonstruktion zur Bestimmung der Satzglieder. Sie müssen letztlich bei der Analyse die Wörter des vorliegenden Satzes (hier: *die*, nicht: *Sie*) verwenden!

Manchmal können Satzgliedteile auch getrennt voneinander stehen. Ihre Zusammengehörigkeit kann aber durch den Spitzenstellungstest ermittelt werden!

Ich bringe dir <u>das Buch</u> mit, <u>das du dringend für dein Referat brauchst.</u>
<u>Was</u> ist das denn <u>für ein Idiot</u>?

Ein Satzglied ist im Satz (vom Prädikat aus) erfragbar, insgesamt ersetzbar und verschiebbar.

Wenn wir im Folgenden von Satzgliedern sprechen, meinen wir immer die nicht verbalen Satzglieder!

5.3 Tests zur Unterscheidung von Ergänzungen und Angaben

Aus dem Kapitel zur Valenz (I. 4.2) wissen wir, dass es zwei Arten von Satzgliedern gibt: die valenzabhängigen Ergänzungen und die valenzunabhängigen Angaben. Bei den Ergänzungen gibt es obligatorische (nicht weglassbare) und fakultative (weglassbare) Ergänzungen. Alle Angaben sind immer fakultativ (frei), da sie vom Verb nicht gefordert werden und weggelassen werden können, ohne dass ein ungrammatischer Satz entsteht.

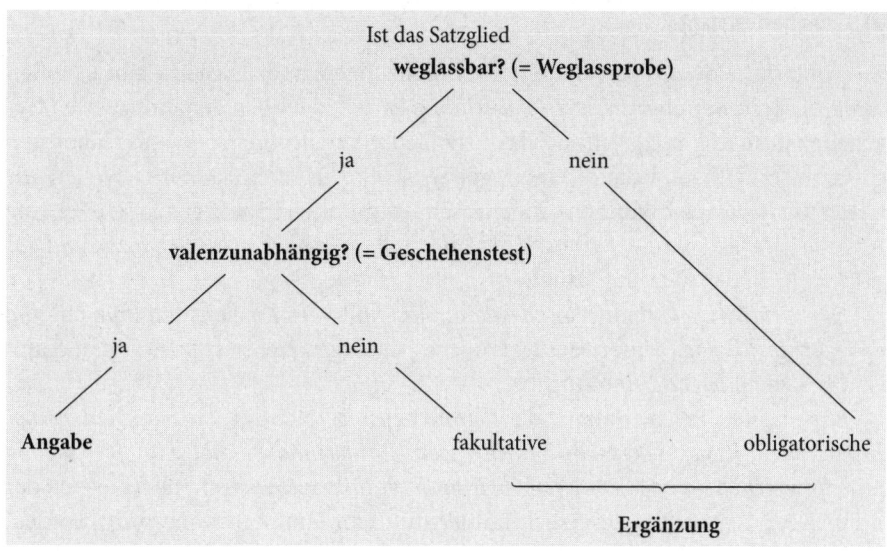

a) Weglassprobe

Die **Weglassprobe** kann uns zeigen, welche Satzglieder obligatorisch, welche fakultativ sind (fakultative Ergänzungen und alle Angaben). So ist das Satzglied *Die Sprachwissenschaftlerin, die ... hat* auf jeden Fall eine obligatorische Ergänzung, da der Satz **Nimmt heute an der Konferenz in Rom teil.* unvollständig ist. Weglassbar sind dagegen die Satzglieder *heute* und *an der Konferenz in Rom*.

✎ Grammatisch falsche Sätze oder Ausdrücke werden mit * gekennzeichnet.

Anhand der Weglass- und Frageprobe können Sie jetzt auch sicherer Ihr Prädikat bestimmen. Wenn Sie unschlüssig sind, ob etwa im Satz *Der Diabetiker hält beim Essen Maß.*, *Maß* zum Prädikat gehört oder nicht, testen Sie erst, ob dieses Wort weglassbar ist und ob sich dabei der Sinn ändert. In unserem Fall ist *Maß* nicht weglassbar (**Der Diabetiker hält.*); dass *Maß* auch keine obligatorische Ergänzung ist, zeigt Ihnen die Frageprobe: Sie können nicht wer/was? *hält* wen/was? – *Maß* fragen. *Maß* kann außerdem auch nicht ersetzt werden, z. B. durch *einen Vortrag*, ohne dass sich der Sinn ändert. Sollten diese Tests keine befriedigenden Antworten geben, diskutieren Sie das Problem und erläutern Sie Ihre Entscheidung!

! Zur Valenz des Verbs zählen alle Ergänzungen, also auch die weglassbaren (fakultativen)!

b) Geschehenstest

Zur Unterscheidung von fakultativen Ergänzungen und Angaben gibt es einen weiteren Test, der aber nicht so zuverlässig ist wie die oben genannten. Der **Geschehenstest** soll aufzeigen, ob das Satzglied eine allgemeine Aussage über den Gesamtsatz trifft und damit eine Angabe ist. Für unseren Satz etwa wollen wir testen, ob *heute* – wir können es weglassen – eine fakultative Ergänzung oder eine Angabe ist. Dazu wird das zu testende Satzglied mit *und das geschieht* bzw. *und das geschah ...* an den Satz angehängt.

Die Sprachwissenschaftlerin, die ... hat, nimmt an der Konferenz in Rom teil und das geschieht heute. Dieser Satz ist korrekt, der Geschehenstest positiv und damit ist das Satzglied *heute* eine Angabe.

Für unseren Beispielsatz ist der Geschehenstest auch für das Satzglied *an der Konferenz in Rom* positiv: *Die Sprachwissenschaftlerin, die ... hat, nimmt heute teil und das geschieht an der Konferenz in Rom.* Präpositionale Satzglieder (hier mit der Präposition *an*) sollten zusätzlich immer mit dem **Dialogtest** überprüft werden, weil in diesen Fällen der Geschehenstest eine falsche Klassifikation nahe legen kann. Auch bei fakultativen Dativ-Ergänzungen kann der Geschehenstest irrtümlicherweise ein positives Ergebnis liefern (vgl. auch Kap. I. 9.3 Der so genannte „Freie Dativ").

c) Dialogtest

Fakultative präpositionale Satzglieder können in einem fiktiven Dialog zwischen A und B getestet werden. Das zu testende Satzglied wird dabei von A weggelassen und B fragt dann danach. Wenn A glaubhaft antworten kann *Das weiß ich nicht*, dann handelt es sich um eine Angabe, wenn nicht, um eine Ergänzung. Dieser Test beruht auf der logischen Valenz des Verbs und es wird geprüft, ob eine Information im Verb „mitgedacht" wird, der Sprecher A sie also wissen muss, oder ob es eine „freie", verbunabhängige Information ist.

A: *Die Sprachwissenschaftlerin nimmt teil.*
B: *Woran nimmt sie teil?*
A: *Das weiß ich nicht!*

Für unser Beispiel kann A nicht glaubhaft sagen, dass er nicht weiß, woran die Sprachwissenschaftlerin teilnimmt; A muss es wissen, denn mit seiner Aussage „Das weiß ich nicht!" würde A lügen. Das Satzglied ist also eine fakultative Ergänzung (und keine Angabe).

Natürlich müssen nicht weglassbare Satzglieder nie mit dem Geschehens- bzw. Dialogtest überprüft werden, da sie immer Ergänzungen sind.

! Die Tests zur Unterscheidung von Ergänzungen (obligatorisch und fakultativ) und Angaben liefern nicht immer eindeutige Ergebnisse. Wenn Sie das Gefühl haben, dass dies der Fall ist, diskutieren Sie das bitte unter Heranziehung weiterer Beispielsätze. Achten Sie besonders auf Bedeutungsveränderungen.

Vergleichen Sie zur Veranschaulichung noch einen weiteren Satz: *Gestern Abend hat Peter im Supermarkt ein Kilo Bananen eingekauft.* Angenommen, wir haben bereits durch die ersten drei Tests herausgefunden, dass *gestern Abend, Peter, im Supermarkt* und *ein Kilo Bananen* die Satzglieder dieses Satzes sind, dann testen wir weiter, welche davon weggelassen werden können, ohne dass der Satz ungrammatisch wird. *Peter hat eingekauft.* ist ein korrekter Satz. Wir haben also nur *Peter* als obligatorische Ergänzung. Die restlichen Satzglieder testen wir mit dem Geschehenstest (den Dialogtest können wir nur für weglassbare präpositionale Satzglieder anwenden):

Peter hat im Supermarkt ein Kilo Bananen eingekauft und das geschah gestern. →
   Test positiv, d. h., das Satzglied ist eine Angabe.
*Gestern hat Peter im Supermarkt eingekauft und das geschah ein Kilo Bananen. →
   Test negativ, d. h., das Satzglied ist eine fakultative Ergänzung.
Gestern hat Peter ein Kilo Bananen eingekauft und das geschah im Supermarkt. →
   Test positiv, d. h., das Satzglied ist eine Angabe.
A: *Peter hat gestern Bananen eingekauft.*
B: *Wo hat er Bananen eingekauft?*
A: *Das weiß ich nicht.* A muss nicht wissen, wo der Ort des Einkaufens war → Test positiv, d. h., das Satzglied ist eine Angabe.

! Bei Unsicherheiten im Hinblick auf die Unterscheidung von obligatorischen und fakultativen Ergänzungen kann eine Frageprobe hilfreich sein, auch wenn sie nicht ausschließlich herangezogen werden sollte.

a) *Hast du Sarah das Manuskript gegeben? – Ja, ich habe <u>es</u> ihr gegeben.*
b) *Traust du Peter? – Ja, ich traue <u>ihm</u>.*
c) *Wirst du morgen zur Vorlesung kommen? – Ja, ich werde kommen.*
d) *Verzichtest du auf den Start? – Ja, ich verzichte.*

Die Beispiele a) und b) greifen in der Antwort die Ergänzungen auf. Sie sind somit obligatorisch. Bei den Beispielen c) und d) geschieht das nicht, so dass die Präpositional-Ergänzungen *zur Vorlesung* und *auf den Start* fakultativ sind.

Vorgehen bei der Satzgliedsegmentierung

1 Bestimmen Sie das Prädikat des Hauptsatzes.
2 Bestimmen Sie die Valenz des Valenzträgers.
3 Segmentieren Sie den Satz mit Hilfe von Frage-, Ersatz- und Verschiebeprobe in Satzglieder.
4 Führen Sie die Weglassprobe durch, um die obligatorischen Ergänzungen zu finden.
5 Führen Sie den Geschehenstest (und evtl. den Dialogtest) durch, um die Angaben von den fakultativen Ergänzungen zu unterscheiden.
6 Vergleichen Sie die Anzahl der Ergänzungen mit Ihrer Valenzbestimmung. Passt die Valenz in Anzahl und Art zu den Ergänzungen im Satz? Wenn im konkreten Satz nicht alle (fakultativen) Ergänzungen realisiert wurden, liegt so genannter unterwertiger Gebrauch vor (vgl. Kap. I. 7.2 Unterwertiger Gebrauch).

5.4 Klassifikation von Ergänzungen und Angaben

a) Arten von Ergänzungen

Aus der traditionellen Grammatik kennen wir bereits einige Satzglieder, die in der Valenzgrammatik eine neue Bezeichnung erhalten. Ergänzungen werden dabei meistens nach ihrem Kasus bestimmt.

Traditionelle Grammatik	Valenzgrammatik
Subjekt	Nominativ-Ergänzung (Nom-E): keine Sonderstellung mehr
Prädikat (Prädikatsnomen als Teil des Prädikats)	Prädikat als strukturelles Zentrum
Objekte ▪ Genitivobjekt ▪ Dativobjekt ▪ Akkusativobjekt ▪ Präpositionalobjekt	▪ Genitiv-Ergänzung (Gen-E) ▪ Dativ-Ergänzung (Dat-E) ▪ Akkusativ-Ergänzung (Akk-E) ▪ Präpositional-Ergänzung mit fester Präp. (Präp-E) ▪ Prädikatsnomen-Ergänzung (Präd-E) als eigenständiges Satzglied
Adverbiale (Ort, Zeit, Gründe ...)	Präpositional-Ergänzung mit unfester Präposition oder Angabe

Die Valenzgrammatik bezeichnet das Subjekt als Nominativ-Ergänzung, die Objekte – den Kasus entsprechend – als Akkusativ-, Dativ-, oder Genitiv-Ergänzung (selten, z. B. *Ich gedenke der Toten. Erinnerst du dich ihrer?*). So wird das Subjekt mit den anderen Ergänzungen auf eine Ebene gestellt und nicht mehr als ein besonderes Satzglied behandelt, obwohl es im Vergleich zu den anderen Satzgliedern eigentlich eine Sonderrolle einnimmt: Zwischen Nominativ-Ergänzung und dem finiten Verb gibt es eine Übereinstimmung (Kongruenz) in Person und Numerus (*Ich lese. – Die Kinder lesen.*).

Neu ist auch, dass das Prädikatsnomen ein eigenes Satzglied ist (Prädikatsnomen-Ergänzung) und nicht mehr zum Prädikat gezählt wird. Prädikatsnomen kommen vor allem bei so genannten Kopula-Verben (lat. *copulare* ‚verbinden, verknüpfen') vor, dazu zählen z. B. *sein, werden, bleiben, gelten, heißen* und *nennen*.

Bei dem Satz *Die Schule ist doof.* ergeben die Satzgliedtests (Frageprobe: *Wie ist die Schule?* Ersatzprobe: *Die Schule ist so.* Verschiebeprobe: *Doof ist die Schule.*), dass *doof* ein eigenes, obligatorisches Satzglied ist, und zwar eine Prädikatsnomen-ergänzung. Ist das Prädikatsnomen ein Substantiv, steht es meist im Nominativ, bei Verben wie *nennen* und *heißen* im Akkusativ, bei *erklären (zu), wählen (zu), befördern (zu), machen (zu)* folgt eine präpositionale Fügung. Außerdem sind Satzglieder mit den Konjunktionen *als* und *wie* möglich.

Weitere Beispiele:

Mein Sohn möchte später einmal Krankenpfleger werden.
Mein Banknachbar hat mich gestern einen Idioten genannt, nur weil ich ihn nicht habe abschreiben lassen.
Ich heiße Elke.
Peter gilt bei uns in der Klasse als Streber.
Mein Meerschweinchen ist wie ein Freund.
Ich erkläre euch hiermit zu Mann und Frau.

Die Präpositional-Objekte der traditionellen Grammatik entsprechen hier den Präpositional-Ergänzungen mit fester Präposition. Taucht beim Fragetest im Fragewort eine Präposition auf, dann handelt es sich um eine feste Präposition. Sie bleibt auch bei der Ersatzprobe erhalten. *Ina beneidet Petra um ihre gute Figur. Worum beneidet Ina Petra? Ina beneidet Petra darum.*

> Bei Verben, die eine feste Präposition fordern, z. B. *warten auf, denken an, sorgen für,* sind die so eingeleiteten Satzglieder immer Präpositional-Ergänzungen mit fester Präposition.

Unfeste Präpositionen sind nicht im Fragewort enthalten und können ausgetauscht werden:

> z. B. *Wo wohnst du? – Ich wohne in Regensburg/auf Hawaii/hinter dem Kino/in einem großen Mietshaus etc.*

Satzglieder mit unfesten Präpositionen können entweder Präpositional-Ergänzungen mit unfester Präposition (obligatorisch/fakultativ) – in Anlehnung an die traditionelle Grammatik auch als Adverbial-Ergänzung zu bezeichnen – oder Angaben sein. Darüber müssen die Weglassprobe und der Geschehenstest/Dialogtest bzw. die logische Valenz entscheiden. Im letzten Beispiel ist die Weglassprobe negativ, der Ort des Wohnens also eine obligatorische Präpositional-Ergänzung mit unfester Präposition. Was in der traditionellen Grammatik als Umstandsbestimmung oder Adverbiale bezeichnet wird, betrachtet man in der Valenzgrammatik folglich differenzierter. Es kann je nach Valenz des Verbs Präpositional-Ergänzung mit unfester Präposition oder Angabe sein.

b) Arten von Angaben

Angaben werden nach ihrer Bedeutung (= semantisches Kriterium) eingeteilt. Dementsprechend lang ist die Liste möglicher Angabetypen (die folgende Auswahl ist hauptsächlich nach dem Kriterium der Frequenz geordnet).

- **Lokalangabe/Ortsangabe**

  Ich esse mein Brot <u>in der Schule</u>.

  Frageprobe: *Wo, wohin, woher, wie weit?*, Ersatzprobe: *dort, hier, da* etc.

- **Temporalangabe/Zeitangabe**

  Ich esse mein Brot <u>nach dem Unterricht</u>. <u>Als ich ein Kind war</u>, kletterte ich liebend gerne auf Bäume.

  Frageprobe: *Wann, wie lange, seit wann, wie oft?*, Ersatzprobe: *damals, danach, dann, jetzt, gestern* etc.

- **Kausalangabe/Begründungsangabe**

  Ich esse mein Brot, <u>weil ich Hunger habe</u>.

  Frageprobe: *Warum, weshalb, aus welchem Grund?*, Ersatzprobe: *deshalb, deswegen, darum*

- **Konditionalangabe/Bedingungsangabe**

  Wenn es regnet, kommt Lukas nicht.

  Frageprobe: *Unter welcher Bedingung, in welchem Fall?*, Ersatzprobe: *dann*

- **Konzessivangabe/Einräumungsangabe**

  Trotz des Regens geht Lena spazieren. Obgleich er ein erfahrener Künstler war, hatte er immer wieder Lampenfieber.

  Frageprobe: *Trotz welchen Umstandes?* Ersatzprobe: *trotzdem, dennoch*

- **Finalangabe/Zweckangabe**

  Ich esse Brot, damit ich satt werde/um satt zu werden.
  Die Familie fährt zur Erholung an die See.

  Frageprobe: *Wozu, in welcher Absicht, mit welchem Ziel?*, Ersatzprobe: *dazu* oder *dafür*

- **Konsekutivangabe/Folgeangabe**

  Anna ist so froh, dass sie weint.
  Die Kinder schrien, so dass sie heiser wurden.

  Frageprobe: *Mit welcher Folge, mit welchem Ergebnis?*, Ersatzprobe: *mit dieser Folge*

- **Instrumentalangabe/Werkzeugangabe**

  Ich esse mein Brot mit den Fingern.
  Wir fahren mit dem Wohnmobil nach Griechenland.

  Frageprobe: *Womit, wodurch?*, Ersatzprobe: *damit, dadurch*

- **Komitativangabe/Begleitungsangabe**

  Ich fahre mit ein paar Freunden in die Berge.
  Das Kind schlief zum ersten Mal ohne seinen Schnuller.

  Frageprobe: *Mit wem, ohne wen?*, Ersatzprobe (hier): *mit ihnen, ohne ihn*

- **Restriktivangabe/Einschränkungsangabe**

Finanziell/In finanzieller Hinsicht geht es mir gut.

Frageprobe: *Inwieweit, In welcher Hinsicht?*, Ersatzprobe: *Insofern, insoweit*

- **Adversativangabe/Gegensatzangabe**

Während ich für das Examen lerne, vergnügen sich meine Freunde im Freibad.

Frageprobe: *Wann?*, Ersatzprobe: *dagegen*

- **Kommentarangabe**

Laut Polizeibericht wurde der Dieb gefasst. *Meiner Meinung nach* ist das keine gute Idee.

Frageprobe: z. B. *Wessen Angabe nach …?*, Ersatzprobe: *demnach*

- **Modalangabe/Artangabe**

Dieser Angabetyp ist eine Sammelklasse für sonstige Angaben, die teilweise schwer in ihrer Bedeutung zu fassen sind. Die „klassische" Modalangabe sagt etwas über die Art und Weise aus, wie eine Handlung geschieht.

Ich esse mein Brot mit großem Appetit. Er hat sie gestern flüchtig gesehen. Indem er ihr zu Füßen lag, gab sie ihm das Ja-Wort.

Auch die Angabe von Grad und Maß zählt zu dieser Klasse:

Er arbeitet genug. Besonders ärgert sie sein dauernder Widerspruch.

Frageprobe: *Wie?*, Ersatzprobe: *so*

Es gibt einige Modaladverbien, die nicht erfragbar sind, aber durch den positiven Spitzenstellungstest eindeutig als eigene Satzglieder zu verstehen sind. Dazu gehören z. B. die Modalwörter (vgl. Kap. II. 4.1 Adverb). Sie drücken eine Stellungnahme des Sprechers aus, z. B. *Wahrscheinlich/glücklicherweise/möglicherweise/vielleicht komme ich heute Abend auf deine Feier.*

- **Prädikativangabe**

Ein Sonderfall ist die Prädikativangabe. Sie bezieht sich nicht, wie die Modalangabe, auf den Prädikatsverband, sondern auf eine Ergänzung. Vergleichen Sie die verschiedenen Bedeutungen der Beispielsätze:

Die Mutter trug den <u>Punsch heiß</u> herein. → Bezug auf Akk-E
<u>Die Mutter</u> trug den Punsch <u>fröhlich</u> herein. → Bezug auf Nom-E
Dagegen: *Die Mutter trug den Punsch <u>schnell</u> herein.* → Bezug auf das Prädikat
(= Modalangabe)

Eine Prädikativangabe kann auch konjunktional sein: z. B. *Er kam <u>als Erster</u> durchs Ziel.*

- **Negationsangabe**

  Die Negationsangabe kann aus einem Wort oder aus einer Wortgruppe bestehen und bezieht sich <u>auf den ganzen Satz</u>, ist also **Satznegation**, z. B.

  Der Lift fährt <u>nicht/nie</u>.

  Ebenso: *keineswegs, in keiner Weise*

! Vorsicht bei *nicht*! Es kann Satznegation (Negationsangabe) oder Wortnegation
(vgl. Kap. I. 6. Attribute) sein! Testen Sie, z. B. durch die Satzgliedtests, worauf
sich das *nicht* bezieht!

- **Freier Dativ** (vgl. Kap. I. 9.3 Der so genannte „Freie Dativ")

c) **Formale Kriterien für Ergänzungen und Angaben**

Satzglieder können hinsichtlich ihrer grammatischen Form aus einem Wort oder
einer Wortgruppe, aus einem Nebensatz oder einer Infinitiv- oder Partizipialkon-
struktion bestehen.

- **Wörter oder Wortgruppen**

> Eine Gruppe von syntaktisch zusammengehörenden Wörtern, die in der Regel
> unmittelbar aufeinander folgen, nennt man **Syntagma** (griech. ‚Zusammenge-
> stelltes‘).

Wenn einzelne Wörter oder Wortgruppen vorliegen, dann wird die Klassifikation
nach der Wortart des **Satzgliedkerns** vorgenommen, d. h. nach dem Wort, welches
auf keinen Fall weggelassen werden kann, da das Satzglied mindestens aus diesem
bestehen muss (vgl. auch Kap. I. 6. Attribute). Eine Ausnahme sind Satzglieder, die
von einer Präposition bzw. einer Konjunktion eingeleitet werden; sie sind immer
präpositional bzw. konjunktional. Als Satzgliedklassifikationen nach formalen Kriterien kommen also in Frage (der Kern ist durch Unterstreichen hervorgehoben):

- substantivisch: *der neue* <u>*Wagen*</u>*, die bei Siemens arbeitende* <u>*Studentin*</u>
- adverbial: *erst* <u>*heute*</u>*,* <u>*überraschenderweise*</u>
- adjektivisch: *(Er spricht)* <u>*laut und deutlich*</u>*. (Sie tanzt) sehr* <u>*schön*</u>*.*
- pronominal: *(Der Professor verspricht)* <u>*ihr*</u> *(eine faire Prüfung).* <u>*Sie*</u> *(ist sehr aufgeregt).*
- präpositional: *im Jahr 2000, auf dem Balkon, für den Frieden*
- konjunktional *(als, wie): (Ich betrachte ihn) als meinen Freund.*

Zur Unterscheidung der Wortarten, besonders von Adverb und Adjektiv, lesen Sie bitte das Kapitel II. Wortarten.

- **Satzförmige Satzglieder (= Gliedsätze)**

Auch bei satzförmigen Satzgliedern funktionieren die in Kap. I. 5.2 und 5.3 genannten Tests, z. B. kann ein Angabesatz mit dem Geschehenstest überprüft werden: *Ich konnte heute nicht in den Unterricht kommen und das geschah, weil ich hohes Fieber hatte.* Er kann auch durch ein Wort ersetzt werden: *Ich konnte heute* <u>*deshalb*</u> *nicht in den Unterricht kommen.* Je nach Funktion sind Gliedsätze also Ergänzungs- oder Angabesätze.

> <u>*Wer zu spät kommt*</u> *(= Nom-E), verpasst das Beste.*
> *Der Bundeskanzler sagt,* <u>*dass die Arbeitslosigkeit bald wieder abnehmen wird*</u> *(= Akk-E).*
> <u>*Als ich ein Kind war*</u> *(= Temporalangabe), hatte ich Angst vor Hunden.*

Es ist besonders wichtig, dass Nebensätze immer getestet werden, da nicht alle Nebensätze Satzglieder sein müssen; sie können auch Teile von Satzgliedern sein wie in unserem Beispiel *Die Sprachwissenschaftlerin, die bereits während ihres Studiums bedeutende Arbeiten geschrieben hat* (vgl. Kapitel I. 6. Attribute).

- **Infinitiv- oder Partizipialkonstruktionen**

Satzglieder können aber auch aus Infinitiv- oder Partizipialkonstruktionen bestehen. Sie sind keine Sätze, da sie keine finiten Verben besitzen. Infinitivkonstruktionen sind durch die Konjunktionen *zu, um – zu* oder *(an)statt – zu* gekennzeichnet.

> *Ich sehe jeden Tag die Nachrichten, um gut informiert zu sein* (= Finalangabe).
> *Es ist schön, bei dir zu sein* (= Nom-E).
> *Eine Zigarette rauchend* (= Modalangabe oder Temporalangabe), *kam Frank ins Zimmer.*

In Regensburg angekommen (= Temporalangabe), *machte sich der Student sofort auf die Suche nach einem Zimmer.*

! Infinitivkonstruktionen können auch Präpositional-Ergänzungen mit festen Prä-positionen ersetzen: *Ich hoffe auf ein Treffen/[darauf] dich zu treffen.* (2-wertiges Verb: wer/was? *hofft* worauf?).

Wenn wir die Satzglieder unseres Beispielsatzes (*Die Sprachwissenschaftlerin, …*) klassifizieren, so kommen wir zu folgenden Lösungen:

- *Die Sprachwissenschaftlerin, die bereits während ihres Studiums bedeutende Arbeiten geschrieben hat:* obligatorische Nominativ-Ergänzung, substantivisch (nicht satzförmig, da der Kern *die Sprachwissenschaftlerin* ist)
- *an der Konferenz in Rom:* fakultative Präpositional-Ergänzung mit fester Präposition, präpositional
- *heute:* Temporalangabe, adverbial

Die Satzglieder des Relativsatzes (überprüfen Sie diese einmal anhand der Tests) sind:

- *die:* obligatorische Nominativ-Ergänzung, pronominal
- *bereits während ihres Studiums:* Temporalangabe, präpositional (Präposition ist *während* + Genitiv)
- *bedeutende Arbeiten:* fakultative Akkusativ-Ergänzung, substantivisch

6. Attribute

6.1 Definition und Allgemeines

Wenn wir die Attribute analysieren, bewegen wir uns von der Grobstruktur des Satzes weg auf eine Ebene, die unterhalb der Satzglieder liegt. Komplexe Satzglieder haben einen Kern und ein Attribut oder mehrere Attribute, die diesen Kern erweitern und die wiederum attribuiert sein können. In der Bestimmung des Kerns argumentieren wir damit semantisch.

Attribute sind syntaktisch nicht notwendige Anreicherungen eines Satzgliedes. Es handelt sich hierbei also um eine Beifügung bzw. einen Gliedteil. Sie ermöglichen es, das im Gliedkern Genannte zu charakterisieren und genauer zu bestimmen.

Anna will sich für eine Feier ein <u>elegantes</u> Kleid kaufen.

Test: Der Satzgliedkern kann nicht weggelassen werden!

Anna will sich für eine Feier ein Kleid kaufen.
*Anna will sich für eine Feier ein elegantes kaufen.

→ Nur das Attribut ist weglassbar. In unserem Beispiel ist es *elegantes*. Das gesamte Satzglied heißt *ein elegantes Kleid*. Der Satzgliedkern ist *(ein) Kleid*.

Es gibt auch Attribute, die nicht weglassbar sind, weil sich der Sinn des Satzes ändern oder er ganz unsinnig werden würde. Dies ist aber ein semantisches und kein syntaktisches Problem:

Bellende Hunde beißen nicht.

Syntaktisch möglich ist zwar *Hunde beißen nicht.* Dies gibt jedoch keinen Sinn.

Auch restriktive (einschränkende) Relativsätze sind (semantisch) nicht weglassbar:

Menschen, <u>die Alkohol getrunken haben</u>, sollten nicht mehr Auto fahren.

Attribute können wiederum erweitert werden (Mehrfachattribuierung)
a) durch Koordination (Nebenordnung): *der <u>hungrige und piepsende</u> Vogel*
b) durch Subordination (Unterordnung): *der <u>sehr</u> hungrige Vogel*

Dabei gibt es (syntaktisch) notwendige und nicht notwendige Erweiterungen von Attributen. Notwendige Erweiterungsglieder kommen insbesondere bei von Verben abgeleiteten Partizipien vor und sind valenzgebunden.

Die <u>auf den Tisch</u> gelegte Zeitung. Vergleichen Sie: *Die gelegte Zeitung.

Das Verb *legen* verlangt obligatorisch eine Nom-E (wer/was?), eine Akk-E (wen?) und eine Präp-E mit unfester Präposition (wohin?), welche beim Partizip *gelegt* notwendig als Attribut auftritt.

Exkurs

Substantiv- und Adjektivvalenz
Bereits bei den einführenden Bemerkungen zur Valenz wurde darauf hingewiesen, dass auch andere Wortarten eine Valenz haben können, nämlich (relative) Adjektive oder (relative) Substantive.

In den folgenden Sätzen sind **sekundäre Satzglieder/Ergänzungen 2. Grades** enthalten, die sich nicht aus der Verbvalenz erklären lassen, sondern vom Adjektiv abhängig sind und auch nicht weggelassen werden können: *Peter ist <u>seinem Bruder</u> ähnlich. Auch er war <u>der langweiligen Referate</u> überdrüssig.* Die Frageprobe setzt hier nicht beim Verb (*sein*: wer/was? wie?), sondern beim Adjektiv an: *wem ähnlich? überdrüssig wessen?* Bei der Verschiebeprobe kann man diese sekundären Satzglieder entweder gemeinsam mit dem Adjektiv an die erste Position rücken oder einzeln: *Ähnlich ist Peter seinem Bruder./Seinem Bruder ähnlich ist Peter. Überdrüssig war auch er der langweiligen Referate. Überdrüssig der langweiligen Referate war auch er.* Es gibt 1- (siehe oben) oder 2-wertige (*dankbar: Der Sohn ist seiner Mutter für die schöne Kindheit dankbar.*) Adjektive.

Bei bestimmten Substantiven (z. B. Bezeichnungen von Teilstücken, Mengen oder Eigenschaften) sind Attribute valenzgefordert und können oft gar nicht weggelassen werden: *Die Hälfte meines Lebens wohnte ich in London. Seine Angst vor Spinnen war schon krankhaft.*

Sätze können mehrdeutig sein, je nachdem, ob ein Syntagma als ein Attribut oder Satzglied gemeint ist. Sehen Sie sich diese Zeitungsüberschrift an:

Frau von Kripo-Chef ermordet!

Ist *von Kripo-Chef* ein Satzglied, so bedeutet der Satz, dass ein Kripo-Chef eine Frau ermordet hat. Wenn *von Kripo-Chef* Attribut zum Kern *Frau* ist, bedeutet der Satz, dass die Frau des Kripo-Chefs ermordet wurde. Beabsichtigt war übrigens die zweite Möglichkeit, was aus dem dazugehörigen Kontext hervorging.

6.2 Attributtypen

Attribute sind nach Wortart und Stellung bestimmbar, außerdem gibt es einfache und mehrteilige Attribute sowie Attributsätze. Die wichtigsten Attributtypen sind:

a) Vorangestellte Attribute

- flektiertes/unflektiertes Adjektiv: *schwere Taschen*; *frisch gestrichene Wände*
- Partizip I: *lachende Kinder*
- Partizip II: *gesprochene Worte*; *erschreckte Mieterin*
- Substantive im Genitiv: *Elkes Modestübchen*; *Vaters Rat*; *des Kindes Lachen*
- Adverb: *dort auf der Straße*; *nur heute*; *nicht ohne meine Tochter*
- Apposition: *Professor Meier* (s. Exkurs zur Apposition)
- Dativfügung (umgangssprachlich): *Dem Hugo sein Auto*
- Präpositionale Fügung: *Im Topf das Wasser*; *am Mittwoch in der Sitzung*

Unbestimmter/bestimmter Artikel und Artikelwörter, z. B. Interrogativpronomen (*welche Frage*) oder Possessivpronomen (*mein Freund*), zählen für uns nicht zu den Attributen!

Präpositionen und Konjunktionen sind ebenfalls keine Attribute; sie leiten den Kern ein: *mit billigem Wein* – Kern: *(mit) Wein* – Attribut: *billigem*.

Der Grund dafür ist, dass das Artikelwort stehen muss, ein Attribut nicht. Eine echte Attribuierung kann häufig in einen Satz (mit Prädikat) umgewandelt werden, z. B. *meine junge Frau* → *Meine Frau ist jung.* Das ist bei den Artikelwörtern nicht möglich: **Frau ist meine.*

b) Nachgestellte Attribute

- unflektiertes Adjektiv: *Hänschen klein*; *Forelle blau*
- koordinierte unflektierte Adjektive: *ein Haus, groß und geräumig,*
- Partizipialgruppe mit Partizip I: *die Mutter, ihr Kind im Stich lassend,*
- Partizipialgruppe mit Partizip II: *der Student, bestens vorbereitet,*
- Genitivfügung: *das Haus meines Vaters*
- Akkusativfügung: *die Sitzung letzten Freitag*
- Präpositionale Fügung: *ein Platz an der Sonne*; *oben auf dem Berg*
- Adverb: *die Prüfung gestern*
- Adverb mit Satzteilkonjunktion: *ein Film wie gestern*; *ein schöneres Tor als vorhin*
- Apposition: *Herr Müller, der Vorsitzende,* (s. Exkurs zur Apposition)
- Apposition mit *als/wie* (Konjunktionalattribut): *Freiheit als Lebensziel*; *Geld wie Heu* (s. Exkurs zur Apposition)
- Infinitiv mit *zu*: *die Art zu leben*; *sein Plan abzureisen*
- Attributsätze:
  a) Relativsätze eingeleitet mit
    - Relativpronomen: *Die Katze, die uns gestern zugelaufen ist,*
    - Relativadverb: *In Weimar, wo Goethe lebte,*
  b) durch Subjunktion eingeleiteter Nebensatz: *damals, als die Welt noch in Ordnung war,*

☼ Attributsätze können weiter analysiert werden. Dies geschieht wie bei der Grobstruktur – nur auf einer unteren Ebene. Für die Durchführung der Verschiebeprobe müssen Sie die Nebensätze in Hauptsätze umwandeln (vgl. Kap. I. 5.2 Satzgliedtests).

Ob es sich bei einem Nebensatz um einen Attributsatz oder einen Gliedsatz handelt, kann durch die Ersatzprobe (Substitution) und die Ermittlung der Valenz des Verbs festgestellt werden.

Ich helfe, wem ich will. → *Ich helfe dir.*

helfen ist ein 2-wertiges Verb, das eine Nominativ- und eine Dativ-Ergänzung benötigt.

→ *wem ich will* ist ein Ergänzungssatz (vgl. Kap. I. 5.4 Klassifikation von Ergänzungen und Angaben).

! Weiterführende Nebensätze sind keine Attribute (und auch keine Ergänzungen oder Angaben), obwohl auch sie durch Relativpronomen oder Pronominaladverbien (vgl. Kap. II. 4.1 Adverb) eingeleitet werden. Sie beziehen sich auf den gesamten Satz, sind aber syntaktisch nicht eingebunden. Bsp.: *Ich fuhr mit dem Auto nach München, wobei ich wegen des hohen Verkehrsaufkommens unerwartet lange unterwegs war.* Der weiterführende Nebensatz ist (semantisch und syntaktisch) aufzulösen in: *Dabei war ich wegen ... unterwegs.* Dazu gehört auch das Beispiel: *Ralph hat mich gestern bekocht, was sehr angenehm war.* Der Nebensatz kann aufgelöst werden in *Das war sehr angenehm.*

Exkurs

Die Apposition als Sonderfall des Attributs

Merkmale:

- Der Kern ist grundsätzlich ein Substantiv.
- Die Apposition ist referenzidentisch mit ihrem Bezugswort, d. h., Apposition und Satzgliedkern beziehen sich auf denselben Sachverhalt.
- Die Referenzidentität wird auch dadurch ersichtlich, dass Apposition und Bezugswort in einen Kopulasatz (z. B. *ist*-Satz) umgewandelt werden können.

    Studentin Lena. → *Lena ist Studentin.* Die Apposition heißt hier *Studentin.*

- Die Apposition ist weglassbar. Außerdem kann sie (meist) an Stelle ihres Bezugswortes im Satz stehen (z. T. mit Ergänzung oder Wegfall des Artikels).

    Professor Meier hat seine Veranstaltung verschoben.
    Meier hat seine Veranstaltung verschoben. (Apposition ist *Professor*)
    Der Professor hat seine Veranstaltung verschoben. (Ersatz des Bezugswortes durch die Apposition)

a) Lockere Apposition

Die lockere Apposition stimmt (meist) mit ihrem Bezugswort im Kasus überein. Sie ist ein nachgestelltes Attribut, das vom Satzgliedkern stimmlich durch eine kleine Pause bzw. durch zwei Kommata abgetrennt ist. Bsp.: *Herr Behringer, <u>unser neuer Hauptabteilungsleiter</u>, lädt heute zum Umtrunk.*

b) Enge Apposition

Sie steht vor oder nach dem Bezugswort und wird nicht durch ein Komma abgetrennt. Um das Bezugswort eindeutig festzustellen, muss der Nominativ in den Genitiv gesetzt werden. Da die enge Apposition nicht flektiert wird, kann sie leicht ermittelt werden (Test funktioniert nur bei Maskulinum Singular und Neutrum Singular).

Der Bäcker Liebl macht die besten Brezen. (Nominativ)
Die Brezen des Bäckers Liebl ... (Genitiv)
→ Die Apposition heißt *Liebl.*

Direktor Brinkmann hält die besten Reden. (Nominativ)
Die Reden Direktor Brinkmanns ... (Genitiv)
→ Die Apposition heißt *Direktor.*

Deutlich wird, dass ein Artikel(wort) – hierzu gehört z. B. auch *mein* und *dieser* – die Rollen von Bezugswort und Apposition vertauscht: Im ersten Beispiel (mit Artikel) ist der Name (*Liebl*) die Apposition – da nicht flektiert –, im zweiten Beispiel (ohne Artikelwort) ist der Name (*Brinkmann*) jedoch der Satzgliedkern.

- **Apposition nach Mengen- und Maßangaben (Teil-Ganzes-Beziehung)**

Inhaltlich sind diese Appositionen als partitive Attribute (= ‚Teil von etwas‘) zu verstehen. Apposition und Kern stimmen im Kasus überein.

Ich verwöhne euch mit einer großen Kanne starkem Kaffee. Starkem Kaffee ist die Apposition zu *Kanne*, Kern und Apposition stehen im gleichen Kasus.

Eine andere Möglichkeit zur Darstellung einer Teil-Ganzes-Beziehung ist die Wahl eines (partitiven) Genitivattributs.

Ich verwöhne euch mit einer großen Kanne starken Kaffees. Starken Kaffees ist der partitive Genitiv, also Genitivattribut.

- **Namen, Titel, Verwandtschafts- und Berufsbezeichnungen als Apposition**

Die Apposition ist in den folgenden Beispielen unterstrichen.

Die Universität <u>Regensburg</u>, *Die Wochenzeitung* <u>„Die ZEIT“</u>, <u>Frau</u> *Klinger, das Bundesland* <u>Sachsen</u>, <u>Malermeister</u> *Schmidt*

- **Variante der engen Apposition:** Anschlüsse mit *als* und *wie* (s. nachgestellte Attribute):

Fischer <u>als ausgewiesener Spezialist auf diesem Gebiet</u> *konnte für die Tagung gewonnen werden.*

Diese Apposition kann auch als Prädikativangabe klassifiziert werden, da sie spitzenstellungsfähig ist und somit Satzgliedstatus haben kann (vgl. Kap. I. 5.3 Tests zur Unterscheidung von Ergänzungen und Angaben).

Wir suchen eine Expertin <u>wie Lisa Holl</u> *für unser neues Projekt.*

6.3 Grafische Darstellung von attribuierten Satzgliedern

Die Informationsabende zur Frage der Schulfähigkeit

Stemma:

(die) Informationsabende
Kern 1: substantivisch

|

zur Frage der Schulfähigkeit
Attribut: präpositionale Fügung, nachgestellt
(zur) Frage
Kern 2: substantivisch

|

der Schulfähigkeit
Attribut: Genitivfügung, nachgestellt

Nicht immer ist ein solches Stemma eindeutig. Vergleichen Sie:

die schönsten bayerischen Seen

Stemma 1:

(die) Seen

|

bayerischen

|

schönsten

Problem: *schönsten* ist kein Attribut zu *bayerischen*, sondern attribuiert *die bayerischen Seen* insgesamt.

Besser ist also Stemma 2:

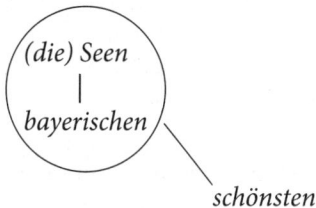

Hilfreich und oft eindeutiger ist eine Ausformulierung, z. B.:

„Das Satzglied besteht zunächst aus dem Syntagma *die bayerischen Seen* und dem vorangestellten Adjektivattribut *schönsten.* Das Syntagma wiederum setzt sich aus dem substantivischen Kern *die Seen* und dem vorangestellten Adjektivattribut *bayerischen* zusammen." Sie können auch anders beginnen: „Das Satzglied besteht zunächst aus dem substantivischen Kern *die Seen* und dem vorangestellten Adjektivattribut *bayerischen.* Die Wortgruppe wird von dem vorangestellten Adjektiv *schönsten* attribuiert."

Für unseren Beispielsatz *Die Sprachwissenschaftlerin, die bereits während ihres Studiums bedeutende Arbeiten geschrieben hat, nimmt heute an der Konferenz in Rom teil.* können wir folgende Attribute bestimmen:

- nachgestellter Attributsatz (Relativsatz mit Relativpronomen) *die ... hat* zum substantivischen Kern *die Sprachwissenschaftlerin*
- *in Rom:* nachgestellte präpositionale Fügung zum substantivischen Kern (*an der) Konferenz*

Innerhalb des Relativsatzes gibt es weitere Attribute:

- *bereits:* vorangestelltes adverbiales Attribut zum substantivischen Kern (*während ihres) Studiums*
- *bedeutende:* vorangestelltes adjektivisches Attribut zum substantivischen Kern *Arbeiten.*

7. Besonderheiten der Verbvalenz

Bei der Bestimmung der Verbvalenz in einem Satz gibt es teilweise Abweichungen von dem, was wir bisher als Valenz eines Verbs kennen gelernt haben.

7.1 0-wertige Verben

Eine Besonderheit ist die Klasse der 0-wertigen Verben. Dazu gehören vor allem die so genannten Witterungsverben wie *schneien, regnen, donnern, hageln, tauen, dämmern.* Wenn wir die Valenz etwa von *regnen* bestimmen, so können wir feststellen, dass wir auf die Frage *wer regnet? – es* nur eine unzureichende Antwort bekommen, die uns nicht den Urheber einer Handlung wie etwa bei *wer singt? – mein Bruder* nennt. Deshalb rechnet man in solchen Fällen das *es* zum Prädikat; demnach hat unser Verb *regnen* keine Ergänzung, ist also 0-wertig. Einige dieser Verben können auch im übertragenen Sinn verwendet werden z. B. „*Du bist ein ungezogenes Mädchen!"* *donnerte der Vater.* Hier liegt aber eine andere Valenz (wer/was? *donnert* wen/was?) und damit ein anders Verb vor, 0-wertig sind die Verben nur, wenn sie wirklich als Witterungsverben verwendet werden (vgl. „Scheinsubjekt" in Kap. I. 4.1 Prädikatsteile und I. 9.2 Die verschiedenen Funktionen von *es*).

7.2 Unterwertiger Gebrauch

a) Weglassen fakultativer Ergänzungen

Zur Valenz des Verbs zählen alle Ergänzungen, obligatorische ebenso wie fakultative. Fakultative Ergänzungen müssen aber nicht unbedingt in einem konkreten Satz vorkommen. So ist das Verb *mitbringen* etwa 3-wertig: wer/was? *bringt* wem? wen/was? *mit*. Vergleichen Sie die beiden folgenden Sätze:

Der Student bringt seiner Kommilitonin die Vorlesungsmitschrift von letzter Woche mit.
Der Student bringt die Vorlesungsmitschrift von letzter Woche mit.

Beide Sätze sind grammatisch korrekt, der Valenzträger *mitbringen* ist immer 3-wertig, nur liegt im zweiten Satz unterwertiger Gebrauch vor, da die fakultative Dativ-Ergänzung fehlt.

> Wenn in einem Satz nicht alle (fakultativen) Ergänzungen realisiert sind, spricht man von unterwertigem Gebrauch.

Es ist wichtig, dass die Valenz des Verbs nicht zu eng am Text bestimmt wird, da hier unter Umständen fakultative Ergänzungen fehlen und eventuell übersehen werden können. Die Valenz sollte deshalb zusätzlich auch außerhalb des Textes anhand von eigenen Satzbeispielen erprobt werden. Beachten Sie dabei, dass es viele Verben gibt, die gleich lauten, aber verschiedene Bedeutungen (vgl. Kap. VI. 7. Bedeutungsrelationen) und demnach unterschiedliche Valenzen haben können. So hat das Verb *verbauen* zwei Bedeutungen (bzw. es liegen zwei unterschiedliche Verben vor):

a) *Der Handwerker verbaute viel Holz. Verbauen* im Sinne von ‚beim Bauen verbrauchen': 2-wertig: wer/was? *verbaut* wen/was?
b) *Der schlechte Studienabschluss verbaute dem Absolventen die Zukunft. Verbauen* hier im Sinne von ‚versperren': 3-wertig: wer/was *verbaut* wem? wen/was?

💡Bestimmen Sie die Valenz des Verbs auch außerhalb des Textes, aber in der im Text verwendeten Bedeutung! Achten Sie darauf, dass Sie alle obligatorischen und fakultativen Ergänzungen berücksichtigen.

b) Weglassen obligatorischer Ergänzungen

Eigentlich können nur fakultative Ergänzungen in einem Satz weggelassen werden, unter bestimmen Bedingungen allerdings können auch obligatorische Ergänzungen fehlen.

a) *Der Winter war sehr kalt. Deshalb haben unsere Hennen kaum gelegt.*
b) *Ich habe vorhin abgehoben. Jetzt muss Peter geben!*
c) *Das ist Karls Zimmer? Der wohnt doch nicht, der haust!*
d) *Er kann (gut) beobachten.*

In den Fällen a) und b) können die obligatorischen Akkusativ- bzw. Dativ-Ergänzungen nur in diesen spezifischen Kontexten weggelassen werden. Sie sind implizit durch die Situation gegeben und können ergänzt werden (*Die Hennen legen Eier. Peter gibt den Mitspielern Karten*). Im Fall c) kann die Präpositional-Ergänzung zum Verb *wohnen* nur im Kontrast zum Verb *hausen* weggelassen werden. Solche „semantischen Spezialisierungen" kommen vor allem in der Fachsprache oder in der Umgangssprache vor. Im Fall d) liegt Modalisierung vor; das Verb bezieht sich nicht auf einen aktuellen, sondern auf einen potenziellen Vorgang.

c) Unterwertiger Gebrauch bei Infinitiv- und Partizipialkonstruktionen

Wir haben in Kap. I. 5.2 gesehen, dass Nebensätze auf einer unteren Analyseebene valenzgrammatisch wie Hauptsätze analysiert werden können. Ähnlich ist es bei Infinitiv- und Partizipialkonstruktionen (vgl. Kap. I. 5.4 c Formale Kriterien für Ergänzungen und Angaben).

Für beide Konstruktionen ist es typisch, dass die Nominativ-Ergänzung nie realisiert ist (unterwertiger Gebrauch), da infinite Verben keine Nominativ-Ergänzung bei sich haben können; das (nicht vorhandene) Subjekt ist mit dem des Hauptsatzes identisch. Alle anderen Ergänzungen (und Angaben) aber sind vorhanden. Unter Berücksichtigung dieser Besonderheit können wir also auch Infinitiv- bzw. Partizipialkonstruktionen valenzgrammatisch analysieren.

(Der Student muss sich beeilen), um noch rechtzeitig zur Prüfung zu kommen. Der Valenzträger ist *kommen*: 2-wertig: wer/was *kommt* wohin? Die Nominativ-Ergänzung fehlt, *zur Prüfung* ist die Präpositional-Ergänzung mit unfester Präposition und *noch rechtzeitig* ist eine Modalangabe.

7.3 Besonderheiten der Valenz im Passiv

In einem Passivsatz verhält es sich mit der Valenz des Verbs anders als in einem Aktivsatz. Man spricht hier auch von einer Passivtransformation.

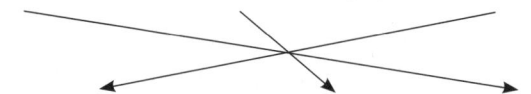

Die Tochter schenkt *der Mutter einen großen Blumenstrauß.*

Ein großer Blumenstrauß wird *der Mutter (von der Tochter) geschenkt.*

Aktiv	*Die Tochter*	*schenkt*	*der Mutter*	*einen großen Blumenstrauß.*
	Nom-E		**Dat-E**	**Akk-E**
Passiv	*(von der Tochter)*	*wird ... geschenkt*	*der Mutter*	*ein großer Blumenstrauß.*
	fakultative Präp-E mit fester Präposition		**Dat-E**	**Nom-E**

Im Passivsatz wird aus der Akkusativ-Ergänzung des Aktivsatzes eine Nominativ-Ergänzung, aus der Nominativ-Ergänzung eine fakultative Präpositional-Ergänzung mit fester Präposition (es kommen nur die Präpositionen *von* oder *durch* in Frage), Dativ- (auch Genitiv- und Präpositional-) Ergänzungen bleiben unverändert.

So kann es auch zu Passivsätzen ohne Nominativ-Ergänzung kommen, nämlich dann, wenn der Aktivsatz keine Akkusativ-Ergänzung enthält: *Hier tanzt man.* → *Hier wird getanzt.*

Es ist nicht ungewöhnlich, dass es in einem Passivsatz zum unterwertigen Gebrauch kommt, da ja gerade der Handelnde/„Täter" (Agens) nicht genannt werden soll oder kann.

! In einer konkreten Analyse muss die Valenz des Verbs immer im Aktiv bestimmt werden! Die Ergänzungen werden dann aber nach ihrem Vorkommen im Text (also im Passiv) klassifiziert. Vermerken Sie in Ihrer Analyse alle Änderungen, die durch Passivtransformation hervorgerufen werden, z. B. unterwertiger Gebrauch.

Exkurs

Vorgangs-, Zustandspassiv und Passiversatz
Beim Passiv kann man zwischen dem *werden*-Passiv (**Vorgangspassiv**) und dem *sein*-Passiv (**Zustandspassiv**) unterscheiden. Vergleichen Sie folgende zwei Sätze:

a) *Die Tür wird geschlossen* (Vorgang).
b) *Die Tür ist geschlossen* (Zustand).

Beide Sätze können auf einen Aktivsatz *Jemand schließt die Tür.* zurückgeführt werden.

Verwechseln Sie das Zustandspassiv nicht mit folgendem Phänomen: *Die Frau ist verliebt.* Hier liegt kein Passiv vor, obwohl die Form *sein* + Partizip II mit der Passivform formal identisch ist. Da es aber kein Vorgangspassiv (**Die Frau ist verliebt worden.*) und auch keinen Aktivsatz (**Ich verliebe die Frau.*) gibt, handelt es sich um ein so genanntes **Zustandsreflexiv**, da der Satz auf das reflexive Verb (vgl. Kapitel I. 9.1 Reflexive Verben) *sich verlieben – Die Frau verliebt sich.* zurückzuführen ist (ebenso: *sich verheiraten – verheiratet sein*). Das Zustandspassiv darf auch nicht verwechselt werden mit einem Adjektiv bzw. mit einem Partizip, das prädikativ verwendet wird: *Ich bin begabt.* Hier können wir weder einen reflexiven Aktivsatz (**Der Mann begabt sich.*) noch ein Vorgangspassiv (nur altertümlich: *Der Mann ist begabt worden.*) bilden. Dieses Phänomen und das Zustandsreflexiv analysieren wir als Prädikatsnomenergänzung.

💡 Testen Sie immer, ob es zu Ihrem vermeintlichen Passiv-Satz auch einen entsprechenden Aktivsatz bzw. ein Vorgangspassiv gibt.

Eine weitere Schwierigkeit liegt in der Analyse von Strukturen, die eine passivische Bedeutung haben und damit als **Passiversatz** gewertet werden.

Der Schlüssel wird sich schon wieder finden. entspricht dem Passivsatz *Der Schlüssel wird gefunden werden.* Das Prädikat dieses Satzes ist *wird sich finden*. In einem gesonderten Kommentar sollte vermerkt werden, dass es das Verb *sich finden* nicht gibt (der Schlüssel findet sich ja auch nicht selbst) und es sich vielmehr um das Verb *finden* und die Valenz wer/was? *findet* wen/was? (evtl. auch wo?) handelt. Ebenfalls Passiversatz liegt bei *sein* + *zu* + Infinitiv vor: *Das Buch ist bis nächste Woche zu lesen* = *Das Buch muss bis nächste Woche gelesen werden.* Das Prädikat ist *ist zu lesen*, der Valenzträger aber *lesen* (wer/was? *liest* wen/was?). In einem Kommentar muss erwähnt werden, dass der unterwertige Gebrauch auf den Passiversatz zurückzuführen ist.

Als Passiversatz zu werten sind auch Formulierungen wie *Er bekommt (von seinem Vater) zu seinem Geburtstag ein Auto geschenkt.* = *Ihm wird (von seinem Vater) zu seinem Geburtstag ein Auto geschenkt.* (ebenso bei: *erhalten/kriegen* + Partizip II). Das Verb *bekommen* bewirkt hier, dass der eigentliche Dativ (wem? *wird etwas geschenkt?*) zu einem Nominativ wird. Deshalb heißt dieser Passiversatz auch „Adressatenpassiv".

7.4 Valenzerhöhung

In der Kombination mit bestimmten Verben (z. B. kausativen Verben oder Empfindungsverben) kommt es zu einer Erhöhung der Valenz bzw. zu einer Kombination der Valenz zweier Verben.

a) *Der Professor lässt die Studenten eine Prüfung schreiben.*
b) *In der Vorlesung höre ich meinen Nachbarn ein Liedchen summen.*

Valenzgrammatisch können wir die Sätze folgendermaßen auflösen: Im Beispielsatz a) liegen mit dem Prädikat *lässt schreiben* drei Ergänzungen vor: eine Nominativ-Ergänzung (*der Professor*) und zwei Akkusativ-Ergänzungen (*die Studenten* und *eine Prüfung*). Die Erklärung: *schreiben* ist hier eigentlich 2-wertig: wer/was? *schreibt* wen/was? z. B. *Die Studenten schreiben eine Prüfung.* Das Verb *lassen* trägt nun dazu bei, dass sich die Valenz erhöht; durch das Einbringen einer neuen Nominativ-Ergänzung (*der Professor*) wird die ursprüngliche Nominativ-Ergänzung (*die Studenten*) zu einer Akkusativ-Ergänzung. Ein ähnliches Phänomen liegt im zweiten Beispielsatz mit dem Prädikat *höre summen* vor. Hier bewirkt die Kombination der Valenzen der Verben *hören* (2-wertig: wer/was? *hört* wen/was?) und *summen* (2-wertig: wer/was? *summt* wen/was?) eine Valenzerhöhung.

8. Satzteile ohne Satzglied(teil)status

In einem Satz müssen nicht nur Satzglieder vorkommen; es gibt auch Wörter, für die die Satzgliedtests negativ sind und die auch keine Satzgliedteile, also z. B. Attribute, sind.

8.1 Konjunktionen und Subjunktionen

Konjunktionen/Subjunktionen sind unflektierbare (nicht veränderbare) „Fügteile"/Verbindungswörter, die weder Satzglieder noch Attribute und – im Gegensatz zu den Präpositionen – ohne Kasusforderung sind.

a) Konjunktionen (nebenordnend/koordinativ/parataktisch)

Konjunktionen verbinden Hauptsätze, Nebensätze gleichen Grades oder Satzglieder miteinander. Dazu gehören u. a. *und, oder, denn, aber.* Es gibt auch zweiteilige Konjunktionen, wie *entweder ... oder, nicht nur ... sondern auch.*

Wir gehen ins Kino, denn dort läuft ein schöner Film.

Sie sehen: *denn* ist kein Satzglied (auch kein Satzgliedteil), da es nicht verschoben werden kann und im Hauptsatz die Spitzenstellung vor dem finiten Verb durch *dort* besetzt ist. Die Konjunktion hat also die Ø-Position inne. In diesem Beispielsatz liegen zwei Hauptsätze vor, die durch *denn* parataktisch miteinander verbunden sind.

Konjunktionen können nach der Art des semantischen Verhältnisses zwischen den Teilsätzen klassifiziert werden.

kopulativ (anreihend)	disjunktiv (ausschließend)	restriktiv (einschränkend), adversativ (entgegensetzend)	kausal (begründend)
und	oder	aber	denn
(so) wie	entweder ... oder	nur	
sowohl ... als auch		sondern	
		(je)doch	

b) Subjunktionen (unterordnend/subordinierend/hypotaktisch)

Subjunktionen verbinden Haupt- und Nebensätze oder Nebensätze verschiedenen Grades miteinander. Dazu gehören *dass, bevor, weil, nachdem* usw. Bei den zweiteiligen Subjunktionen *je ... desto, wenn auch ... so doch* leitet der erste Teil den Nebensatz, der zweite Teil den Hauptsatz ein (Bsp.: *Je mehr du jetzt noch vorbereitest, desto weniger Arbeit haben wir am Abend.*).

Er merkte, dass das Mädchen sich freute, weil er angerufen hatte.

Hier liegen zwei Subjunktionen vor, nämlich *dass* und *weil*. Der erste Nebensatz ist vom Hauptsatz abhängig, der zweite Nebensatz vom ersten Nebensatz.

Die Subjunktionen können ebenfalls nach semantischen Kriterien unterteilt werden:

temporal	als, während, seitdem, nachdem, bis
modal	indem
kausal	weil, da
konditional	wenn, falls, sofern, soweit
konzessiv	obgleich, obwohl, wiewohl, ungeachtet dessen, dass
restriktiv und adversativ	insofern, insoweit, soviel, während, wohingegen
konsekutiv	so dass, als dass, dass
final	damit, dass
nur mit syntaktischer Funktion	dass, ob, wie

Wie Sie an der semantischen Einteilung sehen, gibt die Subjunktion bereits einen Hinweis auf die Satzgliedklassifikation. Beispielsweise handelt es sich bei einem mit *als* eingeleiteten Nebensatz um eine Temporalangabe (vgl. Kap. I. 5.4 b Arten von Angaben).

! Konjunktionen sind von Konjunktionaladverbien zu unterscheiden!

Konjunktionaladverbien haben Verbindungsfunktion, sind aber keine Konjunktionen, sondern Satzglieder. Dazu gehören *deshalb, daher, folglich, insofern, trotzdem, deswegen, außerdem, demnach*. Konjunktionaladverbien sind valenzgrammatisch Angaben.

   Ich gehe heute noch aus, deshalb beeile ich mich mit der Arbeit.

Deshalb ist ein Satzglied, weil es z. B. die Spitzenstellung vor dem finiten Verb einnimmt.

Allerdings gibt es Wörter, die sowohl Konjunktionaladverbien als auch Konjunktionen sein können (vgl. Kap. II. 5. Problem Homonymie).

   Er putzt gerne die Wohnung, <u>doch</u> er bügelt ungern seine Hemden.
   (Konjunktion, da in Ø-Position; *er* besetzt die Spitzenstellung)

   Er putzt gerne die Wohnung, <u>doch</u> bügelt er ungern seine Hemden.
   (Konjunktionaladverb, da *doch* die Spitzenstellung vor dem finiten Verb besetzt)

8.2 Korrelate

Korrelate sind Ausdrücke, die „Stellvertreter" für etwas sind bzw. sich auf einen nachfolgenden oder vorangehenden Nebensatz oder eine Infinitivkonstruktion beziehen.

   Ich danke dir <u>dafür</u>, dass du auf mich gewartet hast/Dass du auf mich gewartet hast, <u>dafür</u> danke ich dir.
   Ich freue mich <u>darauf</u>, dich am Wochenende zu besuchen.

Betrachtet man die Art der Ergänzungen der Verben, bei denen ein Korrelat auftreten kann, so handelt es sich meist um Verben, die eine Präpositional-Ergänzung verlangen, z. B. *Ich danke dir <u>für die Blumen</u>*. Stattdessen kann auch ein Präpositionaladverb – meist Pronominaladverb (vgl. Kap. II. 4.1 Adverb) genannt – stehen. Dies wäre in unserem Beispiel *dafür*: *Ich danke dir <u>dafür</u>*. Dieses *dafür* wird als Korrelat bezeichnet, wenn ein Nebensatz folgt, auf den es sich bezieht. Möglich ist in manchen Fällen auch der Verzicht auf das Korrelat, so dass nur der Nebensatz folgt, z. B. *Er dankte seinen Eltern (dafür), dass sie ihm diesen Urlaub ermöglicht haben.*

Korrelat + Nebensatz sind ein einziges Satzglied. Das beweist z. B. der Spitzen-stellungstest (*Dafür, dass du auf mich gewartet hast, danke ich dir.* oder: *Dass du auf mich gewartet hast, dafür danke ich dir.*). Valenzgrammatisch gesehen gibt es zwei Möglichkeiten der Analyse:

- Das Korrelat (hier: *dafür*) ist lediglich Stellvertreter im Hauptsatz für den nach-folgenden Nebensatz. Im ersten Beispiel ist *danken* ein dreiwertiges Tätigkeits-verb, wobei *Ich* die Nominativ-Ergänzung, *dir* die Dativ-Ergänzung und *dafür, dass du auf mich gewartet hast* zusammen die Präpositional-Ergänzung ist. Bei der weiteren Analyse fällt das Korrelat *dafür* weg.
- Der Nebensatz kann als Attributsatz zum Kern *dafür* analysiert werden.

Zu *es* als Korrelat vgl. Kap. I. 9.2 Die verschiedenen Funktionen von *es*.

8.3 Partikeln

Partikeln sind schwierig einzuordnen und es gibt in der Forschung sehr unter-schiedliche Meinungen darüber, wie weit die Wortart der Partikeln zu fassen ist. Teilweise werden sehr viele Unterkategorien erstellt, um unter dem schwammigen Oberbegriff „Partikeln" die Unsicherheiten hinsichtlich der syntaktischen Einord-nung (z. B. Satzglied oder nicht, Attribut oder nicht) und der Wortartenmerkmale zu kaschieren. Vielfach werden Wörter zu den Partikeln gerechnet, die problemlos zu den Adverbien gezählt werden können, z. B. *nicht* (Negationsadverb, häufig als Negationspartikel bezeichnet), *nur* (Modaladverb, oft als Fokuspartikel bezeich-net). Wir wollen die Gruppe sehr klein halten, um die Menge der Partikeln so eindeutig wie möglich bestimmen zu können.

Partikeln sind nicht flektierbar (veränderbar), können weder Satzglied noch Attribut sein und sie haben keine verbindende Funktion (im Gegensatz zu Prä-positionen und Konjunktionen/Subjunktionen). Partikeln drücken entweder eine Sprechereinstellung bzw. die innere Befindlichkeit des Sprechers aus (Ab-tönungspartikeln) oder dienen der Steuerung des Gesprächs (Gesprächsparti-keln). Partikeln werden vor allem in der gesprochenen Sprache verwendet.

Gesprächspartikeln sind z. B. *also, nun, so, oder, nicht wahr* (Einleitung bzw. Ende des Gesprächs); zu den Abtönungspartikeln gehören z. B. *aber, auch, denn, schon, bloß, eben, ja, also*, bair. *fei*.

> *Also, wo waren wir stehen geblieben?*
> *Da stimmst du mir zu, nicht wahr?*
> *Hör bloß mit dem Krach auf!*

Ja, ist <u>denn</u> heut' schon Weihnachten?
Du bist <u>ja</u> total durchgeknallt!
War das <u>aber auch</u> ein Durcheinander!

! Einige dieser Wörter können in einem anderen Kontext auch eine andere Wortart
sein.

Ich habe lange gewartet, <u>aber</u> du bist nicht gekommen. (Konjunktion)
Peter geht nach Hause, <u>denn</u> er muss noch arbeiten. (Konjunktion)
<u>Eben</u> war das Eichhörnchen noch auf dem Baum. (Adverb)
<u>Ja</u>, ich werde pünktlich sein. (Satzäquivalent)
<u>Auch</u> der schönste Urlaub geht einmal zu Ende. (Adverb)
Unsere Gäste kommen <u>schon</u>! (Adverb)

9. Stolpersteine der Syntax

In diesem Kapitel gilt es, den Blick auf besondere Schwierigkeiten zu richten,
die in der Syntaxanalyse vorkommen können. Vorsicht ist z. B. geboten, wenn in
einem Satz ein Dativ, ein Reflexivpronomen (*mich/mir, dich/dir, sich, uns, euch*)
oder das Wort *es* auftaucht. Dieses kurze Kapitel soll helfen, solche Stolpersteine
zu erkennen, mit Vorsicht auszuwerten und einen Einblick in die Raffinessen der
deutschen Syntax zu gewinnen.

9.1 Reflexive Verben

Wir haben weiter oben bereits gesehen, dass ein Reflexivpronomen auch zum Prädikat gehören kann (vgl. Kapitel I. 4.1 Prädikatsteile). Das ist aber nicht zwingend
der Fall, denn es kann auch ein eigenes Satzglied, nämlich eine Ergänzung sein.
Die Terminologie ist hier nicht einheitlich und einige Grammatiken sprechen
etwa von echt vs. unecht reflexiven Verben (z. B. Duden-Grammatik) oder von
reflexiven Verben im engeren und weiteren Sinne bzw. von reflexiven Konstruktionen (z. B. Helbig/Busoha). Da diese Unterscheidung eher verwirrend ist, wollen
wir lieber von semantisch reflexiven und formal reflexiven Verben sprechen.

a) Semantisch reflexive Verben

Bei diesen Verben liegt ein semantischer Rückbezug zwischen der Nominativ-
Ergänzung und dem Reflexivpronomen vor. So ist in dem Beispiel *Die Studentin*
kämmt sich. eine Übereinstimmung zwischen der, die kämmt, und der, die ge-

kämmt wird, gegeben. Dieses Reflexivpronomen ist ein eigenes Satzglied (hier: Akk-E) und kann:

- erfragt (*Wen kämmt die Studentin? – Sich.*),
- ersetzt (*Die Studentin kämmt ihre Katze.*) und
- verschoben werden (*Sich kämmt die Studentin und nicht die Katze.*).

Außerdem kann dieses *sich*

- durch das Wort *selbst* verstärkt (*Die Studentin kämmt sich selbst.*) oder
- mit anderen Personalpronomen bzw. Substantiven kombiniert (koordiniert) werden (*Die Studentin kämmt sich und ihre Katze.*).

b) Formal reflexive Verben

Diese Verben sind nur ihrer Form nach reflexiv; das Reflexivpronomen hat aber keine eigene Bedeutung, zählt zum Verb und muss etwa beim Vokabellernen mitgelernt werden. Die oben genannten Tests funktionieren hier nicht:

Der Student freut sich über das bestandene Examen.
*Wen freut der Student? – Sich.
*Der Student freut einen Kommilitonen über das bestandene Examen.
*Sich freut der Student über das bestandene Examen und nicht einen Kommilitonen.
*Der Student freut sich selbst über das bestandene Examen.
*Der Student freut sich und einen Kommilitonen über das bestandene Examen.

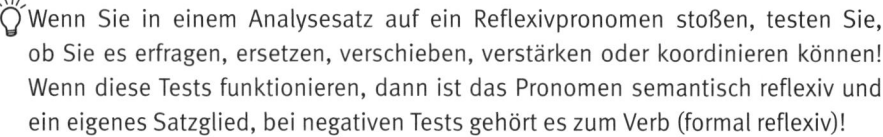Wenn Sie in einem Analysesatz auf ein Reflexivpronomen stoßen, testen Sie, ob Sie es erfragen, ersetzen, verschieben, verstärken oder koordinieren können! Wenn diese Tests funktionieren, dann ist das Pronomen semantisch reflexiv und ein eigenes Satzglied, bei negativen Tests gehört es zum Verb (formal reflexiv)!

c) Teilreflexive Verben

In manchen Grammatiken (z. B. Duden-Grammatik) wird unter der Kategorie „Reflexive Verben" auch von teilreflexiven Verben gesprochen. Damit sind Verben gemeint, die sowohl reflexiv als auch nicht reflexiv verwendet werden können, z. B. *sich aufhalten* ‚weilen, wohnen' und *jmdn./etw. aufhalten* ‚hindern'. Diese Einteilung ist nicht notwendig, wenn man davon ausgeht, dass hier zwei eigenständige Verben vorliegen: ein reflexives und ein nicht-reflexives.

d) Reziproke Verben

Ein Sonderfall der reflexiven Verben sind so genannte reziproke Verben, die ein Wechselverhältnis ausdrücken. Da diese Unterteilung eine rein semantische ist, können wir die reziproken Verben den semantisch reflexiven bzw. den formal reflexiven Verben zuordnen, je nachdem, ob die oben genannten Tests positiv ausfallen oder nicht.

In Fällen wie *Maria und Peter lieben sich.* können wir *sich* erfragen: *Wen lieben sie? – Sich*, d.h., *Maria und Peter lieben Maria und Peter.* Es kann entweder durch beliebige Wörter (*Maria und Peter lieben Spaghetti.*) oder durch *einander* (*Maria und Peter lieben einander.*) ersetzt werden, kann verschoben (*Sich lieben Peter und Maria.*) und durch *gegenseitig* (*Maria und Peter lieben sich gegenseitig.*) verstärkt werden. Auch eine Koordination ist möglich: *Maria und Peter lieben sich und andere.* Damit ist *sich* eindeutig als Satzglied bestimmbar und das Verb demzufolge ein semantisch reflexives mit reziproker Bedeutung.

Ein Gegenbeispiel ist *Die Clanchefs verfeinden sich.* Obwohl es auch hier um ein wechselseitiges Verhältnis geht, funktionieren nicht alle Tests: **Die Clanchefs verfeinden die anderen. *Die Clanchefs verfeinden sich und andere.* Im Gegensatz zu *lieben* gibt es kein Verb *verfeinden*. *Sich* gehört hier zum Verb, d.h., es ist ein formal reflexives Verb mit reziproker Bedeutung.

Testen Sie immer, ob es das Verb auch ohne das Reflexivpronomen *sich* gibt!

! *sich* kann außerdem eine völlig andere Funktion haben, nämlich Passiversatz sein (vgl. Exkurs in Kap. I. 7.3 Besonderheiten der Valenz im Passiv).

9.2 Die verschiedenen Funktionen von *es*

Das Wort *es* kann vier verschiedene syntaktische Funktionen erfüllen:

- **Prowort:** *Es* steht als Personalpronomen für ein neutrales Substantiv im Nominativ oder Akkusativ und ist damit eine Ergänzung, für die alle Satzgliedtests positiv sind.

  Das Kind liegt in seinem Bett. Es (= Nom-E) *schläft. Die Mutter sieht es* (= Akk-E) *lächelnd an.*

- **„Scheinsubjekt/-objekt":** *Es* kommt bei 0-wertigen Verben (vgl. Kap. I. 7.1 0-wertige Verben) als Scheinsubjekt vor (*Es regnet heute.*), bei anderen Verben auch als Akkusativ (*Hast du es eilig?*) oder in unpersönlichen Konstruktionen (*Es handelte sich um ein Missverständnis.*). Das Scheinsubjekt kann zwar verschoben, nicht aber ersetzt werden und zählt deshalb zum Prädikat.

- **Korrelat** (vgl. Kap. I. 8.2 Korrelate): *Es* bezieht sich auf einen nachfolgenden Nebensatz/eine nachfolgende Infinitivkonstruktion und fällt bei Voranstellung des Nebensatzes/der Infinitivkonstruktion weg, kann aber durch *das* im Hauptsatz aufgenommen werden.

  Es interessiert mich, etwas über Linguistik zu erfahren. Etwas über Linguistik zu erfahren, (das) interessiert mich.
  Ich finde es toll, dass du mir hilfst. Dass du mir hilfst, (das) finde ich toll.

- **Platzhalter:** *Es* bewahrt die korrekte Verbstellung, indem es die erste Position im Satz besetzt. *Es* ist nicht verschiebbar und fällt bei Umstellung weg, ist nicht wie das Korrelat auf ein Satzglied bezogen und weder Satzglied noch Attribut. Schreiben Sie deshalb einen kurzen Kommentar dazu.

  Es ist gestern etwas Schreckliches passiert. Etwas Schreckliches ist gestern passiert.

Prüfen Sie *es* in dem zu analysierenden Satz mit den Satzgliedtests und kontrollieren Sie vor allem, ob es bei einer Umstellung wegfällt!

9.3 Der so genannte „Freie Dativ"

Unter dem so genannten „Freien Dativ" werden ganz unterschiedliche syntaktische Phänomene zusammengefasst. Ihnen ist gemeinsam, dass es sich um Dative handelt, die nicht durch die Verbvalenz erklärt werden können, also in gewissem Sinne „frei" sind. Irreführend ist der Terminus „Freier Dativ" dennoch, da nicht alle diese Dative weggelassen oder mit beliebigen Verben kombiniert werden können. Außerdem sind die Satzgliedtests sowie Geschehenstest und Weglassprobe nur bedingt durchführbar. Trotz dieser Besonderheiten zählen wir alle freien Dative zu den Angaben.

- **Dativus ethicus** (griech. *ethikós* ,innere Beteiligung anzeigend')
  Dieser freie Dativ kommt bei Ausdrücken der Verwunderung bzw. Aufforderung oder bei Fragen vor und zeigt eine emotionale Beteiligung des Sprechers an. Spitzenstellungs- und Geschehenstest sind nicht möglich – streng genommen ist dieser freie Dativ also kein Satzglied/keine Angabe! Bsp.: *Dass du <u>mir</u> ja nicht wieder den ganzen Schmutz ins Haus trägst!*

- **Dativus commodi** (lat. *commodum* ,Vorteil'), auch „Nutznießer-Dativ"
  Im Dativ steht eine Person, zu deren Vorteil etwas passiert. Er kann durch eine *für*-Phrase ersetzt werden und ist spitzenstellungsfähig. Der Geschehenstest ist

möglich. *Ich koche <u>dir</u> (= für dich) heute Abend etwas Besonderes.* Vergleichen Sie die Wertigkeit des Verbs *kochen*: wer/was? *kocht* wen/was?

- **Dativus incommodi** (lat. *incommodum* ‚Nachteil‘), auch „Pechvogel-Dativ"
  Im Dativ steht eine Person, zu deren Nachteil etwas passiert. Es ist kein *für*-Ersatz möglich. Spitzenstellungs- und Geschehenstest funktionieren. *Die CD ist <u>mir</u> auf den Boden gefallen. Jetzt ist sie leider kaputt.* Vergleichen Sie die Wertigkeit des Verbs *fallen*: wer/was? *fällt* wohin?

- **Dativus iudicantis** (lat. *iudicare* ‚urteilen‘)
  Im Dativ steht eine Person, die ein Geschehen beurteilt. Ein *für*-Ersatz sowie der Spitzenstellungstest sind möglich.
  Die Müllers musizierten <u>den Nachbarn</u> zu laut. Dass sie eine Anzeige bekommen, das war <u>mir</u> klar. Vergleichen Sie die Wertigkeit von *musizieren*: wer/was? *musiziert?* oder *sein*: wer/was *ist* wie?

- **Pertinenzdativ** (lat. *pertinere* ‚betreffen, gehören, sich beziehen‘), auch „Zugehörigkeitsdativ"
  Der Dativ bezeichnet eine Person/Sache, auf deren (Körper-)Teil im Satz Bezug genommen wird (= Teil-Ganzes-Beziehung). Er kann durch ein Possessivpronomen oder einen possessiven Genitiv ersetzt werden, ist aber eigentlich (in dieser Bedeutung) nicht weglassbar. *Der Arzt schaute <u>mir</u> ins Ohr.* = *Der Arzt schaute in mein Ohr. Meiner Freundin schmerzte der Rücken sehr.* = *Der Rücken meiner Freundin schmerzte sehr.* Vergleichen Sie die Wertigkeit der Verben *schauen*: wer/was? *schaut* wohin? und *schmerzen*: wer/was *schmerzt?*

💡Wenn in dem zu analysierenden Satz ein Dativ vorkommt, dann überprüfen Sie immer, ob die Valenz ihn fordert!

10. Das Stemma als grafische Darstellungsmöglichkeit

Wir haben bereits gesehen, dass Attributstrukturen auch grafisch dargestellt werden können (vgl. Kap. I. 6.3 Grafische Darstellung von attribuierten Satzgliedern). Neben der Möglichkeit, Satzanalysen in fortlaufendem Text zu beschreiben, gibt es auch hier eine grafische Alternative. Dieses Baumdiagramm, Stemma genannt, sieht für die Grobstruktur unseres Beispielsatzes (*Die Sprachwissenschaftlerin, die* ...) folgendermaßen aus:

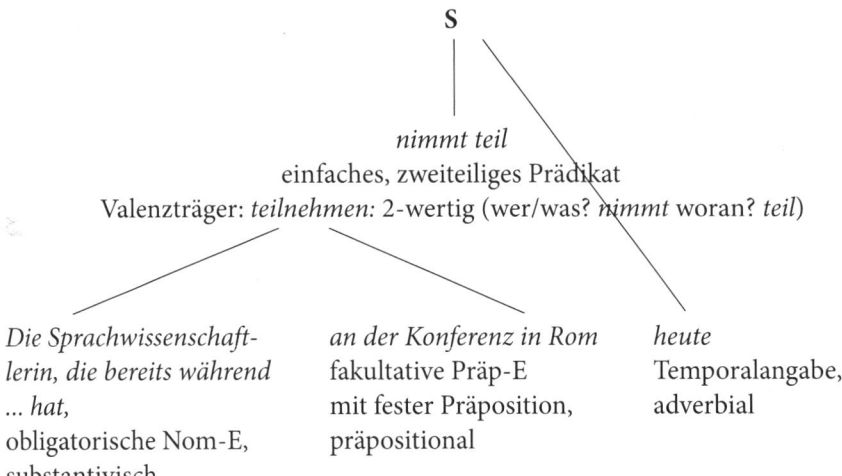

S

nimmt teil
einfaches, zweiteiliges Prädikat
Valenzträger: *teilnehmen:* 2-wertig (wer/was? *nimmt* woran? *teil*)

Die Sprachwissenschaft-lerin, die bereits während ... hat, obligatorische Nom-E, substantivisch	*an der Konferenz in Rom* fakultative Präp-E mit fester Präposition, präpositional	*heute* Temporalangabe, adverbial

Wir beginnen mit einem Satzknoten (S). Als strukturelles Zentrum ist dem Satz das Prädikat untergeordnet. Vom Valenzträger hängen valenzbedingt die Ergänzungen ab und wir zeigen dies, indem wir sie mittels einer Kante – so nennt man den Strich – verbinden. Angaben sind nicht verbspezifisch und werden deshalb direkt mit dem Satzknoten verbunden. Alle Satzglieder sind hierarchisch gleichwertig, weshalb sie auf eine Ebene gesetzt werden. Von den Satzteilen, die keinen Satzglied(teil)status haben, können im Stemma lediglich die Konjunktionen und Subjunktionen dargestellt werden. Sie werden mit eckigen Klammern gekennzeichnet, z. B.

Verbindung zweier Hauptsätze durch *und*:   HS1 – [*und*] – HS2
oder Einleitung eines Nebensatzes durch *als*:   NS [*als*]

Weitere Satzteile ohne Satzglied(teil)status (z. B. Partikeln) werden in einem Kommentar erwähnt; ebenso weitere problematische Aspekte (z. B. Diskussion um die Valenz).

11. Zusammenfassung: Satzanalyse – Schritt für Schritt

Grobstruktur

1   Bestimmen Sie Satzart, -typ, und -form. Gibt es hier irgendwelche Auffälligkeiten?

2 Bestimmen und klassifizieren Sie das Prädikat des Hauptsatzes, ermitteln Sie die Valenz (Zweifelsfälle diskutieren).

3 Ermitteln Sie die Satzglieder (in Zweifelsfällen Tests vorführen!).

4 Klassifizieren Sie die Satzglieder.

5 Benennen Sie – falls vorhanden – Satzteile ohne Satzglied(teil)status.

6 Fertigen Sie ein Stemma an. Wichtig: Es dürfen auf der Ebene der Grobstruktur keine Satzteile übrig bleiben; Nebensätze sind entweder Satzglieder oder Teile von Satzgliedern (= Attributsätze)!

Feinstruktur (Satzgliedinnenbau)

1 Gliedsätze und Infinitiv-/Partizipialkonstruktionen (Vorsicht: unterwertiger Gebrauch!) werden nach dem Vorgehen bei der Grobstruktur (ab Punkt 2) analysiert.

2 Attribute

 2.1 Nicht satzförmige Attribute werden nach ihrer Stellung und Form analysiert.

 2.2 Attributsätze werden nach dem Vorgehen bei der Grobstruktur analysiert.

12. Musteranalyse

Ich habe gestern zufällig einen alten Schulkameraden im Park an der Donau getroffen und er hat sich sehr gefreut, mich zu sehen, obwohl er es eilig hatte.

Satzart: Aussagesatz

Satztyp: Kernsatz in den beiden Hauptsätzen (*Ich habe … getroffen/er hat sich … zu sehen*), Spannsatz im Nebensatz (*obwohl … hatte*).

Satzform: HS1– [*und*] – HS2
                     |
                 NS [*obwohl*]

komplexer Satz: Zwei Hauptsätze sind parataktisch durch *und* verbunden, wobei dem zweiten Hauptsatz ein Nebensatz untergeordnet ist, der durch die Subjunktion *obwohl* eingeleitet wird.

a) Grobstruktur:

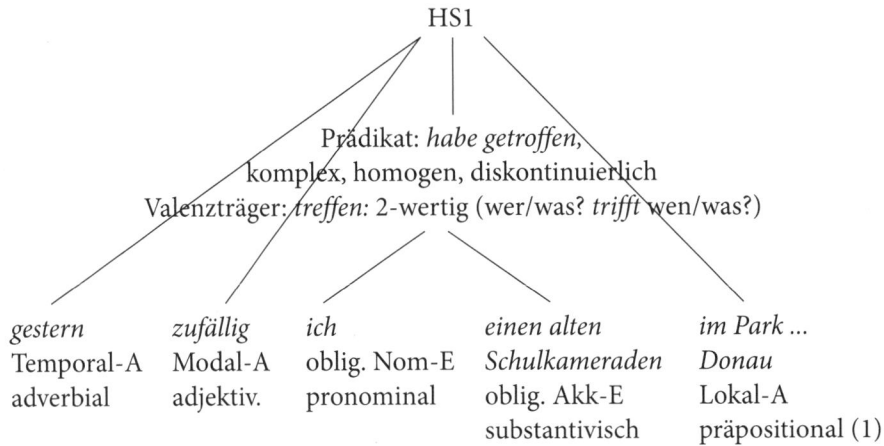

(1) Zusammen ein Satzglied: *Im Park an der Donau habe ich gestern zufällig einen alten Schulkameraden getroffen.* → Spitzenstellungstest positiv

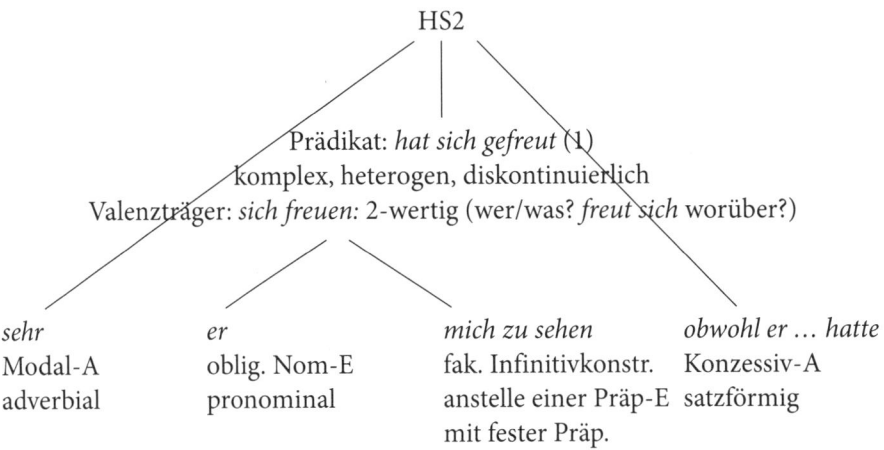

(1) Das Reflexivpronomen gehört zum Prädikat (formal reflexives Verb), da die Tests negativ sind: z. B. **Er freut mich. *Wen freut er? – Sich. *Er freut sich und andere.*

b) Feinstruktur:

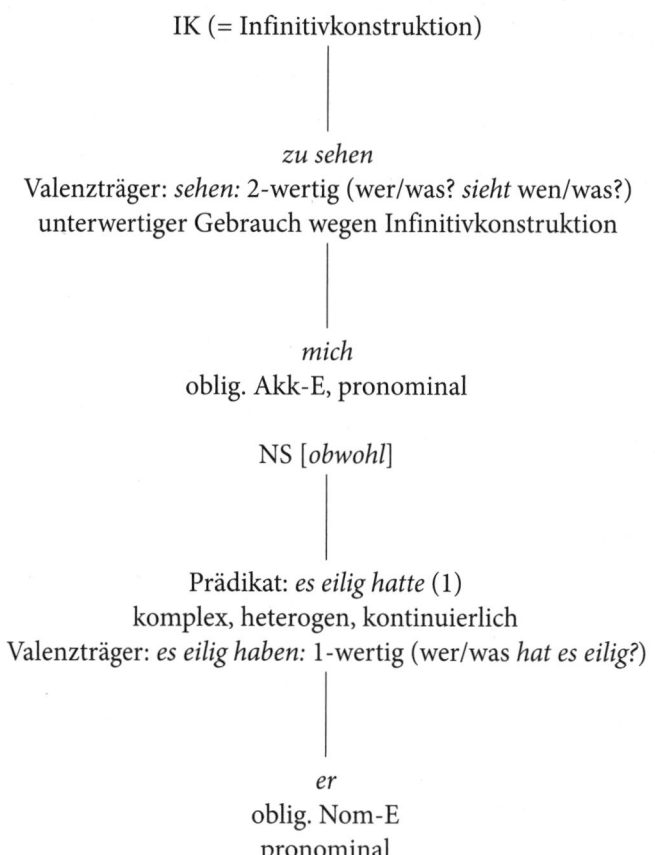

IK (= Infinitivkonstruktion)

|

zu sehen
Valenzträger: *sehen:* 2-wertig (wer/was? *sieht* wen/was?)
unterwertiger Gebrauch wegen Infinitivkonstruktion

|

mich
oblig. Akk-E, pronominal

NS [*obwohl*]

|

Prädikat: *es eilig hatte* (1)
komplex, heterogen, kontinuierlich
Valenzträger: *es eilig haben:* 1-wertig (wer/was *hat es eilig?*)

|

er
oblig. Nom-E
pronominal

(1) Da *es* beim Umstellen weder wegfällt noch bei Voranstellung durch *das* ersetzt werden kann, *es* zudem keinen Satzgliedstatus hat (nicht erfragbar), ist *es* ein Scheinobjekt und gehört zum Prädikat.

Attribute HS1: *einen alten Schulkameraden:* vorangestelltes flektiertes Adjektivattribut *alten* zum substantivischen Kern *(einen) Schulkameraden; im Park an der Donau:* nachgestellte präpositionale Fügung *an der Donau* zum substantivischen Kern *(im) Park.*

13. Übungen

[handwritten: Aussage, Frage, Aufforderung → Stirn, Kern, Spannsatz]

1 Bestimmen Sie Satzart, -typ und -form der beiden folgenden Sätze. Stellen Sie die Abhängigkeiten der Haupt- und Nebensätze in einem Baumdiagramm dar.

 a) *Geh bitte noch zum Supermarkt und besorge mir das Olivenöl, das ich so gerne verwende.* *[handwritten: HS₁ - HS₂ (Hypotaxe) Stirn Spannsatz]*

 b) *Glaubst du, dass wir wirklich noch in das Seminar aufgenommen werden, wenn wir erst zur ersten Sitzung erscheinen?* *[handwritten: NS₁ Spannsatz]*

Übungstext: *[handwritten: Stirnsatz HS - (Hypotaxe) NS₁ NS₂]*

1 **Sprachlos in der Kalahari**
2 *(...) Vermutlich brachte eine schicksalhafte Genmutation die Menschen vor rund*
3 *150.000 Jahren zum Reden. Und nach zähem Ringen um die ersten Worte ent-*
4 *wickelten sich über 6000 Sprachen weltweit. Heute schockiert der Düsseldorfer*
5 *Sprachforscher Dieter Wunderlich mit einer düsteren Prognose: In 100 Jahren*
6 *werden 90 Prozent davon verschwunden sein – dann sprechen zwölf Milliarden*
7 *Menschen nur noch 600 verschiedene Sprachen. (...)*
8 *Um den Sprachschatz zumindest für die Forschung zu retten, entsteht am*
9 *Max-Planck-Institut für Psycholinguistik im niederländischen Nijmegen nun ein*
10 *multimediales Archiv, in dem Bilder und Töne, Wörterbücher und Grammati-*
11 *ken gesammelt werden. Die Volkswagenstiftung engagierte Sprachforscher für*
12 *Feldstudien, die nun mit Rekorder, Videokamera und Notizblock ausschwärmen,*
13 *um den in einigen Fällen nur noch rund 100 Eingeweihten jedes Wort von den*
14 *Lippen abzulesen. (...) Wann das Schicksal der Sprache besiegelt sein wird, weiß*
15 *niemand. Und ob je ein Nachfahre der kleinen Gemeinden in Ecuador das Archiv*
16 *in Nijmegen befragen wird, um die dort konservierte Sprache wiederzubeleben,*
17 *bleibt fraglich. (...)*

(von Kirsten Brodde, Greenpeace Magazin 11/2003, S. 5)

2 Bestimmen Sie alle finiten und infiniten Verben in den Zeilen 2–11 (*Vermutlich … werden.*) des Übungstextes.

3 Bestimmen und klassifizieren Sie alle Prädikate in den Zeilen 2–11 (*Vermutlich … werden.*) des Übungstextes. *[handwritten: (einfach / komplex)]*

4 Bestimmen Sie den Valenzträger und die Wertigkeit in den Prädikaten der Zeilen 2–11 (*Vermutlich … werden.*) des Übungstextes.

5 Bestimmen Sie die Satzglieder in den folgenden Sätzen mit den Satzgliedtests: Frageprobe, Ersatzprobe, Verschiebeprobe (Spitzenstellungstest).

 a) *Nach dem Unterricht sagte Peter zu seinem Professor, dass er nichts verstanden habe.*

b) *Trotz ihres schlechten Gesundheitszustands besuchte Steffi Graf, deren Karriere vor vielen Jahren begann, ihre Eltern in Deutschland.*

c) *Wer heute seine Tochter oder seinen Sohn an der Grundschule anmelden will, muss reichlich Zeit mitbringen.*

6 Wenden Sie für das unterstrichene Satzglied die Weglassprobe und den Geschehenstest an! Handelt es sich also um eine (fakultative oder obligatorische) Ergänzung oder um eine Angabe?

a) *Maria brachte ihrer Mutter eine Schachtel Pralinen mit.* fak. Ergänzung

b) *Hans geht immer sehr langsam zur Schule.* Angabe

c) *Mein Vater lebt schon seit Jahrzehnten in München.* obligatorische Ergänzung

7 Klassifizieren Sie die unterstrichenen Ergänzungen!

a) *Sonntags geht Peter in die Kirche.*

b) *Kannst du mir ein spannendes Buch für den Urlaub empfehlen?*

c) *Wer nichts weiß, soll lieber schweigen.*

d) *Hans denkt gerne an seine Großmutter.*

e) *Ich verspreche dir, auf deine Party zu kommen.*

8 Klassifizieren Sie die unterstrichenen Angaben!

a) *Nach dem Essen besuchen wir unsere Freunde.*

b) *Die Kinder spielen im Garten.*

c) *Hans lernt nie seine Vokabeln.*

d) *Wenn es schneit, fahre ich mit dem Zug.*

e) *Nachdem Petra ihren Freund kennen gelernt hatte, war sie immer fröhlich.*

f) *Die Kinder warten lachend auf den Bus.*

g) *Die Freunde fahren ans Meer, um sich zu erholen.*

h) *Ich fahre nach Pisa, weil Pisa eine interessante Stadt ist.*

9 Analysieren Sie die Attributstrukturen der unterstrichenen Syntagmen im Übungstext. Erstellen Sie dazu ein Stemma.

10 Testen Sie, ob das Reflexivpronomen Teil des Prädikats ist oder ob es eine Ergänzung ist!

a) *Peter entschließt sich Mathematik zu studieren.*

b) *Der neue Mitarbeiter stellt sich bei seinen Kollegen vor.*

c) *Ute schämt sich für ihr schlechtes Deutsch.*

11 Testen Sie den Status von *es* anhand der verschiedenen Tests!

a) *Die Kinder müssen ins Bett. Es ist schon spät.*

b) *Dr. Hassenberg gab gestern eine Party. Es kamen viele Leute.*

c) *Das Buch gefällt mir. Es ist so spannend.*

d) *Lass uns schnell nach Hause gehen. Es donnert schon.*

e) *Es ist kein Problem, dass der Zug erst um 23 Uhr ankommt. Wir holen dich trotzdem ab.*

12 Klassifizieren Sie alle Dative! Begründen Sie Ihre Entscheidung!

Ich versuche, meiner Mutter keine Sorgen zu machen. Sie sagt immer: „Sei mir ein braves Mädchen und bleibe abends nicht zu lange weg!" Gestern Nacht ist mir dann aber etwas Schlimmes passiert. Eine Person ist mir in der Disko auf den Fuß getreten und hat mir dabei meine Handtasche gestohlen. Alle Schlüssel waren weg und ich musste mir überlegen, wie ich das meiner Mutter beibringen konnte. Sie sagte: „Sei nicht traurig, ich mache dir erst einmal eine Tasse Tee ..."

13 Führen Sie eine vollständige Satzanalyse der letzten beiden Sätze des Übungstextes (*Wann ... niemand.* und *Und ... fraglich.*) durch!

14. Quellen und weiterführende Literatur

Altmann, Hans/Hahnemann, Suzan: Syntax fürs Examen. Ein Studien- und Arbeitsbuch. 3., aktual. Aufl. Göttingen 2007.
Für Studierende in höheren Semestern, die bereits über ein syntaktisches Basiswissen verfügen. Der Stoff wird meist stichpunktartig dargeboten, es gibt Übungen und längere klausurartige Aufgaben mit Lösungen.

Bergmann, Rolf/Pauly, Peter: Neuhochdeutsch. Arbeitsbuch zur Grammatik der deutschen Gegenwartssprache. Bearbeitet von Rolf Bergmann und Claudine Moulin-Fankhänel. 4., erw. Aufl. Göttingen 1992. Kap. III. Die Struktur des einfachen Satzes, S. 56–67, Kap. V. 6. Verbstellung und kommunikative Satzfunktion, S. 133–143, Kap. VI. Erweiterung des einfachen Satzes, S. 144–162.
Viele detaillierte Beispielanalysen für komplexe Sätze mit bis zu 10 (!) finiten Verben.

Bünting, Karl-Dieter/Eichler, Wolfgang: Grammatiklexikon. Kompaktwissen für Schule, Ausbildung und Beruf. 7. Aufl. Berlin 2006.
Falls Sie in der grammatischen Terminologie (grammatische Grundbegriffe; Schulwissen) sehr unsicher sind, hilft Ihnen dieses Lexikon mit einfachen Erklärungen und vielen Beispielen weiter.

Duden. Die Grammatik. Unentbehrlich für richtiges Deutsch. 7., völlig neu erarb. u. erw. Aufl. Hrsg. von der Dudenredaktion. Mannheim 2005. Kap. Der Satz, S. 773–1066.
Der „Klassiker" unter den Grammatiken und deshalb zur Anschaffung empfohlen. Verwendet vor allem traditionelle Terminologie.

Dürscheid, Christa: Syntax. Grundlagen und Theorien. 4., überarb. und erg. Aufl. Göttingen 2007.
Vermittelt werden syntaktische Grundlagen sowie syntaktische Theoriebildung (mit den Forschungsansätzen Stellungsfeldermodell, Valenztheorie, Generative Grammatik, Optimalitätstheorie und Funktionale Grammatik).

Eisenberg, Peter: Grundriss der deutschen Grammatik. Band 2: Der Satz. 3., durchges. Aufl. Stuttgart 2006.
Es finden sich neben der Darstellung der Kernbereiche der deutschen Grammatik auch Aufgaben mit Lösungen.

Engel, Ulrich: Deutsche Grammatik. Neubearb. München 2004.

Für die Beschäftigung mit Syntax ist die ausführliche Behandlung von Ergänzungen – sie erfolgt teilweise semantisch – und Angaben interessant.

Engel, Ulrich: Syntax der deutschen Gegenwartssprache. 3., völlig neu bearb. Aufl. Berlin 1994.

Vertreter der Dependenzgrammatik; Engel verwendet jedoch eine andere Terminologie, z. B. bei der Klassifikation der Ergänzungen.

Erben, Johannes: Deutsche Grammatik. Ein Abriß. 12. Aufl. München 1980. Kap. II. Der Satz, S. 241–328.

Lesenswertes Kapitel zur Syntax, valenzgrammatischer Ansatz.

Eroms, Hans-Werner: Syntax der deutschen Sprache. Berlin/New York 2000.

Ein sehr umfangreiches Studienbuch zur deutschen Syntax, dessen dependenzgrammatisches Modell sich von dem hier präsentierten z. B. in der Terminologie teilweise unterscheidet. Übungen sind nicht vorhanden.

Fleischer, Wolfgang/Helbig, Gerhard/Lerchner, Gotthard (Hrsg.): Kleine Enzyklopädie Deutsche Sprache. Frankfurt a. M. 2001. Kap. 5.3 Der Satz, S. 277–306.

Knappe Darstellung vor allem zu Satzklassifikation, Satzgliedern und Attributen.

Helbig, Gerhard/Schenkel, Wolfgang: Wörterbuch zur Valenz und Distribution deutscher Verben. 8., durchges. Aufl. Tübingen 1991.

Gutes Nachschlagewerk, wenn man bei der Bestimmung der Verbvalenzen unsicher ist.

Helbig, Gerhard: Probleme der Valenz- und Kasustheorie. Tübingen 1992. S. 78–87.

Hier finden Sie weitere Tests zur Unterscheidung von Ergänzungen und Angaben.

Helbig, Gerhard/Buscha, Joachim: Deutsche Grammatik. Ein Handbuch für den Ausländerunterricht. Berlin u. a. 2007. Kap. Der Satz, S. 444–625.

Obwohl das Buch eigentlich für Ausländer konzipiert wurde, ist es für den Muttersprachler sehr brauchbar, da die Darstellungen verständlich und mit vielen Beispielen versehen sind. Es ist sehr zu empfehlen, sollte aber dennoch kritisch gelesen werden!

Lühr, Rosemarie: Neuhochdeutsch. Eine Einführung in die Sprachwissenschaft. 6. Aufl. München 2000. Kap. I Syntax, S. 19–126.

Ausführliches, teilweise etwas unübersichtliches Kapitel zur Valenzgrammatik mit Übungen und Lösungen.

Pittner, Karin/Berman, Judith: Deutsche Syntax. Ein Arbeitsbuch. 2., durchges. Aufl. Tübingen 2007.

Verständliches Arbeitsbuch mit vielen Übungen. Die Attributebene ist leider kaum berücksichtigt.

Schumacher, Helmut u. a.: VALBU. Valenzwörterbuch deutscher Verben. Tübingen 2004.

Umfangreicher als das Valenzwörterbuch von Helbig/Schenkel.

Sommerfeldt, Karl-Ernst/Schreiber, Herbert: Wörterbuch zur Valenz und Distribution der Substantive. 3. unveränd. Aufl. Leipzig 1983.

Wer sich für die Valenz beim Substantiv interessiert, dem bietet dieses Wörterbuch nicht nur die Möglichkeit, einzelne Valenzen nachzuschlagen, sondern auch eine knappe Einführung in die Thematik zu erhalten.

Sommerfeldt, Karl-Ernst/Schreiber, Herbert: Wörterbuch zur Valenz und Distribution deutscher Adjektive. 3. unveränd. Aufl. Leipzig 1983.

Zum Nachschlagen der Valenzen ausgewählter Adjektive. Enthält auch eine knappe Einführung.

Tesnière, Lucien: Grundzüge der strukturalen Syntax. Herausgegeben und übersetzt von Ulrich Engel. Stuttgart 1980. Originalausgabe 1959.

Das Buch ist für eine vertiefte Auseinandersetzung mit der Dependenzgrammatik geeignet; es zeigt die Sicht- und Vorgehensweise des Begründers Tesnière auf. Interessant ist die Verwendung von Beispielen vieler Sprachen, die zeigt, dass die Dependenzgrammatik nicht auf einzelne Sprachen begrenzt ist.

Weinrich, Harald: Textgrammatik der deutschen Sprache. Unter Mitarbeit von Maria Thurmair, Eva Breindl, Eva-Maria Willkop. 3., rev. Aufl. Hildesheim u. a. 2005.

Diese Grammatik unterscheidet sich von den anderen dadurch, dass sie in der Beschreibung der deutsche Sprache nicht auf die Wort- oder Satzebene beschränkt ist, sondern stets größere Sinneinheiten (Texte) berücksichtigt.

Welke, Klaus: Einführung in die Satzanalyse. Die Bestimmung der Satzglieder im Deutschen. Berlin 2007.

Zur Erweiterung des Wissens über Satzglieder (und Attribute) geeignet.

II. Wortarten

1. Was ist ein Wort? Zur Wortdefinition

Die Frage, was ein Wort ist, erscheint zunächst banal. Fragen Sie Lieschen Müller, so wird Sie Ihnen aller Wahrscheinlichkeit nach sagen:

Der Satz _Geflogen ist Herr Meier schon oft, aber morgen wird Herr Meier erstmals nach Rom fliegen_. besteht aus 15 Wörtern. Was hat Frau Müller gemacht? Sie hat – sprachwissenschaftlich ausgedrückt – die **grafischen Wörter** gezählt; sie setzen sich durch Leerzeichen voneinander ab. Aus sprachwissenschaftlicher Sicht ist dieses Wortverständnis nicht ausreichend.

Wenn wir im Wörterbuch nachschlagen, so erweist sich die Antwort von Lieschen Müller nicht mehr als richtig, denn _fliegt_ und _geflogen_ sind dort nicht als jeweils ein Wort eingetragen. Wir finden nur die Infinitivform _fliegen_. Deshalb ist _fliegen_ ein **Lexem**, ein Wortschatzelement, also das, was im Lexikon/Wörterbuch eingetragen ist und eine selbständige (lexikalische) Bedeutung hat. Es handelt sich hier um unterschiedliche Flexionsformen (_fliegt_: 3. Pers. Sg. Präs. Ind. – _geflogen_: Part. II) des Verbs _fliegen_, aber immer nur um eine einzige Bedeutungseinheit. Ein Wort ist also ein sprachliches Zeichen und hat (im Allgemeinen) eine Inhalts- und eine Ausdrucksseite (vgl. Kap. V. Sprache und Sprechen). Schließlich können noch die **syntaktischen Wörter** bestimmt werden. Hier sind auch unterschiedliche Flexionsformen mitzurechnen, d.h., _fliegen_ und _geflogen_ sind als zwei unterschiedliche Formen zu zählen. Unser Beispielsatz enthält demnach 13 syntaktische Wörter, da _Herr_ und _Meier_ je zwei Mal vorkommen.

Zusammenfassend noch ein Beispiel:

Hans haust in einem uralten Haus, während Heide in einem der schicken Häuser am Stadtrand wohnt.

- _Haus_ und _Häuser_ sind zwei grafische sowie zwei syntaktische Wörter (Dat. Sg. bzw. Gen. Pl.), jedoch nur ein Lexem (_Haus_ als lexikalische Einheit).

- *haust* ist ein Lexem, ein syntaktisches Wort und ein grafisches Wort.
- *einem* ist ein unbestimmter Artikel und damit kein Lexem, da *einem* keine selbständige lexikalische Bedeutung (lediglich eine grammatische) besitzt. Da *einem* zwei Mal vorkommt, liegen zwei grafische Wörter, aber nur ein syntaktisches Wort vor.

2. Kriterien zur Klassifikation

Wenn man sich mit Wortarten beschäftigt, muss man sich im Klaren sein, welche Klassifikationskriterien zugrunde gelegt werden sollen. Wortarten können nach morphologischen, syntaktischen und semantischen Gesichtspunkten bestimmt werden. Deshalb gibt es auch unterschiedliche Klassifikationen eines Wortes, was zu Verwirrung führt, wenn man nicht weiß, welches Einteilungsschema jeweils maßgeblich ist. Die Duden-Grammatik unterscheidet neun Wortarten, Lühr („Neuhochdeutsch") zehn und Helbig/Buscha („Deutsche Grammatik") zwölf. Ein semantisches Kriterium liegt bei der Wortart „Numerale" (Zahlwort, z. B. *eins, einmal, erstens*) vor. Eine syntaktische Klassifizierung nehmen wir vor, wenn wir testen, ob ein Wort ein Satzglied sein kann (z. B. Pronomen vs. Artikel): Das Wort *mein* ist unter syntaktischen Kriterien ein Artikelwort, d. h., es vertritt den notwendigen Artikel bei einem Substantiv, unter morphologischen und semantischen (,Besitz') Gesichtspunkten ein Possessivpronomen. Morphologisch bedeutet u. a., dass man die Formenlehre heranzieht, z. B. zwischen flektierbaren und nicht flektierbaren Wortarten unterscheidet. In dem Beispiel *ein kleines Haus* ist *klein* Adjektiv (morphologisches Kritierum), hinsichtlich der Funktion ist es in diesem Fall ein Attribut (syntaktisches Kriterium).

Wir werden bei den flektierbaren Wortarten vor allem nach dem morphologischen Kriterium vorgehen, d. h., wir argumentieren nicht kontextbezogen, sondern so, als ob man entscheiden müsste, wo und als was man ein Wort im Wörterbuch einträgt. Bei den nicht flektierbaren Wortarten dagegen sind syntaktische Kriterien maßgebend. Ein Kriterium alleine ist zur Differenzierung aller Wortarten nicht ausreichend.

Nach der Grafik unterscheiden wir zunächst flektierbare (vgl. Kap. III. Flexion) und nicht flektierbare Wortarten.

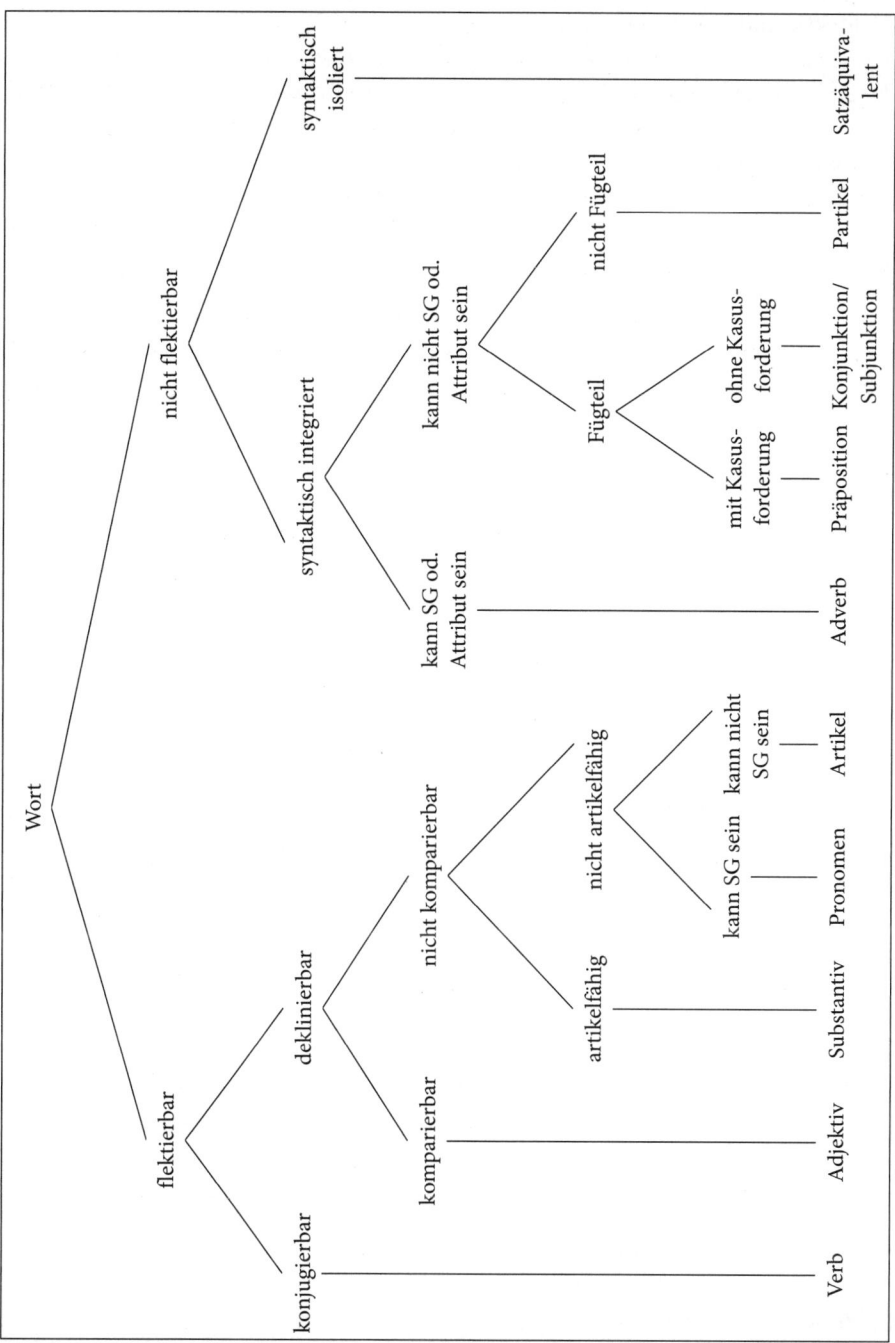

3. Flektierbare Wortarten

Zu den flektierbaren Wortarten gehören Verben, Adjektive, Substantive, Pronomen und Artikel. Sie lassen sich unterteilen in konjugierbare und deklinierbare Wortarten (vgl. Kap. III. 1. Deklination und Konjugation). In den folgenden Ausführungen wird auch auf semantische Kriterien eingegangen.

3.1 Verb

Die einzige konjugierbare Wortart ist das Verb. Starke und schwache Verben unterscheiden sich in der Konjugation (vgl. Kap. III. 5.1 Bildung der Tempusformen). Auch die Partizipien I und II (vgl. Kap. III. 4. Bildung des Partizips) sind natürlich Verbformen, selbst wenn sie attributiv verwendet werden. Weil sie in dieser Funktion auch deklinierbar sind, werden sie gerne (aber vorschnell und fälschlicherweise) als Adjektive bezeichnet. Bsp.: *das vermisste Kaninchen* (Partizip II), *das grunzende Schwein* (Partizip I). Semantisch erfolgt eine Unterteilung in Tätigkeitsverben (*singen*, *lachen*, *tippen*), Vorgangsverben, welche einen Prozess ausdrücken (*einschlafen*, *wachsen*, *verblühen*) und Zustandsverben (*stehen*, *liegen*, *wohnen*).

3.2 Adjektiv

Adjektive sind stark oder schwach deklinierbar (vgl. Kap. III. 3. Adjektivdeklination) und komparierbar. Bsp.: *schön*: *ein schöner Abend, eine schöne Reise, das schönere Geschenk, der schönste Augenblick*. Die Komparation (= Steigerung, Graduierung) ist eine wichtige Kategorie, da sie – mit wenigen Ausnahmen (s. Adverbien) – nur bei Adjektiven auftritt. Man unterscheidet die Stufen Positiv (*schön*), Komparativ (*schöner*) und Superlativ (*am schönsten*).

Zu den Ausnahmen, die nicht komparierbar sind, gehören z. B. *tot*, *schwanger*, *heilbar*, Herkunftsadjektive (*englisch*), Zahladjektive (*zwei, zweiter*) oder Stoffadjektive (*silbern*). Weder deklinierbar noch komparierbar sind u. a. bestimmte Farbadjektive (*lila, rosa, beige*) sowie *barfuß* und *schuld*.

Auch bei den Adjektiven ist zu betonen, dass bei der Wortarteneinteilung nicht auf den Kontext geachtet werden darf. Die syntaktische Funktion spielt also für uns keine Rolle. Im Hinblick auf die Syntax können Adjektive folgendermaßen verwendet werden:

a) Attribut: *das schnelle Auto*
b) Ergänzung: *das Auto ist schnell*
c) Angabe: *das Auto fährt schnell*

In allen Fällen handelt es sich aber um die Wortart Adjektiv.

! Adverbial gebrauchte Adjektive werden gelegentlich als Adjektiv-Adverbien bezeichnet, z. B. *Das Auto fährt <u>schnell</u>.* Dieses Kriterium ist aber ein syntaktisches, möglicherweise noch ein semantisches (*Wie ging es?*); in einem anderen Kontext hätten wir eine andere Wortart. Z. B. würden Sie vermutlich in dem Satz *Sie ist mit einem <u>schnellen</u> Wagen unterwegs. schnellen* nicht bei den Adverbien einordnen, da das Wort flektierbar ist. Da wir v. a. nach morphologischen Kriterien vorgehen, ist *schnell* unabhängig vom Kontext immer ein Adjektiv.

3.3 Substantiv

Substantive sind deklinierbar, nicht komparierbar und artikelfähig. Bsp.: *der Student, des Studenten, dem Studenten ... die Studenten ...*

Morphologisch unterscheidet man Substantive in erster Linie nach der Genuszugehörigkeit (Maskulinum, Femininum, Neutrum), dem Typus der Deklination (stark, schwach, ohne Deklinationsendung: alle Feminina) und der Pluralbildung (auf *-e, -(e)n, ø, -er, -s*, z. T. mit Umlaut, vgl. Kap. III. 2. Pluralbildung des Substantivs).

Semantisch lassen sich Substantive in Gattungsnamen / Appellativa (z. B. *Hund, Tisch, Freundlichkeit*) und Eigennamen/nomina propria (*Paul, Schmidt, Donau, Regensburg*) einteilen. Die Gattungsnamen differenziert man noch einmal in

- Konkreta, z. B. *Hund, Tisch, Kran* und
- Abstrakta, z. B. Eigenschaften (*Freundlichkeit*), Vorgänge (*Auszahlung*) oder Zustände (*Krieg*).

Semantische Aspekte werden auch häufig bei Substantiven als Wortbildungsprodukt (oft deverbal) angesprochen, z. B.

- Nomina acti ‚Ergebnis' (*das Verbot, das Erlebte*),
- Nomina actionis ‚Handlung, Vorgang' (*die Beerdigung, das Vortragen*),
- Nomina agentis ‚Handelnder' (*der Verkäufer, der Benutzer*) oder
- Nomina instrumenti ‚Mittel' (*der Stecker, der Bohrer*).

3.4 Pronomen

Pronomen sind deklinierbar, nicht komparierbar, (meist) nicht artikelfähig und können Satzglied sein. Gemeinsam ist den Pronomen, dass sie nur eine recht schwache lexikalische Eigenbedeutung haben und als **Synsemantika** (Funktionswörter) lediglich auf etwas verweisen, z. B. auf eine Person (*ich, du*), auf eine Frage (*wer, welcher*), auf eine Besitzrelation (*mein, unser*) oder auf eine Zahl (*mehrere, wenige*).

Bezüglich der syntaktischen Funktion differenziert man zwischen

1. Pronomen, die an Stelle von Substantiven stehen und eigene Satzglieder sind (Personal-, Interrogativ-, Possessiv-, Demonstrativ-, Indefinit-, Reflexiv-, Relativpronomen), z. B. *Das Buch ist meines. Wer kommt mit?* und
2. Pronomen, die die Funktion von Artikeln einnehmen und vor dem jeweiligen Substantiv stehen (Demonstrativ-, Interrogativ-, Possessiv-, Indefinitpronomen), z. B. *dieser Student, mein Buch.* Diese Pronomen sehen zwar aus wie vorangestellte Attribute, werden von uns aber nicht als solche eingeordnet, da Attribute in der Regel weglassbar sind, die Pronomen in der Funktion eines Artikels – als Artikelwort – aber stehen müssen. Z. B. *Mein Buch sieht schon sehr benutzt aus. *Buch sieht schon sehr benutzt aus.* (vgl. Kap. I. 6. Attribute).

Pronomen werden semantisch wie folgt unterteilt:

- Personalpronomen (*ich, du, wir ...*)
- Demonstrativpronomen (*der, dieser, jener, derselbe, solcher ...*)
- Possessivpronomen (*mein, dein, Ihr, euer ...*)
- Interrogativpronomen (*wer, welcher, was ...*)
- Reflexivpronomen (*sich*; für fehlendes Reflexivpronomen der 1. und 2. Person stehen Personalpronomen: *meiner/mir/mich, unser/uns/uns ...*)
- Relativpronomen (*welcher, der ...*)
- Indefinitpronomen (*man, (irgend)etwas, (irgend)jemand, jeder, alle, keiner, mancher ...*).

3.5 Artikel

Der Artikel ist deklinierbar, nicht komparierbar, (natürlich) nicht artikelfähig und kann nicht Satzglied sein. Er steht stets vor dem Substantiv bzw. vor dem dazugehörigen Attribut: *die (müde) Studentin.* Der Artikel stimmt mit dem Substantiv in Genus, Numerus und Kasus überein. Man unterscheidet den bestimmten/definiten (*der, die, das*) vom unbestimmten/indefiniten Artikel (*ein, eine*).

4. Nicht flektierbare Wortarten

Die nicht flektierbaren Wortarten teilen wir in syntaktisch integrierte und syntaktisch isolierte ein. Syntaktisch isoliert bedeutet im Gegensatz zu integriert, dass das Wort außerhalb einer Satzstruktur (mit Prädikat) steht.

4.1 Adverb

Adverbien sind nicht flektierbar und können Satzglied oder Attribut sein. Nach syntaktischen Kriterien (Funktion) kann man Adverbien folgendermaßen einteilen:

a) Angabe: *Das Fest findet heute statt.*
b) Ergänzung: *Thomas wohnt hier.*
c) Attribut: *Die junge Frau dort ist aber hübsch!*

Zu den Ausnahmen zählen Adverbien, die kompariert werden können: *oft – öfter; sehr – mehr – am meisten; gern – lieber – am liebsten.*
Hervorzuheben sind zwei Untergruppen der Adverbien: Pronominaladverbien und Konjunktionaladverbien.

Pronominaladverbien sind Verbindungen aus den Adverbien *da, hier, wo* mit einer Präposition, z. B. *darauf, woran, hierbei, dorthin.* Sie stehen für eine Präpositionalgruppe (z. B. *Ich freue mich auf die Party. – Ich freue mich darauf.*) und können auch als Präpositionaladverbien bezeichnet werden.

Konjunktionaladverbien haben (am Satzanfang) eine ähnliche Funktion wie die Konjunktionen – und heißen deshalb auch so –, können aber, im Gegensatz zu den Konjunktionen, die erste Satzgliedposition einnehmen und sind deshalb auch Satzglieder (vgl. Kap. I. 8.1 Konjunktionen und Subjunktionen).

Ich musste als Kind immer Spinat essen. Deshalb kann ich das Gemüse heute nicht mehr ausstehen.

Weitere Beispiele: *deswegen, trotzdem, folglich, insofern, außerdem*

Semantisch unterscheidet man zwischen

- Temporaladverbien: *gestern, morgen, jetzt, wann, inzwischen*
- Lokaladverbien: *dort, hier, woher, bergab, rechts, mittig*
- Modaladverbien: *gern, fälschlicherweise, sehr, größtenteils*
- Kausaladverbien: *deshalb, weshalb*
- Negationsadverbien: *nicht, nie, keinesfalls*
- Zahladverbien: *erstens, dreimal*

Im Hinblick auf die Verwendung kann man Interrogativ- (*wo, weshalb, wann, woran*) und Relativadverbien (*wo, wie, weswegen*) unterscheiden.

Wohin fährt Peter? (Interrogativadverb)
Peter ist nach Berlin gefahren, wohin Sophia auch kommen will. (Relativadverb)

Zu den Adverbien zählen wir auch Wörter wie z. B. *hoffentlich, vielleicht, wahrscheinlich.* In einigen Grammatiken werden sie als eine eigene Wortart unter dem

Terminus **Modalwort** geführt. Sie weisen nämlich im Vergleich zu den anderen Adverbien Besonderheiten auf.

Zum einen können diese Wörter als Antwort auf eine Entscheidungsfrage stehen, z. B. *Gehst du morgen in die Vorlesung? Vielleicht/Wahrscheinlich/Vermutlich.* Sie können aber auch manchmal durch einen (Teil-)Satz paraphrasiert werden: *Ich vermute/hoffe, dass ich morgen in die Vorlesung gehe.* Modalwörter drücken eine Sprechereinstellung aus. Morphologisch unterscheiden sie sich jedoch nicht von den anderen Adverbien, so dass wir diese Wörter ohne Probleme zu den (Modal-) Adverbien stellen können.

4.2 Präposition

Präpositionen sind nicht flektierbar, können weder Satzglied noch Attribut sein, stehen stets innerhalb von Satzgliedern und sind Fügteile mit Kasusforderung. Fügteile, auch Fügewörter genannt, verbinden Wörter, Satzteile, Satzglieder oder Sätze miteinander. Im Falle der Präposition geschieht dies, im Gegensatz zu den Konjunktionen/Subjunktionen (vgl. Kap. II. 4.3), stets mit einem bestimmten Kasus, z. B. dem Akkusativ (*gegen, für, ohne, durch, bis*), dem Dativ (*bei, neben, hinter, mit, gegenüber, seit, zu, von*) oder dem Genitiv (*wegen, trotz, außerhalb, infolge, hinsichtlich, angesichts, innerhalb*).

Präpositionen mit Dativ oder Akkusativ sind

- *in*: Dativ: wo? (Ort) *Tobi ist gerade im Haus*; Akkusativ: wohin? (Richtung, Ziel) *Ich fahre ins Grüne.*
- *über*: Dativ: wo? *Über den Wolken muss die Freiheit grenzenlos sein.* Akkusativ: wohin? *Ich hänge die Tasche über den Stuhl.*
  ebenso: *unter, hinter, neben, auf, vor, zwischen, an.*

In diesen Fällen bezeichnet der Dativ einen Ort, der Akkusativ eine Richtung.

Auch semantisch kann man Präpositionen gliedern, z. B.:

- temporal: *in, seit, nach, vor, während, bis*
- lokal: *an, durch, gegenüber, hinter, über*
- modal: *ohne (Stress), mit, gemäß, bei (Verstand), aus (Eisen)*
- kausal: *wegen, aus, anlässlich*

Die meisten Präpositionen stehen vor dem Wort, auf das sie sich beziehen. Einige stehen dahinter, z. B. *zuliebe* (*Dem Freund zuliebe*) und *halber* (*der Ordnung halber*) und werden deshalb **Postpositionen** genannt. Andere können sowohl vor als auch nach dem Bezugswort stehen, wie

- *gemäß: Seinem Wunsch gemäß habe ich eine große Feier organisiert. Gemäß seinem Wunsch habe ich eine große Feier organisiert.*
- *gegenüber: Ich wohne dem Rathaus gegenüber. Gegenüber dem Rathaus wohne ich.*
- *nach: Nach meiner Einschätzung wird er zu spät kommen. Meiner Einschätzung nach wird er zu spät kommen.* oder
- *wegen: Wegen der Straßenglätte kamen wir zu spät. Der Straßenglätte wegen kamen wir zu spät.*

Außerdem gibt es zweiteilige Präpositionen (**Zirkumpositionen**), z. B. *um ... willen* (*Um des lieben Friedens willen wird Max pünktlich nach Hause gehen.*).

4.3 Konjunktion/Subjunktion

Konjunktionen und Subjunktionen sind nicht flektierbar, können weder Satzglied noch Attribut sein und sind Fügteile ohne Kasusforderung.

Vergleichen Sie dazu die ausführliche Darstellung unter Kap. I. 8.1 Konjunktionen und Subjunktionen.

Zu den Konjunktionen zählen wir außerdem die Infinitivkonjunktion *zu* (*Ich freue mich dich zu sehen.*) und die Satzteilkonjunktion *wie* (*Peter arbeitet wie ein Verrückter.*), da auch diese die oben genannten Kriterien erfüllen.

4.4 Partikel

Partikeln sind nicht flektierbar, können weder Satzglied noch Attribut sein und sind keine Fügteile.

Vergleichen Sie dazu die ausführliche Darstellung unter Kap. I. 8.3 Partikeln.

4.5 Satzäquivalent

Satzäquivalente sind nicht flektierbar und syntaktisch isoliert (siehe oben). Dazu zählen wir

- Empfindungswörter (auch als Ausrufe oder Interjektionen bezeichnet), z. B. *Juchu!, Igitt!, Aua!, Oje!, Aha!*
- *ja, nein, doch* als Antworten auf Entscheidungsfragen
- *bitte* und *danke*

5. Problem Homonymie

Homonymie bei der Wortartenklassifikation bedeutet, dass zwei der äußeren Erscheinung nach identische Wörter unterschiedlichen Wortarten angehören. Betrachten Sie das Beispiel aus der Werbung:

Lieber zu Hugendubel als zu teuer!

Im Kontext wird klar, dass das erste *zu* eine Präposition ist, das zweite ein Adverb. Unabhängig vom Beispiel gibt es auch noch die Infinitivkonjunktion *zu*.

Bei dem Wort *doch* kann man ebenfalls drei unterschiedliche Wortarten feststellen:

- Konjunktion in der Bedeutung von ‚aber‘: *Ich klopfte, doch niemand öffnete.*
- Adverb in der Bedeutung von ‚dennoch‘: *Eigentlich war Eva krank, doch ging sie zur Arbeit.*
- Partikel: *Das hast du doch gewusst!*

6. Übungen

Übungstext:

1   *Angeborener Schutz*
2   *Natürliche Fitness erhält gesund*
3   *Wer beim Sport schnell zu keuchen beginnt, erkrankt auch eher an einem Herz-*
4   *Kreislauf-Leiden oder an Diabetes. Über die möglichen Gründe berichten nun*
5   *Forscher aus Norwegen und den USA im Fachmagazin Science (Bd. 418, S. 307,*
6   *2005). An Ratten haben sie gezeigt, dass unsportliche Tiere schlechter Sauerstoff*
7   *aufnehmen und in Energie umwandeln können. Sie verfügen in ihren Mitochon-*
8   *drien über weniger oxidierende Enzyme und Eiweiße. Mitochondrien verwandeln*
9   *in den Zellen Nährstoffe in Energie. Die schlechte Kondition hatten die Forscher*
10 *den Ratten über elf Generationen angezüchtet. Gleichzeitig selektierten sie auch*
11 *besonders fitte Tiere, die im Schnitt gut dreimal so lange durch ein Laufrad ren-*
12 *nen konnten wie ihre schlappen Artgenossen. Nicht ohne Folgen für die Gesund-*
13 *heit: Der Blutdruck der schlechten Läufer war im Schnitt um mehr als zehn Pro-*
14 *zent erhöht, sie zeigten frühe Vorstufen eines Diabetes. Die unsportlichen Ratten*
15 *aber konnten ihren Zustand durch Training verbessern, obwohl die Effekte bei*
16 *den geborenen Läufern größer waren.*

(aus: Süddeutsche Zeitung, Nr. 16, 21.01.2005, S. 11)

1 Nennen Sie die Wortart der folgenden Wörter und geben Sie die wichtigsten Kriterien für ihre Zuordnung zu einer Wortart an. Bestimmen Sie, wo es möglich ist, auch die syntaktische Funktion.

wer (Z. 3), *schnell* (Z. 3), *zu* (Z. 3), *auch* (Z. 3), *nun* (Z. 4), *aus* (Z. 5), *gezeigt* (Z. 6), *schlechter* (Z. 6), *ihren* (Z. 7), *weniger* (Z. 8), *elf* (Z. 10), *gleichzeitig* (Z. 10), *besonders* (Z. 11), *dreimal* (Z. 11), *so* (Z. 11), *wie* (Z. 12), *obwohl* (Z. 15)

2 Nennen Sie drei nicht flektierbare Wortarten und belegen Sie diese mit Beispielen aus dem Text.

3 Wie können die Wortarten folgender Wörter voneinander abgegrenzt werden?

unsportliche Tiere (Z. 6) – bei den *geborenen* Läufern (Z. 16)

4 Erklären Sie an den Beispielen *gut* (Z. 11) und *aber* (Z. 15) das Phänomen der Homonymie.

7. Quellen und weiterführende Literatur

Duden. Die Grammatik. Unentbehrlich für richtiges Deutsch. 7., völlig neu erarb. u. erw. Aufl. Hrsg. von der Dudenredaktion. Mannheim 2005. Kap. Was ist ein Wort?, S. 129–138.
Neben einer Erörterung des Begriffs „Wort" finden sich in der Duden-Grammatik auch differenzierte Ausführungen zu Wortarten.

Fleischer, Wolfgang/Helbig, Gerhard/Lerchner, Gotthard (Hrsg.): Kleine Enzyklopädie Deutsche Sprache. Frankfurt a. M. 2001. Kap. 5.2 Das Wort, S. 220–277.
Nachschlagewerk, das auch Kriterien der Wortartenklassifizierung und unterschiedliche Klassifizierungsversuche aufgreift. Empfehlenswert.

Helbig, Gerhard/Buscha, Joachim: Deutsche Grammatik. Ein Handbuch für den Ausländerunterricht. Berlin u. a. 2007
Der Titel täuscht. Das Buch ist allen, die sich mit der deutschen Sprache wissenschaftlich beschäftigen, zu empfehlen.

Helbig, Gerhard: Deutsche Grammatik. Grundfragen und Abriß, 3. Aufl. München 1996. Kap. 2. Das Wort, S. 14–105.
Das schmale Bändchen kann man das ganze Studium hindurch gut gebrauchen. Die Wortarteneinteilung stimmt in den meisten Fällen mit der hier verwendeten überein. Hinzu kommt das Modalwort, das wir zu den Adverbien stellen.

Römer, Christine: Morphologie der deutschen Sprache. Tübingen/Basel 2006. Kap. 4 Grammatisch relevante Wortarten im Deutschen, S. 81–180.
Zur Erweiterung des Wissens über Wortarten geeignet. Übungen mit Lösungen sind vorhanden.

Wahrig, Gerhard: Deutsches Wörterbuch. Hrsg. von Renate Wahrig-Burfeind. Mit einem „Lexikon der deutschen Sprachlehre". 8., vollst. neu bearb. und aktualisierte Aufl. Gütersloh u. a. 2006.
Hiermit sei beispielhaft ein Wörterbuch genannt; die Wortart ist meist nach dem Lexem angegeben.

Weitere Darstellungen in den Grammatiken von Engel, Erben oder Weinrich (siehe Quellen und weiterführende Literatur im Kapitel I. Syntax).

III. Flexion

Hinsichtlich der Flexion unterscheidet man zwischen der Flexion von Substantiv, Adjektiv, Artikel und Pronomen (= Deklination) und der Flexion von Verben (= Konjugation).

1. Deklination und Konjugation

Bei der **Deklination** unterscheidet man im Deutschen:

- vier Kasus: Nominativ, Genitiv, Dativ, Akkusativ
- zwei Numeri: Singular, Plural
- drei Genera: Maskulinum, Neutrum, Femininum

Meine Schwester (Nom. Sg. Fem.) _streitet gerne mit_ _dem Professor_ (Dat. Sg. Mask.) _des Fachs_ (Gen. Sg. Neutr.) _Germanistik über_ _die Noten_ (Akk. Pl. Fem.).

Die Frage, ob die Komparation des Adjektivs (und einiger Adverbien) auch zur Flexion zählt, wird in der Forschung unterschiedlich beantwortet. Wir verstehen die Komparation jedoch als eigenständiges Phänomen. Zu unterscheiden ist der Positiv (_schön_), der Komparativ (_schöner_) und der Superlativ (_am schönsten_).

Die **Konjugation** bezieht sich auf alle finiten Verben; man unterscheidet im Deutschen:

- drei Personen: 1. Person (Sprecher), 2. Person (Angesprochener), 3. Person (Besprochenes)
- zwei Numeri: Singular, Plural
- drei Modi: Indikativ, Konjunktiv, Imperativ
- zwei Tempora: Präsens, Präteritum

Futur I und II sowie das Perfekt und das Plusquamperfekt sind analytische („zusammengesetzte") Zeitformen und zählen ebenso wie das Passiv nicht zu den Kategorien der Konjugation, da sie mit Hilfsverben gebildet werden und nicht durch Veränderungen am Wort selbst, wie es etwa im Lateinischen der Fall ist (siehe Kap. III. 5. Tempus).

Zur Flexion des Verbs zählt außerdem die Bildung der infiniten Verbformen: Infinitiv, Partizip I und II.

Nachdem Hans zwei Monate auf die Prüfung <u>gelernt</u> (Part. II) <u>*hatte*</u> *(3. Pers. Sg., Ind., Prät.), <u>überkam</u> (3. Pers. Sg., Ind., Prät.) ihn große Prüfungsangst. Seine Freunde <u>drückten</u> (3. Pers. Pl., Ind., Prät.) ihm die Daumen und <u>sagten</u> (3. Pers. Pl., Ind., Prät.), dass er es schon <u>schaffen</u> (Inf.) <u>werde</u> (3. Pers. Sg., Konj., Präs.). Heute <u>meint</u> (3. Pers. Sg., Ind., Präs.) Hans dazu: „Es <u>ist</u> (3. Pers. Sg., Ind., Präs.) eigentlich ganz einfach: <u>Beiß</u> (2. Pers. Sg., Imper., Präsens – Imperativ ist immer Präsens) die Zähne zusammen und durch!"*

Im Folgenden werden ausgewählte Phänomene der Flexion behandelt, an denen gezeigt werden soll, wie komplex das Deutsche ist und welche Regeln Deutsch-als-Fremdsprache-Lerner können müssen, um ein grammatisch korrektes Deutsch zu produzieren. Uns als Muttersprachlern sind diese Regeln kaum bewusst, da wir sie meist automatisch anwenden.

2. Pluralbildung des Substantivs

Das System zur Pluralbildung ist relativ komplex. Es gibt im Deutschen fünf Deklinationstypen:

Typ 1: *e*-Plural (*das Beet – die Beete, der Baum – die Bäume*)
Typ 2: *(e)n*-Plural (*der Mensch – die Menschen, die Glocke – die Glocken*)
Typ 3: Ø-Plural (*der Lehrer – die Lehrer, das Kloster – die Klöster*)
Typ 4: *er*-Plural (*das Kind – die Kinder, das Buch – die Bücher*)
Typ 5: *s*-Plural (*das Auto – die Autos, der LKW – die LKWs*)

Als zentrale Regeln lassen sich festhalten:

a) Umlautfähige Stammvokale (*a, o, u*) werden in den Pluraltypen 1, 3 und 4 in der Regel umgelautet: *der Baum – die Bäume, das Kloster – die Klöster, das Buch – die Bücher.*

b) Der *e*-Plural (= Typ 1) ist bei allen Genera zu finden und hat eine relativ regellose Verteilung.

c) Die meisten Feminina und Maskulina auf *-e* bilden den Plural auf *-n: der Bote – die Boten, die Glocke – die Glocken* (= Typ 2).

d) Endungslose Plurale (= Typ 3) finden sich hauptsächlich bei Maskulina und Neutra auf *-el, -en* und *-er: der Tunnel – die Tunnel, der Streifen – die Streifen,* *der Lehrer – die Lehrer*, außerdem bei den Neutra auf *-chen/-lein: das Birnlein – die Birnlein, das Stimmchen – die Stimmchen.*

e) Plurale auf *-er* (= Typ 4) finden sich vor allem bei einsilbigen Neutra: *das Kind – die Kinder, das Buch – die Bücher.*

f) Die Endung *-er* (= Typ 4) ist nicht möglich bei Substantiven auf *-e* oder *-e* + Konsonant.

g) Wörter, die auf Vokal – außer *e* – enden und Kurzwörter (vgl. Kap. IV. 9.9 Kurzwortbildung) bilden den Plural mit *-s: das Auto – die Autos, der Opa – die Opas, die Lok – die Loks* (= Typ 5). Bei dem Kurzworttyp „Initialwort" allerdings kann die Pluralkennzeichnung auch weggelassen werden (= Typ 3): *der LKW – die LKW(s).*

h) Fremdwörter können besondere Plurale aufweisen, z.B. *der Atlas – die Atlanten, der Kaktus – die Kakteen, das Genus – die Genera, der Modus – die Modi.* In einigen Fällen sind auch eingedeutschte Plurale möglich, z.B. *Atlas – Atlasse.*

3. Adjektivdeklination

Haben Sie sich schon einmal überlegt, warum es im Deutschen *Dieser kalte Kaffee schmeckt nicht!* aber *Kalter Kaffee schmeckt nicht!* heißt? Wie kommt es dazu, dass das Adjektiv einmal die Endung *-e* und einmal die Endung *-er* hat, obwohl doch beides Nom. Sg. Mask. ist?

Die Adjektivdeklination ist eine „Spezialität" des Deutschen und hat in ihrer Komplexität schon viele Lerner geärgert. Aber es gibt auch hier Regeln. Die grammatische Form der Nominalgruppe (also Adjektiv + Substantiv + evtl. Artikel) bestimmt das **Prinzip der Monoflexion**. Es besagt, dass die vollen grammatischen Endungen nur einmal auftreten dürfen, entweder am Artikel(wort) oder am Adjektiv. Demnach wären Formen wie **Dieser kalter Kaffee schmeckt nicht gut!* „doppelt-gemoppelt", da bereits am Artikelwort *dieser* abgelesen werden kann, dass die Nominalgruppe Nom. Sg. Mask. ist. Es wird zwischen einer **starken** und einer **schwachen Adjektivdeklination** unterschieden. Stark ist sie, wenn das Adjektiv die Merkmale der Deklination trägt (z.B. *kalter Kaffee*). Die Endungen sind dann identisch mit den Endungen des definiten Artikels.

Definiter Artikel: *Der Kaffee schmeckt nicht gut! Ich trinke den Kaffee!*

Starke Adj.dekl.: *Kalter Kaffee schmeckt nicht gut! Ich trinke kalten Kaffee!*

Eine Ausnahme stellt Sg. Gen. Mask./Neutr. dar; hier wird nicht die Artikel-endung -s, sondern wie bei der schwachen Deklination -n verwendet: *das Aroma des kalten Kaffees – das Aroma kalten Kaffees* (nicht: **kaltes Kaffees*).

Die starke Adjektivdeklination kommt also wegen des Prinzips der Monofle-xion vor allem bei einem fehlenden oder endungslosen (z. B. *Welch kalter Kaffee!*) Artikel(wort) vor.

Wenn bereits der Artikel bzw. das Artikelwort die vollen Deklinationskenn-zeichen trägt, wird das nachfolgende Adjektiv schwach dekliniert. Als schwache Endungen kommen nur -e bzw. -en in Frage. Ihre Verteilung ist folgendermaßen geregelt:

	Maskulinum	Femininum	Neutrum	Plural
Nominativ		-e		
Akkusativ				
Dativ		-en		
Genitiv				

Das Geheimnis meines großen Erfolgs (= Gen. Sg. Mask.) *verrate ich euch nicht!*
Ich liebe es, die italienischen Rezepte (= Akk. Pl. Neutr.) *nachzukochen.*
Ich kann es kaum erwarten, meine beste Freundin (= Akk. Sg. Fem.) *wiederzu-sehen.*

Man kann auch den Terminus **gemischte Adjektivdeklination** finden. Damit ist gemeint, dass das Adjektiv z. B. nach Possessivpronomen, indefinitem Artikel und *kein-* in einigen Fällen stark (nämlich wenn diese Wörter endungslos sind) und in anderen Fällen schwach (nämlich wenn diese Wörter eine Endung haben) dekli-niert wird.

Vergleichen Sie:

*Mein großes Haus liegt am Waldrand: mein_* (keine Endung) → *großes* (starke Adjektivdeklination) *Haus*
Meine großen Häuser liegen am Waldrand: meine (Endung) → *großen* (schwa-che Adjektivdeklination) *Häuser*

4. Bildung des Partizips

Das Partizip I wird gebildet aus dem Verbstamm + -end bzw. -nd (für Verben auf -ern und -eln): *lachen* → *lachend*, *rudern* → *rudernd*, *lächeln* → *lächelnd*.

Die Bildung des Partizips II ist komplexer. Vergleichen Sie die Partizipien II folgender Verben:

a) *lachen – gelacht*   e) *gehen – gegangen*
b) *betrachten – betrachtet*   f) *betrinken – betrunken*
c) *abspülen – abgespült*   g) *absteigen – abgestiegen*
d) *marschieren – marschiert*

Es gibt folgende **Regeln**:

- schwache (regelmäßige) Verben bilden das Partizip II auf (*ge-*) + -*t* (Beispiele a–d), starke (unregelmäßige) auf (*ge-*) + -*en* (Beispiele e–g)
- bei Verben mit (nicht trennbaren) Präfixen entfällt das *ge-* (Beispiele b und f)
- bei trennbaren Verbzusätzen steht das *ge-* im Wortinneren nach dem Verbzusatz (Beispiele c und g)
- Verben auf -*ieren* bilden das Partizip ohne *ge-* (Beispiel d)

5. Tempus

5.1 Bildung der Tempusformen

a) Synthetische Tempora

Im Deutschen kennen wir heute nur noch zwei „echte" synthetische, d.h. durch Veränderungen am Verb gewonnene Tempora: das Präsens und das Präteritum (Imperfekt).

- **Präsens**
Folgende Endungen werden für Indikativ Präsens an den Verbstamm angefügt:

1. Person Singular: -*e*   1. Person Plural: -*en*
2. Person Singular: -*st*   2. Person Plural: -*t*
3. Person Singular: -*t*   3. Person Plural: -*en*

> *lachen: ich lache, du lachst, er/sie/es lacht, wir lachen, ihr lacht, sie lachen.* Die Höflichkeitsform *Sie* wird wie die 3. Pers. Pl. gebildet: *Sie lachen.*

Es gibt allerdings ein paar **Besonderheiten**:

– Endet der Verbstamm auf -*d* oder -*t* wird in der 2., 3. Pers. Sg. und in der 2. Pers. Pl. ein *e* eingeschoben, z.B. *reden: du redest, er/sie/es redet, ihr redet* oder *arbeiten: du arbeitest, er/sie/es arbeitet, ihr arbeitet.* Auch bei manchen

Verben auf -*m* oder -*n* (wenn ein Konsonant außer *l/r* vorausgeht) wird ein *e* eingeschoben, z. B. *atmen: du atmest, er/sie/es atmet, ihr atmet.* Nicht jedoch: *filmen: *du filmest, lernen: *du lernest.*

- Endet der Verbstamm auf -*s* (-*ß*), -*x* oder -*z* entfällt in der 2. Pers. Sg. das *s*: z. B. *heißen: du heißt; mixen: du mixt; reizen: du reizt.*
- Es gibt eine größere Anzahl an unregelmäßigen („starken") Verben, die bereits im Präsens in der 2. und 3. Pers. Sg. eine Veränderung des Stammvokals aufweisen. Dieser Wechsel kann lauten: *a* > *ä*, z. B. *schlafen: ich schlafe, du schläfst, er/sie/es schläft, e* > *i*, z. B. *essen: ich esse, du isst, er/sie/es isst, o* > *ö*, z. B. *stoßen: ich stoße, du stößt, er/sie/es stößt* oder: *au* > *äu*, z. B. *laufen: ich laufe, du läufst, er/sie/es läuft.* Die Endungen allerdings unterscheiden sich nicht von den regelmäßigen („schwachen") Verben.

▪ **Präteritum**

Das Präteritum der **schwachen Verben** unterscheidet sich vom Präsens nur durch ein -*t*- zwischen Stamm und Endung; in der 2. Pers. Sg. und Pl. wird ein *e* eingeschoben. Ein Sonderfall ist die 3. Pers. Sg.: Sie endet im Präteritum auf -*e* und ist damit identisch mit der 1. Pers. Sg.

1. Person Singular: -*te*	1. Person Plural: -*ten*
2. Person Singular: -*test*	2. Person Plural: -*tet*
3. Person Singular: -*te*	3. Person Plural: -*ten*

lachen: ich lachte, du lachtest, er/sie/es lachte, wir lachten, ihr lachtet, sie/Sie lachten.

Die im Präsens beschriebenen Besonderheiten bei Verbstämmen auf -*d*, -*t*, -*m* oder -*n* treten auch im Präteritum auf (nun in allen Personen), z. B. *arbeiten: ich arbeitete, du arbeitetest* etc.

Starke Verben ändern im Präteritum ihren Stammvokal (z. B. *schwimmen – schwamm*), in selteneren Fällen sogar den ganzen Stamm (*gehen – ging; sein – war*). Ihre Endungen entsprechen im Wesentlichen denen des Präsens, lediglich die 1. und 3. Pers. Sg. ist endungslos:

1. Person Singular: -ø	1. Person Plural: -*en*
2. Person Singular: -*st*	2. Person Plural: -*t*
3. Person Singular: -ø	3. Person Plural: -*en*

singen: ich sang, du sangst, er/sie/es sang, wir sangen, ihr sangt, sie/Sie sangen.

Auch die unregelmäßigen Verben auf -*d*, -*t*, -*m* oder -*n* fügen (in der 2. Pers. Sg. und Pl.) ein *e* zwischen Stamm und Endung ein: z. B. *bieten: ich bot, du botest, er/ sie/es bot, wir boten, ihr botet, sie/Sie boten.*

Einen Sonderfall bilden die wenigen **Mischverben** im Deutschen, die aufgrund sprachgeschichtlicher Entwicklungen einen Stammvokalwechsel im Präteritum haben, aber dennoch regelmäßig flektiert werden, vgl. *brennen – brannte, nennen – nannte* auch: *denken – dachte.*

Manche Verben weisen sowohl eine unregelmäßige als auch eine regelmäßige Form auf, wobei vor allem in der gesprochenen Sprache eher die regelmäßigen Formen verwendet werden:

gären – gärte – gegärt	vs.	*gären – gor – gegoren*
backen – backte – gebackt	vs.	*backen – buk – gebacken*
saugen – saugte – gesaugt	vs.	*saugen – sog – gesogen*

In manchen Fällen herrscht allerdings zwischen dem starken und dem schwachen Verb ein Bedeutungsunterschied, d. h., die beiden Verben sind homonym (vgl. Kap. VI. 7.2 Homonymie):

schaffen:
Der Künstler schuf ein neues Kunstwerk (= ,kreativ, schöpferisch gestalten').
Wir schafften unsere Aufgaben nicht (= ,erledigen').
wiegen:
Der Verkäufer wog die Äpfel (= ,Gewicht feststellen').
Die Mutter wiegte ihr Baby (= ,hin- und herbewegen').

b) Analytische Tempora

Alle weiteren Tempora sind zusammengesetzt, d. h., sie werden mittels Hilfsverben + Partizip II bzw. Infinitiv gebildet.

▪ Perfekt

Das Perfekt wird durch das Präsens der Hilfsverben *haben* oder *sein* + Partizip II gebildet.

Als Faustregel gilt, dass das Perfekt von Verben, die eine Bewegung von oder zu einem Ort oder eine (Bewusstseins-)Veränderung bezeichnen, mit *sein* gebildet wird: *ich bin gerannt, ich bin aufgewacht,* etc. Dazu kommen außerdem die Verben *werden, bleiben* und *passieren: ich bin (Lehrer) gewesen, ich bin (zu Hause) geblieben, (ein Unfall) ist passiert.* Für alle anderen Verben wird das Hilfsverb *haben* verwendet: *ich habe gelacht, ich habe gesungen, ich habe getanzt,* etc.

- **Plusquamperfekt**

Das Plusquamperfekt wird durch das Präteritum der Hilfsverben *haben* oder *sein* + Partizip II gebildet. Zur Verwendung von *haben* oder *sein* vgl. die Regeln beim Perfekt. Bsp.: *ich war gerannt, ich war aufgewacht, ich war (Lehrer) gewesen, (...) ich hatte gelacht, ich hatte gesungen, ich hatte getanzt*, etc.

- **Futur I**

Das Futur I wird durch das Präsens des Hilfsverbs *werden* + Infinitiv gebildet, z. B. *ich werde singen, ich werde (ins Kino) gehen, es wird (etwas Schreckliches) passieren*, etc.

- **Futur II**

Das Futur II wird durch das Präsens des Hilfsverbs *werden* + Infinitiv Perfekt (= *haben* oder *sein* + Partizip II) gebildet, z. B. *ich werde gesungen haben, ich werde (ins Kino) gegangen sein, es wird (etwas Schreckliches) geschehen sein*, etc.

5.2 Gebrauch der Tempora

Die Bezeichnungen der (synthetischen und analytischen) Tempora beruhen auf der lateinischen Terminologie. Sie geben allerdings nicht immer korrekt Auskunft über die Bedeutung der Tempora, die sich nämlich im Deutschen vom Lateinischen unterscheidet. Wir müssen also zwischen der **grammatischen Form** (Präsens, Präteritum, Perfekt etc.) und der **Bedeutung** (Zukunft, Vorvergangenheit etc.) unterscheiden: Die verschiedenen Tempora können bestimmte Zeitstufen in Bezug zum Sprechzeitpunkt ausdrücken, die sich nicht aus dem Terminus ableiten lassen; so wird das Präsens z. B. nicht nur zur Bezeichnung des Gegenwärtigen verwendet (s. u.). Der Gebrauch der Tempora ist sehr facettenreich. Es sollen im Folgenden nur die Hauptverwendungen dargestellt werden.

a) Präsens

Das Präsens kann das **Gegenwärtige** oder **Zukünftige** (dann unter Verwendung von Zeitangaben) bezeichnen: *Ich gehe ins Kino* (Gegenwart). *Ich gehe morgen ins Kino* (Zukunft).

Allgemein gültige Aussagen oder **Sprichwörter** stehen ebenfalls im Präsens: *Wasser gefriert bei 0 °C. Morgenstund' hat Gold im Mund.*

Es gibt auch die Möglichkeit, Vergangenes durch das **(historische) Präsens** zu bezeichnen, z. B. *146 v. Chr.: Rom erobert Griechenland.* In der Literatur finden sich außerdem zwei spezifische Präsensverwendungen. Beim **epischen Präsens** wird für die Erzählhandlung durchgehend das Präsens gebraucht: *Es ist fünf Mi-*

nuten nach vier. Pinneberg hat das eben festgestellt. Er steht, *ein nett aussehender, blonder junger Mann, vor dem Haus Rothenbaumstraße 24 und* wartet (Anfang des Romans „Kleiner Mann – was nun?" von Hans Fallada). Das **szenische Präsens** dagegen wird lediglich an bestimmten Stellen verwendet, um die Spannung zu steigern: *Zu St. Omer im nördlichen Frankreich ereignete sich im Jahre 1803 ein merkwürdiger Vorfall. Daselbst fiel ein großer toller Hund, der schon mehrere Menschen beschädigt hatte, über zwei, unter einer Haustür spielende, Kinder her. Eben* zerreißt *er das jüngste, das sich, unter seinen Klauen, im Blute* wälzt; *da* erscheint, *aus einer Nebenstraße, mit einem Eimer Wasser, den sie auf dem Kopf* trägt, *die Mutter* (aus: „Mutterliebe" von Heinrich von Kleist).

b) Präteritum

Das Präteritum wird vor allem im **schriftlichen Deutsch** als **Erzähl- bzw. Berichtmodus** für ein abgeschlossenes Geschehen in der Vergangenheit verwendet. Die Handlung ist zum Sprechzeitpunkt bereits vergangen: *Gestern* besuchte *Hans einen Schulkameraden. Sie* unterhielten *sich lange über die guten alten Zeiten.*

c) Perfekt

Im **mündlichen Sprachgebrauch** (besonders in Süddeutschland, aber auch in Österreich und in der Schweiz) steht als **Erzähl- bzw. Berichtmodus** für ein abgeschlossenes Geschehen gewöhnlich das Perfekt: *Gestern habe ich einen Schulkameraden besucht. Wir haben uns lange über die guten alten Zeiten unterhalten.*

Das Perfekt steht auch, um **Vorzeitigkeit** in Bezug auf eine Äußerung im Präsens auszudrücken: *Weil Peter gestern viel* gefeiert hat, *ist er heute sehr müde.* Wenn das **Ergebnis** oder die **Folge** eines Geschehens zum Sprechzeitpunkt noch relevant ist, wird ebenfalls Perfekt verwendet: *Es hat geregnet (, denn die Straßen sind noch nass). Peter hat sich das Bein gebrochen (und trägt jetzt einen Gips).*

Auch mit Bezug auf **Zukünftiges** kann das Perfekt eingesetzt werden: *Morgen* hat *Peter endlich sein Staatsexamen hinter sich* gebracht.

d) Plusquamperfekt

Das Plusquamperfekt wird für **Vorzeitigkeit** (Vorvergangenheit) verwendet, d. h. wenn man etwas ausdrücken will, was vor der Handlung im Perfekt oder Präteritum geschehen ist: *Peter, der schon vor einigen Jahren seinen Studiengang* gewechselt hatte, *strengte sich in den Klausuren immer sehr an, aber so viel wie auf das Staatsexamen in Sprachwissenschaft* hatte *er noch nie* gelernt.

e) Futur I

Wird das Futur I für **Zukünftiges** verwendet, hat es den Charakter einer **Ankündigung oder Voraussage:** *Sein Sohn <u>wird</u> später einmal die Firma <u>übernehmen.</u>*
Wie das Präsens kann sich das Futur I aber auf die **Gegenwart,** genauer, auf ein Geschehen beziehen, das zum Sprechzeitpunkt noch oder schon aktuell ist. Dann wird aber meistens eine **Vermutung** (modale Komponente) ausgedrückt: *Der Leser <u>wird</u> sich <u>fragen</u>, warum wir über die Bedeutung von Tempusformen sprechen.* (= *Ich vermute, dass sich der Leser (gerade jetzt) fragt, …*).

f) Futur II

Als **Zukunftstempus** bezieht sich das Futur II auf einen Zeitpunkt in der Zukunft, in dem eine Handlung zum Abschluss kommt: *In drei Monaten <u>werde</u> ich meine Zulassungsarbeit <u>abgeschlossen haben</u>.*
Das Futur II dient aber häufiger als **Vergangenheitstempus** und hat in dieser Verwendung ebenfalls eine modale Komponente der Vermutung: *Über das Geschenk <u>wird</u> sich deine Oma bestimmt <u>gefreut haben</u>* (= *Ich vermute, dass sich deine Oma über das Geschenk gefreut hat*).

Um die Bedeutung der einzelnen Tempora in ihren zeitlichen Relationen zu beschreiben wird gerne auf ein dreigliedriges Modell zurückgegriffen: Die **Aktzeit** (Ereigniszeit) ist die vom sprechenden Menschen unabhängige objektivreale Zeit. Sie bezeichnet den Zeitpunkt eines Geschehens (*800 n. Chr. wurde Karl der Große zum Kaiser gekrönt* – die Aktzeit ist *800 n. Chr.*). Die **Sprechzeit** ist die Zeit, in der eine Äußerung tatsächlich getätigt wird. Die Aktzeit kann vor (= Vergangenheit/Vorzeitigkeit), während (= Gegenwart/Gleichzeitigkeit), nach (= Zukunft/Nachzeitigkeit) der Sprechzeit liegen oder auch unabhängig von ihr sein (= Allgemeingültiges). Als dritte Kategorie ist noch die **Betrachtzeit** zu nennen, die die Perspektive des verbalen Aktes durch den Sprecher berücksichtigt und den Zeitpunkt meint, von dem aus ein Ereignis betrachtet wird. Die Betrachtzeit fällt in den meisten Fällen entweder mit der Akt- oder Sprechzeit zusammen (siehe Bsp. unten), ist aber z. B. nötig, um Sätze wie *In drei Monaten habe ich meine Zulassungsarbeit abgeschlossen.* erklären zu können. Die Sprechzeit ist hier „jetzt/heute" (z. B. 1. Januar), die Betrachtzeit jedoch *in drei Monaten* (also z. B. der 1. April). Die Aktzeit, also der Zeitraum, in dem die Arbeit zum Abschluss kommt, liegt zwischen dem 1. Januar und dem 1. April (= Sprechzeit vor Aktzeit/Aktzeit vor Betrachtzeit). Im Regelfall ist es nicht nötig, auf die Betrachtzeit einzugehen, da sie meist entweder mit der Akt- oder mit der Sprechzeit zusammenfällt.

Weitere Beispiele:

Aktzeit = Sprechzeit: *Die Studenten sitzen (gerade) in der Vorlesung.*
Aktzeit nach Sprechzeit: *In einem Monat fliege ich nach Paris.*
Aktzeit vor Sprechzeit: *Der Zweite Weltkrieg war (1939) ausgebrochen.*

6. Modus

Das Deutsche verfügt über drei unterschiedliche Modi: Indikativ, Konjunktiv
(I + II) und Imperativ. Der Indikativ ist der unmarkierte, „neutrale" Modus, der
normalerweise verwendet wird und deshalb auch als „Normalmodus" bezeichnet
wird. Die im Indikativ gegebenen Informationen werden hierbei in sachlicher
Darstellung als gegeben dargestellt und ohne Bedenken anerkannt. Der Indikativ
kann allerdings durch verschiedene Mittel **modal gefärbt** werden und damit eine
Sprechereinstellung ausdrücken:

- modale Adverbien: *sicherlich, vielleicht*
- modale Wortgruppen: *meiner Meinung nach*
- bestimmte Verben im übergeordneten Satz: *ich vermute, dass …*
- Modalverben: *müssen, können*
- modal gefärbte Tempusformen (s. o.): *das wird schon richtig sein*
- besondere Betonung: *Du bleibst hier! Du wirst mit uns kommen!*

Die im vorangegangenen Kapitel beschriebenen Tempusformen wurden alle im
Indikativ beschrieben, weshalb an dieser Stelle nur auf die markierten Modi Konjunktiv und Imperativ eingegangen werden soll.

6.1 Bildung der Modusformen

a) Konjunktiv I

Der Konjunktiv I – auch Konjunktiv Präsens genannt – zeichnet sich dadurch aus,
dass in allen Endungen ein *e* auftritt. Dadurch ergeben sich allerdings nur für die
2., 3. Pers. Sg. und für die 2. Pers. Pl. neue Endungen. Vergleichen Sie die Endungen im Indikativ und im Konjunktiv I:

Indikativ:	Konjunktiv I:
ich lach-e	*ich lach-e*
du lach-st	*du lach-**est***
er/sie/es lach-t	*er/sie/es lach-**e***
wir lach-en	*wir lach-en*

ihr lach-t   *ihr lach-et*
sie/Sie lach-en   *sie/Sie lach-en*

Bei Verbstämmen auf -*d* oder -*t* sind bis auf die 3. Pers. Sg. alle Formen des Konjunktivs mit denen des Indikativs identisch (vgl. auch Kap. III. 5.1 Bildung der Tempusformen), z. B. *ich arbeite, du arbeitest, er/sie/es arbeite, wir arbeiten, ihr arbeitet, sie arbeiten.*
Unregelmäßige Verben, die im Präsens in der 2./3. Pers. Sg. einen Vokalwechsel aufweisen (vgl. Kap. III. 5.1 Bildung der Tempusformen), zeigen diese Besonderheit im Konjunktiv I nicht. Es heißt also *du schläfst, er/sie/es schläft* im Indikativ, aber *du schlafest, er/sie/es schlafe* im Konjunktiv I.

> In allen Fällen, in denen der Konjunktiv I mit dem Indikativ identisch ist, wird als Ersatzform der Konjunktiv II verwendet.

b) Konjunktiv II

Bei den regelmäßigen Verben stimmen die Formen des Konjunktivs II (Konjunktiv Präteritum) mit denen des Präteritums überein (vgl. Kap. III. 5.1 Bildung der Tempusformen): *ich lachte, du lachtest, er/sie/es lachte* usw. Die Endungen des Konjunktivs II der unregelmäßigen Verben stimmen mit denen des Konjunktivs I überein, werden nun aber an den Präteritumstamm angehängt. Auch bei den Konjunktiv-II-Formen sind einige mit denen des Indikativs (Präteritum) identisch:

Indikativ:	Konjunktiv II:
ich ging-ø	*ich ging-e*
du ging-st	*du ging-est*
er/sie/es ging-ø	*er/sie/es ging-e*
wir ging-en	*wir ging-en*
ihr ging-t	*ihr ging-et*
sie/Sie ging-en	*sie/Sie ging-en*

Unregelmäßige Verben mit umlautfähigem Stammvokal (*a, o* und *u*) im Präteritum zeigen im Konjunktiv II den Umlaut, z. B. *ich bot* (Ind.) – *ich böte* (Konjunktiv II) oder *ich schwamm* (Ind.) – *ich schwämme* (Konjunktiv II). In wenigen Sonderfällen wird ein anderer (historisch begründeter) Vokal umgelautet: *Ich half* (Ind.) – *ich hülfe* (Konjunktiv II) oder *ich stand* (Ind.) – *ich stünde* (Konjunktiv II).
Als Ersatzform für den Konjunktiv II ist prinzipiell die Umschreibung mit *würde* + Infinitiv möglich.

c) Imperativ

Aufgrund seiner Funktion (vgl. Kap. III. 6.2 Gebrauch der Modi) verfügt der Imperativ nur über Formen für die 2. Pers. Sg. und Pl. im Präsens.

Es gibt drei Imperativformen: *Du*-Imperativ (2. Pers. Sg.), *Sie*-Imperativ (2. Pers. Sg. oder Pl.) und *Ihr*-Imperativ (2. Pers. Pl.). Das Besondere am Imperativ ist, dass er nicht in unterschiedliche Tempora gesetzt werden kann, sondern stets Präsens ist.

- **Du-Imperativ**

  Der *Du*-Imperativ zeichnet sich durch spezifische Konjugationsformen aus.

  Die Formen werden von der 2. Pers. Sg. Präs. abgeleitet, wobei die Endung *-st* wegfällt: *du fragst – frag!, du kommst – komm!,* usw.

  Bei unregelmäßigen Verben, die im Präsens einen Stammvokalwechsel haben (vgl. Kap. III. 5.1 Bildung der Tempusformen) fallen nur diejenigen mit Umlaut aus der Reihe: Der Umlaut wird im Imperativ getilgt. Es heißt folglich *laufen – du läufst – lauf!* Dagegen: *nehmen – du nimmst – nimm!*

  Die Hilfsverben *haben, sein* und *werden* haben Sonderformen (= Verbstämme des Infinitivs): *du hast – hab, du bist – sei, du wirst – werde.*

  Bei vielen Verben sind Imperativformen mit und ohne *-e* möglich (z.B. *Erhol(e) dich gut!*). Obligatorisch steht ein *-e* bei den Verbstämmen auf *-t, -d* und *-ig*, z.B. *du arbeitest – arbeite!, du leidest – leide!, du entschuldigst – entschuldige!* Außerdem kommt es aus Gründen der Ausspracheerleichterung bei weiteren Verben vor, z.B. *du öffnest – öffne!, du rechnest – rechne!*

- **Sie-Imperativ**

  Die Imperativformen sind mit denen der 3. Pers. Pl. Präs. Konj. identisch. Der Imperativ wird allein durch die Stellung des finiten Verbs in der ersten Position im Satz ausgedrückt: *Seien Sie still! – Lesen Sie ein Buch!*

- **Ihr-Imperativ**

  Die Imperativform ist mit der Indikativform identisch. Der Imperativ zeichnet sich durch das Fehlen des Personalpronomens aus: *Ihr lest ein Buch.* (Ind.) *– Lest ein Buch!* (Imp.).

Wir wissen bereits, dass bei Verben mit trennbarem Verbzusatz dieser in Kernsatzstellung (Präsens und Präteritum) getrennt vom Verbstamm steht (vgl. Kap. I. 4.1 Prädikatsteile). Dies gilt auch für alle Imperativformen: *Du kaufst heute ein. – Kauf heute ein! Sie kommen um 10 Uhr an. – Kommen Sie um 10 Uhr an! Ihr schaut heute nicht fern. – Schaut heute nicht fern!*

6.2 Gebrauch der Modi

a) Der Gebrauch des Konjunktivs I

Der Konjunktiv I wird auch „Konjunktiv der indirekten Rede" oder „Konjunktiv der fremden Meinung" genannt. Damit ist die Hauptfunktion des Konjunktivs I auch schon benannt: Er wird fast ausschließlich für die indirekte Rede verwendet.

Direkte Rede	Indirekte Rede
a) *Peter sagt: „Ich werde nach der Uni ins Kino gehen. Wollt ihr mitkommen?"*	*Peter sagte, dass er nach der Uni ins Kino gehen werde. Er fragte, ob wir/sie mitkommen wollten.*
b) *Der Professor: „Die Valenzgrammatik wird von manchen Wissenschaftlern abgelehnt."*	*Der Professor sagte, dass die Valenzgrammatik von manchen Wissenschaftlern abgelehnt werde.*
c) *Ein Politiker (am Montag): „Morgen werden wir das Gesetz verabschieden."*	*Ein Politiker sagte am Montag, dass sie heute (Dienstag) das Gesetz verabschieden würden.*
d) *Angelika: „Ich werde alle meine Prüfungen schaffen!"*	*Angelika sagte, dass sie alle ihre Prüfungen schaffen werde.*
e) *Der Lehrer: „Das war ein schlimmer Fehler!"*	*Der Lehrer sagte, dass das ein schlimmer Fehler gewesen sei.*
f) *Martin: „Ich bat sie erst um Verzeihung, nachdem ich meine ganze Wut heruntergeschluckt hatte."*	*Martin sagte, dass er sie erst um Verzeihung gebeten habe, nachdem er seine ganze Wut heruntergeschluckt habe.*
g) *Eva: „Ich hätte gerne eine Tasse Tee."*	*Eva sagte, dass sie gerne eine Tasse Tee hätte.*

Einige Regeln zum Transfer in die indirekte Rede

- Die Pronomen (v. a. Personal- und Possessivpronomen) müssen sinnvoll geändert werden. Achten Sie darauf, wer zu wem spricht und wer die Rede gegebenenfalls wiedergibt, vgl. Beispiel a) c) d).
- Orts- und Zeitangaben müssen sinngemäß geändert werden, vgl. Beispiel c).
- In den Fällen, in denen der Konjunktiv I mit dem Indikativ Präsens identisch ist, wird auf den Konjunktiv II ausgewichen, vgl. Beispiel c).
- Fragen werden in eine indirekte Frage umgewandelt, vgl. Beispiel a).
- Zum Ausdruck der Vergangenheit stehen nur die Formen des Konjunktivs Perfekt (*haben* oder *sein* im Konjunktiv I + Partizip II) zur Verfügung, vgl. Beispiel e) f).
- Zum Ausdruck der Zukunft dient Konjunktiv Futur I (*werden* im Konjunktiv I + Infinitiv), vgl. Beispiel a) d).
- Konjunktiv II bleibt auch in der indirekten Rede erhalten, vgl. Beispiel g).

Der Konjunktiv I ist aber (heute) in der indirekten Rede nicht (mehr) zwingend: Es gibt eine gewisse Freiheit bezüglich der Moduswahl und es wird etwa gerne auf den Konjunktiv verzichtet, wenn bereits durch andere Mittel eine indirekte Rede-wiedergabe gekennzeichnet ist, z. B. durch die Nebensatzform:

> *Petra hat mir erzählt, dass sie ein interessantes Buch gelesen hat (habe/hätte).*

Man findet den Konjunktiv I auch noch in fachsprachlichen Kontexten, z. B. bei Anleitungen: *Man verrühre 100 g Zucker mit einem Ei.* oder *Man nehme täglich morgens eine Tablette auf nüchternen Magen.*

b) Der Gebrauch des Konjunktivs II

Der Gebrauch des Konjunktivs II ist vielfältiger als der des Konjunktivs I. Im Folgenden werden die wichtigsten Verwendungen genannt.

- **Höfliche Bitte/Aufforderung**: *Könnten Sie mir bitte die Butter reichen? Würde es Ihnen etwas ausmachen, wenn ich das Fenster öffne?*
- **Nichteintritt von etwas Erwartetem** (mit *beinahe/fast*): *Beinahe hätte er den Bus verpasst.*
- **Irreale Wunschsätze** (mit/ohne *wenn*): *Wenn doch dieses langweilige Referat endlich vorbei wäre!/Wäre dieses langweilige Referat doch endlich vorbei!*
- **Irreale Konditionalsätze**: *Wenn ich genug Geld hätte, reiste ich um die Welt* (oder: *würde … reisen*).
- **Irreale Vergleichssätze** (mit *als, als ob, als wenn* oder *wie wenn*): *Der Student schaute den Dozenten an, als ob er nur „Bahnhof" verstünde* (oder: *verstanden hätte*).
- **Irreale Konsekutivsätze:** *Peter hat Inge viel zu gern, als dass er sie verletzen könnte.*

Aus den Beispielen kann man erkennen, dass der Konjunktiv II besonders häufig in Bezug auf irreale (nicht eingetretene/eintretende) Situationen/Sachverhalte verwendet wird. Er wird deshalb auch „Konjunktiv irrealis" oder „Konjunktiv der Nichtwirklichkeit" genannt.

Gerüchte in Bezug auf den Konjunktivgebrauch

Da der Konjunktivgebrauch auch bei Muttersprachlern nicht so gut durch das Sprachgefühl geregelt ist, hört man in Bezug auf den Gebrauch des Konjunktivs I und II manchmal „falsche Regeln", die im Folgenden berichtigt werden sollen:

- Es ist unwichtig, ob der übergeordnete Satz (*Er sagt/e, dass …*) im Präsens oder im Präteritum/Perfekt usw. steht. Es wird nicht automatisch der Konjunktiv II verwendet, wenn das Verb des Sagens in der Vergangenheit steht!

„Ich habe Durst!" → *Er sagt, er habe Durst.* Ebenso: *Er sagte, er habe Durst.*
(nicht: *hätte*)

- Es ist nicht wichtig, ob eine Handlung für den Sprecher der Originalrede bereits Vergangenheit ist: *Er sagt (am Montag): „Gestern habe ich ein spannendes Buch gelesen"* → *Er sagte am Montag, er habe* (nicht: *hätte*) *am Sonntag ein spannendes Buch gelesen.*

c) Der Gebrauch des Imperativs

Der Imperativ wird gebraucht, um einen Befehl (*Schweig!*), eine Bitte (*Komm bitte nach Hause!*) oder einen Vorschlag (*Lies doch mal etwas von Robert Schneider!*) auszudrücken.

7. Übungen

1 Bestimmen Sie im folgenden Text die unterstrichenen Formen hinsichtlich ihrer Flexion!
Gäbe es ein Guinnessbuch der Literatur, Pelham Grenville Wodehouse wäre ein Kandidat für jede Menge Einträge. Sowohl seine Bescheidenheit als auch seine Naivität sind rekordverdächtig, und so produktiv wie er waren auch nicht viele Kollegen. Wodehouse-Werke, befand sein amerikanischer Lektor, seien so zahlreich wie die blühenden Gärten Englands, eines Paradieses übrigens, von dem manche glaubten, P.G. Wodehouse allein habe es erfunden und in schöner Ausschließlichkeit mit tumben Junggesellen, arroganten Butlern, giftigen Tanten und hingebungsvollen Golfspielern bevölkert. (…) 1902 erschien sein erster Roman, 1975 verstarb er über seinem siebzigsten – im 94. Jahr. Genaue Zahlen lassen sich mittlerweile einer achtbändigen Wodehouse-Konkordanz entnehmen, die etwa 2000 Charaktere verzeichnet; nicht weniger als 36 von ihnen gehen angeblich dem schönen Beruf des Butlers nach. (…) (Wieland Freund: Sündenfall? Welcher Sündenfall? Endlich auch auf deutsch komisch: P. G. Wodehouse. Die Welt, 04.01.2005)
2 Welcher Pluraltyp liegt in den folgenden Wörtern jeweils vor? Erklären Sie die Plurale, wenn möglich, durch Regeln.
der PKW, das Päuschen, der Kuchen, die Sonne, der Kunde, das Kino, das Korn, der Anfang, der Spieler
3 Bestimmen Sie bei allen Adjektivendungen des folgenden Textes, ob es sich um eine starke oder schwache Endung handelt und begründen Sie Ihre Entscheidung! Geben Sie außerdem Kasus, Numerus und Genus an!

In Front des schon seit Kurfürst Georg Wilhelm von der Familie von Briest bewohnten Herrenhauses zu Hohen-Cremmen fiel heller Sonnenschein auf die mittagsstille Dorfstraße, während nach der Park- und Gartenseite hin ein recht-winklig angebauter Seitenflügel einen breiten Schatten erst auf einen weiß und grün quadrierten Fliesengang und dann über diesen hinaus auf ein großes (...) Rondell warf. (Theodor Fontane: „Effi Briest", Romanbeginn)

4 Suchen Sie aus dem folgenden Text alle Partizip-II-Formen heraus und erläu-tern Sie die jeweiligen Bildungen anhand der Regeln.

In St. Jago, der Hauptstadt des Königreichs Chili, stand gerade in dem Augen-blicke der großen Erderschütterung vom Jahre 1647, bei welcher viele tausend Menschen ihren Untergang fanden, ein junger, auf ein Verbrechen angeklagter Spanier, namens Jeronimo Rugera, an einem Pfeiler des Gefängnisses, in welches man ihn eingesperrt hatte, und wollte sich erhenken. Don Henrico Asteron, einer der reichsten Edelleute der Stadt, hatte ihn ungefähr ein Jahr zuvor aus seinem Hause, wo er als Lehrer angestellt war, entfernt, weil er sich mit Donna Josephe, seiner einzigen Tochter, in einem zärtlichen Einverständnis befunden hatte. Eine geheime Bestellung, die dem alten Don, nachdem er die Tochter nachdrücklich ge-warnt hatte, durch die hämische Aufmerksamkeit seines stolzen Sohnes verraten worden war, entrüstete ihn dergestalt, daß er sie in dem Karmeliterkloster unsrer lieben Frauen vom Berge daselbst unterbrachte. (Heinrich von Kleist: „Das Erd-beben in Chili", Beginn der Erzählung)

5 Stellen Sie in den folgenden Sätzen das Verhältnis zwischen Akt- und Sprech-zeit (gegebenenfalls Betrachtzeit) dar!

a) *In zwei Tagen werden die Studenten ihr Examen schreiben.*

b) *Vor zwei Tagen haben die Studenten ihr Examen geschrieben.*

c) *Jetzt schreiben die Studenten ihr Examen.*

d) *Seit zwei Monaten lernen die Studenten auf ihr Examen.*

6 Setzen Sie die direkte Rede in eine indirekte!

Der Bundesverkehrsminister sagt: „Wir können stolz sein auf unseren Erfolg. Das neue LKW-Mautsystem funktioniert in einem Probelauf reibungslos. Ich bin froh, dass sich alle negativen Prognosen zu seinem Start nun doch nicht bewahrhei-tet haben. Auch wenn es anfangs Probleme gab, würde ich jederzeit wieder für ein solches elektronisches System stimmen. Die Bürger werden sehen, dass diese Neuerung viel Geld einbringen wird, das in eine Verbesserung der Infrastruktur investiert werden kann."

8. Quellen und weiterführende Literatur

Bergmann, Rolf/Pauly, Peter: Neuhochdeutsch. Arbeitsbuch zur Grammatik der deutschen Gegenwartssprache. 4., erw. Aufl. bearb. von Rolf Bergmann und Claudine Moulin-Fankhänel. Göttingen 1992, Kap. IV. Die Nominalsyntagmen und V. 1. Die Tempusformen und ihre Bedeutung, V. 2. Modale Einordnung durch die Modusformen des Verbs, S. 68–111. *Als weitere Lektüre zur Flexion empfohlen. Enthält auch sprachhistorische Betrachtungen. Auch die Kapitel zu Tempus und Modalität sind lesenswert und gut verständlich.*

Duden. Die Grammatik. Unentbehrlich für richtiges Deutsch. 7., völlig neu erarb. und erw. Aufl. Hrsg. von der Dudenredaktion. Mannheim 2005. Kap. Das Wort, 1.4.3 Die Bildung der Pluralformen, S. 182–194, 3.5 Die flektierten Formen des Adjektivs, S. 368–372, 4.1.5 Bedeutung und Gebrauch der Tempus-Modus-Formen, S. 503–550. *Zum Nachschlagen empfohlen.*

Eisenberg, Peter: Grundriss der deutschen Grammatik. Band 1: Das Wort. 3., durchges. Aufl. Stuttgart 2006, Kap. 5. Flexion, S. 150–208. *Es gibt Aufgaben mit Lösungen.*

Helbig, Gerhard/Buscha, Joachim: Deutsche Grammatik. Ein Handbuch für den Ausländerunterricht. Berlin u. a. 2007. Kap. Die einzelnen Wortklassen, S. 23–443. *Zur kritischen Durchsicht empfohlen.*

Weitere Darstellungen in den Grammatiken von Engel, Erben oder Weinrich (siehe Quellen und weiterführende Literatur im Kapitel I. Syntax).

IV. Wortbildung

Morphologie (griech. *morfē* ‚Form, Gestalt') bedeutet Formenlehre. In der Sprachwissenschaft ist damit die Lehre von der Form und dem Aufbau von Wörtern gemeint. Die Morphologie untersucht die Struktur von Wörtern, indem sie deren Bestandteile ermittelt und beschreibt. Das Hauptaugenmerk liegt dabei auf der Analyse von komplexen Wörtern, also von Wörtern, die aus mehreren bedeutungstragenden Einheiten bestehen. Die Morphologie umfasst zwei Hauptgebiete, nämlich die Flexion und die Wortbildung. Bei der Flexion (vgl. Kap. III) geht es um die unterschiedlichen Formen eines Wortes, die u. a. durch den syntaktischen Kontext vorgegeben sein können, z. B. muss in dem Satz *Die Krawatte des Professors sitzt schief. Professor* im Genitiv stehen.

Dagegen beschäftigt sich die Wortbildung mit der Bildung neuer Wörter und deren Struktur, untersucht die Regeln, nach denen Wörter gebildet werden, und ordnet sie verschiedenen Wortbildungstypen zu.

Besonders in komplexen Wörtern konkreter Texte findet man sowohl Aspekte der Wortbildung als auch der Flexion. Sie müssen streng voneinander getrennt behandelt werden, da durch die Flexion lediglich grammatische Varianten desselben Wortes ohne lexikalische Bedeutungsänderung entstehen, während die Wortbildung eine Bedeutungsveränderung (oft mit Wortartwechsel) hervorbringt.

1. Grundbegriffe: Morph – Morphem – Allomorph

a) Morph

Zerlegung

Morphe sind Elemente, die man durch die Segmentierung von Sätzen und Wörtern bzw. Aussagen gewonnen hat, die aber noch nicht klassifiziert sind. Es handelt sich dabei um konkrete Realisierungen/Vorkommen eines Morphems. Morphe können also unzählige Male auftreten.

> *Schule*
> *Die Kinder gehen in die <u>Schule</u>. In der <u>Schule</u> lernen sie das Einmaleins.*

In diesen Sätzen kommt zwei Mal *Schule* vor; es handelt sich um zwei Morphe, denn *Schule* lässt sich semantisch nicht weiter segmentieren. Beide Morphe gehören zum (abstrakten) Morphem {Schule}.

b) Morphem

Morpheme sind die kleinsten sprachlichen Zeichen (vgl. Kap. V. 1. Eigenschaften sprachlicher Zeichen: Arbitrarität und Konventionalität), also die kleinsten bedeutungtragenden Einheiten der Sprache. Sie lassen sich semantisch nicht weiter zerlegen, z. B. *auf, geh-, Tür, un-*. Diese unterschiedlichen Beispiele werden wir später noch genauer klassifizieren. Es handelt sich bei den Morphemen um abstrakte Einheiten. So gibt es jedes Morphem nur ein einziges Mal – im Gegensatz zu den Morphen, durch die die Morpheme in konkreten Äußerungen/Sätzen repräsentiert werden.

✎ Morpheme werden in geschweifte Klammern { } geschrieben.

c) Allomorph

Ein Morphem kann in einer äußerlich abgewandelten Form auftreten. Dann handelt es sich um ein Allomorph (griech. ,andere Gestalt'). Allomorphe sind Varianten eines Morphems, d. h., sie unterscheiden sich in der äußeren Gestalt, nicht aber in ihrer Bedeutung, z. B. *Schul* (in *Schultasche*) ist Allomorph zum Morphem {Schule}, *Wäld* (in *Wäldchen* oder *Wälder*) ist Allomorph zum Morphem {Wald}. Auch Fälle wie *kam* als Präteritum zum Verbstamm {komm-} sind für uns Allomorphe.

Außerdem zählen wir hierzu z. B. die unterschiedlichen, sich in der Distribution (= Verteilung/Vorkommen) ausschließenden Allomorphe zur Repräsentation des Pluralmorphems:

Die Bedeutung ,Plural Femininum' wird z. B. durch verschiedene Morphe zum Ausdruck gebracht: *-en* (*Haustür-en*), Umlaut + *-e* (*Händ-e*), *-n* (*Gabe-n*), *-s* (*Mutti-s*), Umlaut + Ø (*Mütter*). Die Morphe erscheinen nur in einer bestimmten Umgebung und können nicht gegenseitig ausgetauscht werden, z. B. kann nicht das *-n* von *Gaben* an *Mutti* zum Ausdruck des Plurals angehängt werden. Da die Bedeutung in allen Fällen gleich bleibt, handelt es sich um Allomorphe zum gleichen Morphem (Pluralmorphem des Nom. Fem.).

Wenn Flexionsformen ohne äußere Kennzeichen vorliegen, sprechen wir von Ø-Allomorphen. Beim Plural von *Lehrer* ist dies beispielsweise der Fall: der Lehrer – die Lehrer Ø.

Betrachten Sie dagegen *-en* in *Haustür-en* und in *lieb-en*. Beide Male liegt ein Morph *-en* vor, jedoch mit unterschiedlichen Bedeutungen: Im ersten Fall ist es ein Plural Femininum, im zweiten eine Infinitivendung. Man spricht hier von **homonymen Morphen,** also von Morphen, die lautlich identisch sind, aber nicht die gleiche Bedeutung und damit Distribution haben. Es handelt sich folglich um Realisierungen unterschiedlicher Morpheme.

2. Morphemklassifikation

Die Morpheme werden nach folgenden Kriterien in verschiedene Typen unterteilt:

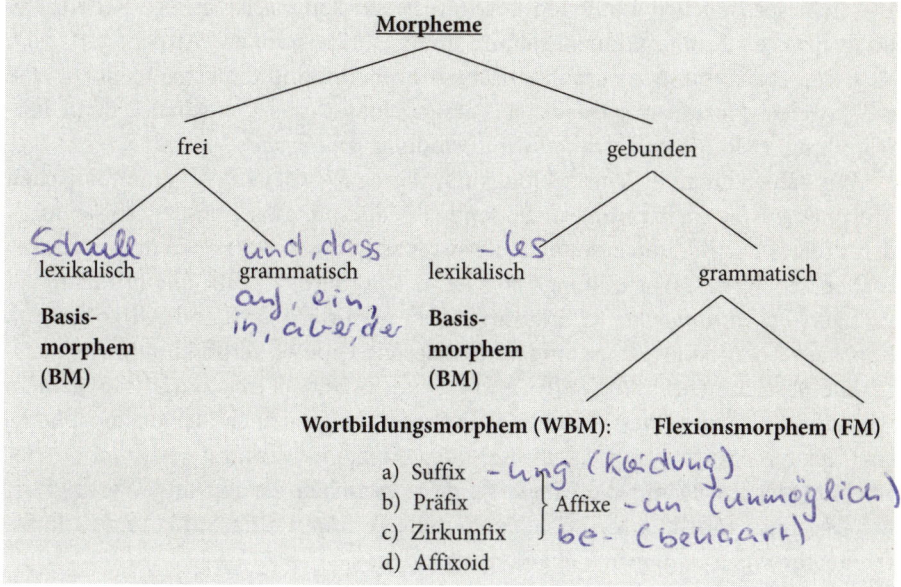

a) frei – gebunden

Zunächst unterscheidet man freie und gebundene Morpheme. Ein freies Morphem kann als ein Wort (vgl. Kap. II. 1. Was ist ein Wort? Zur Wortdefinition) auch frei vorkommen, z. B. *Schule, schön, er.* Ein gebundenes Morphem kann nicht alleine stehen, z. B. *komm-* (in *kommen*), *Brom-* (in *Brombeere*), *-lich, -keit, ver-, un-.* Dagegen bezeichnen wir Allomorphe, wie *Schül-* (in *Schüler*) oder *Händ-* (in *Hände*) nicht als gebunden, da eine Klassifizierung erst einen Schritt später auf Morphemebene erfolgt. Erst auf dieser Ebene treffen wir die Entscheidung für ein freies oder ein gebundenes Morphem.

b) lexikalisch – grammatisch

Außerdem unterscheidet man lexikalische und grammatische Morpheme. Lexikalische Morpheme tragen im Gegensatz zu den grammatischen Morphemen eine lexikalische Bedeutung, d. h., sie beziehen sich auf Gegenstände, Handlungen usw. Es gibt freie und gebundene lexikalische Morpheme. {Schule} ist ein freies lexikalisches Morphem, {les-} (Verbstamm zu *lesen*) ist ein gebundenes lexikalisches Morphem. Die lexikalischen Morpheme werden zudem als Grund- bzw. Basismorpheme (BM) bezeichnet.

Auch grammatische Morpheme können frei oder gebunden sein. Zu den freien grammatischen Morphemen zählen die Funktionswörter; sie stellen Beziehungen zwischen sprachlichen Einheiten her und haben keine selbständige Bedeutung. Dazu gehören Konjunktionen/Subjunktionen, Präpositionen, Artikel, z. B. *und*, *dass*, *auf*, *ein*. Gebundene grammatische Morpheme sind die Flexionsmorpheme (FM), welche Flexionsmerkmale, wie Person, Numerus usw. angeben, z. B. die Pluralendung *-er* in *Bilder* oder die Infinitivendung *-en* in *gehen*.

Wir zählen auch die Wortbildungsmorpheme (WBM) zu den grammatischen Morphemen. Sie tragen eine wortbildende Bedeutung. Allerdings leisten sie durch den Prozess der Bildung eines neuen Wortes auch einen Beitrag zu dessen lexikalischer Bedeutung. Wortbildungsmorpheme sind Suffixe (z. B. *-ung* in *Kleidung*), Präfixe (*un-* in *unmöglich*), Zirkumfixe (*be-...-t* in *behaart*) und Affixoide (vgl. Kap. IV. 9.2e Affixoidbildung und 9.5 Sonderfall: Unfeste Verbbildung).

Die Bezeichnung Präfix, Suffix und Zirkumfix bezieht sich zunächst allgemein nur auf die Stellung eines Morphems. Demnach können auch Flexionsmorpheme als (Flexions-)Suffixe (z. B. *ich lach-e*) oder (Flexions-)Zirkumfixe (*ge-lach-t*) bezeichnet werden. Damit die Unterscheidung zwischen Flexion und Wortbildung besser gelingt, möchten wir im Folgenden die Termini Präfix, Suffix und Zirkumfix nur für Wortbildungsmorpheme verwenden.

! Es gibt auch einige Wortbildungsmorpheme, die wie Flexionsmorpheme aussehen. Bsp. *ge-...-t*
a) *ge-sag-t* Flexionsmorphem (Partizip II zum Verb *sagen*)
b) *ge-laun-t* Wortbildungsmorphem (Zirkumfix), kein Partizip II, da es kein Verb **launen* gibt.

3. Morphem – Wort – Silbe

Wörter können aus einem Morphem oder mehreren Morphemen bestehen. Das hängt davon ab, ob ein Wort unter semantischen Gesichtspunkten – also hinsichtlich der Bedeutung – noch weiter zerlegt werden kann. *Tisch, lang, er, Essig, Sessel* sind sowohl Wörter als auch Morpheme. Dagegen besteht z. B. das Wort *Tische* aus zwei Morphemen, dem Basismorphem {Tisch} und dem Flexionsmorphem (Pl. Mask.) {-e}. *Ver-* in *verblühen* ist ein Wortbildungsmorphem (Präfix), das semantisch den Prozess der Beendigung eines Zustands anzeigt. Es ist jedoch kein Wort, sondern eine Silbe. Morpheme müssen aber auch nicht mit Silben identisch sein. Betrachten wir das Verb *sagen*: Es besteht aus den Morphemen {sag-} und {-en} und den Silben *sa-* und *-gen*. Morphem- und Silbengrenze müssen also nicht übereinstimmen. Während Morpheme nach semantischen Kriterien bestimmt werden, befindet man sich bei der Bestimmung von Silben auf der phonetisch-phonologischen Ebene, auf der Aspekte der Artikulation und nicht der Bedeutung im Vordergrund stehen.

4. Besonderheiten:
Unikale Morpheme, Pseudomorpheme, Portemanteaumorpheme, Konfixe

a) Unikale Morpheme

Morpheme, die nur in einer einzigen Verbindung, und zwar in Zusammensetzungen mit einem freien Morphem erscheinen, sind unikale Morpheme. Sie kommen nur gebunden vor und tragen heute keine Bedeutung mehr, z. B. {Brom-} in *Brombeere*, {Him-} in *Himbeere*, {Boll-} in *Bollwerk*, {Lind-} in *Lindwurm* oder {-gall} in *Nachtigall*.

b) Pseudomorpheme

Pseudomorpheme treten nur gebunden in expliziten Ableitungen auf (vgl. Kap. IV. 9.2 Explizite Ableitung), wobei deren Bedeutung nicht mehr zu erkennen ist. Bsp.: {-ginn-} in *beginnen*, {plötz-} in *plötzlich*, {-lier-} in *verlieren*, {nied-} in *niedlich*. Bei einer Wortbildungsanalyse sollten Sie angeben, dass das Pseudomorphem zwar formal abtrennbar ist, jedoch nicht semantisch, da dessen Bedeutung (heute) nicht mehr erkennbar ist.

Einige Sprachwissenschaftler nehmen keine Unterscheidung zwischen unikalen Morphemen und Pseudomorphemen vor.

c) Portemanteaumorpheme

Bei einem Portemanteaumorphem verschmelzen zwei freie Morpheme miteinander. Bsp. Präposition + Artikel: {übers} aus *über + das*, {im} aus *in + dem*.

d) Konfixe

Konfixe sind lexikalische Basismorpheme, die in der Regel fremdsprachlicher Herkunft sind und nur gebunden auftreten, z. B. {therm-} in *Thermostat, Thermik* und *thermisch* oder {-thek} in *Videothek* und *Bibliothek*.

5. Motiviertheit von Wortverbindungen

Bei den meisten einfachen Wörtern unserer Sprache wissen wir nicht, warum sie so heißen, wie sie eben heißen. Warum wir zu einem Stuhl *Stuhl* sagen und nicht etwas anderes, ist für uns nicht ersichtlich; wenn wir aber z. B. die Wortverbindung *Küchenstuhl* verwenden und wissen, was *Küche* und *Stuhl* bedeutet, dann können wir daraus folgern, was ein *Küchenstuhl* sein muss, nämlich ‚ein Stuhl in der/für die Küche‘. Diese Durchschaubarkeit von Wortverbindungen aus unserer heutigen (synchronen) Sicht heißt Motiviertheit/Motivation.

> Eine „synchrone" Analyse bezieht sich auf den Ist-Zustand einer Sprache; untersucht werden z. B., welche Regeln eine Sprache zu einem bestimmten Zeitpunkt (z. B. Gegenwartssprache, Mittelhochdeutsch) hat. „Diachrone" Untersuchungen beschäftigen sich mit Fragen des Sprachwandels, also mit den Veränderungen einer Sprache im Laufe der Zeit und den Gründen dafür.

a) Vollmotivierte Wortverbindungen

Wenn wir – wie beim obigen Beispiel *Küchenstuhl* – alle Elemente eines Wortes verstehen und aus den Einzelbedeutungen die Gesamtbedeutung herleiten können, so sprechen wir von vollmotivierten Wörtern. Weitere Beispiele: *Wanderschuhe* ‚Schuhe, die zum Wandern geeignet sind‘, *Orangensaft* ‚Saft aus Orangen‘, *grasgrün* ‚grün wie Gras‘ etc.

✎ Bedeutungsangaben werden in einfache Anführungszeichen gesetzt, z. B. *Obstkuchen* ‚Kuchen mit Obst‘.

b) Teilmotivierte Wortverbindungen

Bei den teilmotivierten Wörtern können wir zwei Arten unterscheiden:

- **teilmotivierte Wortverbindungen mit unikalem Morphem**
  Aus einem Teil eines Wortes, meistens dem Grundwort (= Zweitglied), können wir die Hauptbedeutung der Wortverbindung herauslesen. Der andere Teil

jedoch trägt alleine (heute) keine Bedeutung mehr und kommt nur in dieser einen Wortbildung vor, ist also ein unikales Morphem. So ist etwa eine *Brombeere* auf jeden Fall eine Beere, die sich von anderen Beeren wie der *Erdbeere* oder der *Blaubeere* klar durch den Zusatz *Brom* unterscheidet. Was jedoch dieses *Brom* genau bedeutet, wissen wir heute nicht mehr.

Beispiele mit unikalem Erstglied: *Himbeere, Auerhahn, Fledermaus, Pausbacken, Miesmuschel, Pottwal* etc.

Seltener sind teilmotivierte Wortbildungen mit unikalem Zweitglied: *Nachtigall, Bräutigam, Buchecker, Kleinod.*

Je nach Sichtweise kann man bei allen diesen Wortbildungen von teilmotiviert (die Bedeutung eines Wortteils ist noch bekannt) oder teildemotiviert (die Bedeutung eines Wortteils ist nicht mehr bekannt) sprechen. In etymologischen Wörterbüchern können wir nachlesen, welche historische Bedeutung diese unikalen Morpheme tragen. So kann man die *Brombeere* etwa als ‚Beere eines Dornstrauchs‘ übersetzen, denn im Althochdeutschen bedeutete *brāmo/brāma* ‚Dornstrauch‘.

- **teilmotivierte Wortverbindungen mit metaphorischem Erst- oder Zweitglied**

  Bei diesen Wortverbindungen sind beide Wortglieder gebräuchliche Basismorpheme. Jedoch stehen sie in einem metaphorischen Verhältnis zueinander, d. h., es handelt sich nicht um den wörtlichen Sinn, wie es etwa bei *Küchenstuhl* der Fall ist, sondern um einen übertragenen. So ist ein *Handschuh* z. B. kein Schuh, also keine ‚Bekleidung für die Füße‘, sondern hat eine <u>ähnliche Funktion wie</u> ein Schuh, nur dass er für die Hand ist. Ebenso hat ein *Kopfsalat* nicht wirklich einen Kopf (‚Vorderende des Menschen oder Tieres‘), sondern er hat nur <u>die Form</u> eines Kopfes.

  Weitere Beispiele: *Klobrille, Tischbein, Ohrensessel, Augapfel*

! Man muss bei Wörtern, die <u>als Ganze</u> metaphorisch gebraucht werden, differenziert vorgehen. So sind z. B. *Gänsefüßchen* zunächst als vollmotivierte Wortverbindung einzustufen, nämlich als ‚kleine Füße von Gänsen‘. Wenn mit diesem Wort jedoch ‚Anführungszeichen‘ gemeint sind, dann liegt für das Wort insgesamt und nicht nur für einzelne Wortteile (siehe Beispiele oben) eine Metapher (Bildübertragung) vor (vgl. dazu Kap. VI. 7. Bedeutungsrelationen). Ebenso: *Morgenstern* ‚Stern am Morgenhimmel‘ vs. ‚mittelalterliche Waffe‘ oder *Fuchsschwanz* ‚Schwanz des Fuchses‘ vs. ‚Handsäge‘.

c) Idiomatisierte Wortverbindungen

Wörter, deren Gesamtbedeutung nicht aus der Summe der Einzelbedeutungen herleitbar ist und die auch nicht metaphorisch begründbar sind, nennt man idiomatisierte Wörter. So ist ein *Junggeselle* weder ein Geselle, im Sinne eines ‚Gehilfen nach Abschluss der Ausbildung‘, noch muss er zwingend jung sein. *Junggeselle* bedeutet demnach nicht ‚junger Geselle‘, sondern ‚unverheirateter Mann‘, also etwas ganz anderes, als die Wortteile nahe legen würden.

Weitere Beispiele: *Augenblick, Hochzeit, Grünschnabel, Lampenfieber*

d) Demotivierte Wortverbindungen

Demotivierte Wörter können wir aus heutiger Sicht nur noch aufgrund ihrer Form, Lautung oder Silbenzahl als Wortverbindungen einschätzen, wie etwa bei *Gugelhupf, Herberge, Schmetterling* oder *Schabernack*.

Hierzu zählen aus synchroner Sicht auch viele Verben; die der Wortbildung zugrunde liegenden (alten) Verben können wir heute nur noch als Pseudomorpheme bezeichnen. So gibt es zu *vergessen* oder *vergeuden* heute kein Verb **gessen* oder **geuden* mehr. In älteren Sprachstufen des Deutschen waren althochdeutsch *gezzan* ‚erlangen‘ oder mittelhochdeutsch *giuden* ‚prahlen, groß tun, fröhlich sein‘ noch geläufige Verben.

e) Lautlich motivierte Wortverbindungen

Einen Sonderfall der Motivation stellen lautlich motivierte Wörter dar. Hierzu gehören z. B. viele kindersprachliche Bildungen, die auf einer Verdoppelung von Lauten beruhen, z. B. *der Wauwau* ‚Hund‘, *das Tatütata* ‚Krankenwagen, Polizei‘ oder *das Töfftöff* für ‚Motorrad‘. Lautlich motiviert sind auch einige Verben wie etwa *murmeln, lispeln, lallen* oder *platzen*.

f) Remotivierung/Volksetymologie

Da die Menschen Interesse daran haben, zu verstehen, was Wörter ihrer Sprache bedeuten, versuchen sie sich demotivierte Wörter (neu) zu erklären, ein Wort also zu remotivieren. Dieses Phänomen wird auch Volksetymologie genannt. So hat etwa *Friedhof* nichts mit *Frieden* zu tun, ein *Maultier* nichts mit dem ‚Mund eines Tieres‘ und ein *Murmeltier* gibt auch keine murmelnden Laute von sich. Vielmehr gehört *fried* zum althochdeutschen Verb *frīten* ‚hegen, schonen‘, *Maul* ist eine Entlehnung aus lat. *mulus* ‚Esel‘ und *Murmel* geht auf Akk. mlat. *murem montis* ‚Bergmaus‘ zurück. Sprachhistorisch kann so ein Remotivierungsbestreben sogar zu einer lautlichen/schriftlichen Anpassung des Wortes führen. Ein klassisches

Beispiel ist die *Hängematte:* Der Ursprung des Wortes liegt in dem indianischen Wort *hamaco/hamaq* (engl. *hammock*). Es wurde im Laufe seiner Überlieferung lautlich so weit „uminterpretiert", bis man darin ein deutsches Wort erkannte.

Wortverbindungen kann man außerdem noch dahingehend unterscheiden, ob es **usuelle**, also häufig verwendete Wortverbindungen sind, die nicht erst im Text gebildet werden, wie etwa *Küchenboden* oder *Autotür*, oder ob es spontane Wortbildungen sind, die ihre Bedeutung nur aus dem Textzusammenhang erhalten. Solche **okkasionellen Wortbildungen** oder **Ad-hoc-Bildungen** sind in der Regel kurzlebig und kommen häufig in der Zeitung (z. B. *Stoiberland* als Bezeichnung für Bayern), in literarischen Texten (*Als er sie welkgerochen hatte … Patrick Süskind: „Das Parfum", S. 56), in der Werbung (*simpelligent,* Nissan) oder aber in der Alltagssprache (*geruchsblind* für ‚nicht riechen können') vor. Es besteht jedoch prinzipiell die Möglichkeit, dass ein Okkasionalismus durch regelmäßige Verwendung zu einem usuellen Wort werden kann.

Wörter, die im „Lexikon" einer Sprechergemeinschaft gespeichert sind, bezeichnet man als **lexikalisiert**. Dazu zählen alle usuellen, teilmotivierten, demotivierten und idiomatisierten Wortverbindungen sowie alle Simplizia (= einfache Wörter).

6. Produktivität von Wortbildungen

In Bezug auf die Bildung neuer Wörter können wir auch noch eine Aussage darüber treffen, ob die Wortbildungsmorpheme heute noch in neuen Wortbildungen (etwa bei Ad-hoc-Bildungen) Verwendung finden oder nicht. Wir überlegen uns also, ob sie noch „produktiv" sind. So sind etwa alle unikalen Morpheme heute nicht mehr produktiv, auch das Suffix *-t* in Wörtern wie *Fahrt* oder *Naht* gibt es in neuen Wortbildungen kaum; dagegen sind Wortbildungen auf *-er* oder *-ung* sehr häufig und diese Suffixe können heute noch neue Wörter bilden.

7. Die Wortbildungsparaphrase

Die Wortbildungsparaphrase (= semantische Wortbildungsanalyse) ist für die Segmentierung von Wörtern sehr wichtig, da sie helfen kann darzustellen, aus welchen Teilen ein Wort zunächst zusammengesetzt ist. Dabei soll die Paraphrase alle Teile des Wortbildungsprodukts enthalten und außerdem Aufschluss über die semantischen Relationen und die Wortart der unmittelbaren Konstituenten (= Wortteile) geben. So lautet die Wortbildungsparaphrase zu *Blechkuchen* etwa ‚Kuchen, der auf einem Blech gebacken wird‘ (lokal) und <u>nicht</u> etwa ‚Kuchen aus Blech‘ (Material, vgl. *Blechspielzeug*). Wir sehen, dass die Paraphrasen/Syntagmen oft ausführlicher und semantisch genauer sind als die entsprechenden Wortbildungen.

Bei der Paraphrase des Wortes *Redeweise* ‚Weise zu reden‘ kann man außerdem erkennen, welche Wortart (hier: Verb *reden* und nicht Substantiv *die Rede*) der Bildung zugrunde liegt.

Turmuhr ‚Uhr an einem Turm‘
Seidenhemd ‚Hemd aus Seide‘
Esszimmer ‚Zimmer, in dem man isst‘
bildungsfeindlich ‚feindlich der Bildung gegenüber‘
hundemüde ‚müde wie ein Hund‘

Auch Wortbildungen mit Affixen können paraphrasiert werden. Die Umschreibung der Bedeutung des Affixes ist allerdings oft schwierig.

kindlich ‚wie ein Kind‘
Bohrer ‚Gerät, mit dem man bohren kann‘
naschhaft ‚nascht gerne‘
unmöglich ‚nicht möglich‘
lesbar ‚kann gelesen werden‘
Bildung ‚Vorgang, etwas zu bilden‘
Einreise ‚Handlung des Einreisens‘ (Verb + Suffix *-e*)
Dummheit ‚Zustand, dumm zu sein‘
verändern ‚die Handlung *ändern* bis zum Ende ausführen‘
(sich) verheiraten ‚einander durch heiraten verbinden‘
zerbeißen ‚etwas durch Beißen beschädigen‘

Die Bedeutung der Wortbildungsparaphrase muss nicht der lexikalischen Bedeutung entsprechen. So lautet die Wortbildungsparaphrase zu *Taschentuch* ‚Tuch für die Tasche‘, die lexikalische Umschreibung aber ‚kleines Tuch aus Stoff oder Papier zum Naseschnäuzen‘. In der Wortbildung geht es zunächst darum, den Aufbau einer Wortverbindung zu erkennen, wozu die Wortbildungsparaphrase sehr nützlich ist. Auch für einige idiomatisierte Wörter können wir eine Paraphrase angeben, so etwa für *Junggeselle* ‚junger Geselle‘, denn wir können dadurch erkennen, dass ein Adjektiv das Erstglied ist. Natürlich darf der Zusatz „idiomatisiert“ bei solchen Wortbildungsparaphrasen nicht fehlen. Zusätzlich sollte die neue Bedeutung (hier: ‚unverheirateter Mann‘) angegeben werden.

8. Binäre Struktur

Das Hauptprinzip der Wortbildungsanalyse ist das binäre Segmentieren; das bedeutet, dass Wörter immer in Zweierschritten bis zur Morphemebene analysiert werden. Wichtig ist dabei, dass Wortbildungsparaphrase und Zweiteilung der Wortbildung zusammenpassen. So lautet die korrekte Paraphrase für *Wortbildung* ‚Bildung eines Wortes'. Demnach darf nicht in *Wortbild* und *-ung* zerlegt werden, da es zu dieser Zerlegung keine sinnvolle Paraphrase gibt.

Es muss außerdem darauf geachtet werden, dass auf jeder Analyseebene die (noch) komplexen Wörter auch so im Deutschen existieren (*Wortbild* ist in unserem Kontext auch kein sinnvolles deutsches Wort). Nur auf der Ebene der Morpheme können Wortteile auch gebunden vorkommen.

Nicht immer kann eindeutig binär segmentiert werden. In Fällen wie *Wohnungsbauförderungsgesetz* gibt es die Möglichkeit, dass es sich um ein ‚Förderungsgesetz für den Wohnungsbau' handelt oder aber um ein ‚Gesetz für die Wohnungsbauförderung'. Wenn ein Wort durch verschiedene Paraphrasen erklärt werden kann, dann spricht man von **Doppelmotivation**.

Die Struktur einer Wortbildung kann ebenfalls in einem Stemma/Baumdiagramm veranschaulicht werden.

Wortbildungen

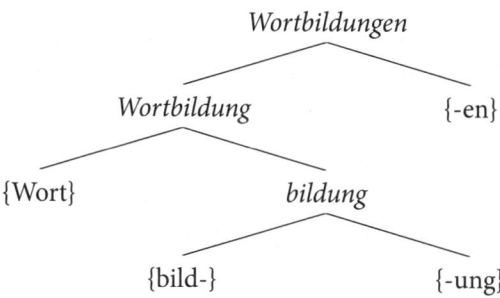

Bei einigen Wortbildungstypen ist binäres Segmentieren und/oder die Darstellung in einem Stemma nicht möglich. Vergleichen Sie dazu die Anmerkungen in den entsprechenden Kapiteln in Kap. 9. Wortbildungstypen.

9. Wortbildungstypen

9.1 Komposition

Komposition nennt man den Wortbildungsprozess, das Kompositum (= Zusammensetzung) ist das daraus entstandene Produkt.

Das Kompositum ist eine Morphemverbindung, deren durch binäres Segmentieren gewonnene Bestandteile lexikalische (z. B. *Kochtopf* = <u>Koch</u>- + <u>Topf</u>) bzw. freie grammatische (z. B. *Umland* = <u>Um</u> + *Land*) Morpheme oder Morphemverbindungen (*Schnellkochtopf* = *Schnell* + <u>Kochtopf</u>) sind.

Die Bestandteile des Kompositums – mit Ausnahme des Fugenelements (siehe unten) – bezeichnet man als **unmittelbare Konstituenten (UK)**. Im Hinblick auf deren Wortarten gibt es grundsätzlich keine Einschränkungen.

Milchtüte, Kellertreppe (zwei Substantive)
hell-gelb (zwei Adjektive)
immerfort (zwei Adverbien)
Kochtopf (Verbstamm + Substantiv)
Gegenlicht (Präposition + Substantiv)
Allheilmittel (Pronomen + Substantiv)

a) Die Fuge

Die Stelle, an der die beiden Konstituenten zusammentreffen, nennt man Fuge. Die Gestaltung der Fuge wird vom Erstglied gesteuert; die in der Fuge auftretenden sprachlichen Mittel heißen **Fugenelemente**.

Es gibt zwei Typen von Fugenelementen:

- Fugenelemente, die auch heute noch als Flexionsform (z. B. Genitiv Singular oder Plural) zu erkennen sind. Sie werden deshalb von einigen Sprachwissenschaftlern auch Fugenmorpheme genannt, z. B. *Herz<u>en</u>swärme, Länd<u>er</u>spiel*. Die Paraphrasen lauten: ‚Wärme des Herzens‘, ‚Spiel der Länder‘.

- Fugenelemente, denen durch die Paraphrase keine Bedeutung zugewiesen werden kann, die also semantisch leer (bedeutungslos) und damit keine Morpheme sind, z. B. *Sonn<u>en</u>schein, Sicherheit<u>s</u>schloss*. In beiden Fällen handelt es sich nicht um eine Flexionsform: Weder Genitiv Singular noch eine Pluralform von *Sicherheit* heißen *Sicherheits, ähnlich ist es bei *Sonnen.

Wir wollen jedoch nicht zwischen ursprünglich bedeutungstragenden und bedeutungslosen Fugenelementen unterscheiden.

Fugenelemente sind keine Morpheme, auch wenn sie wie Flexionsmorpheme aussehen!

Beim binären Segmentieren werden die Fugenelemente (FE) deshalb zwischen die unmittelbaren Konstituenten geschrieben.

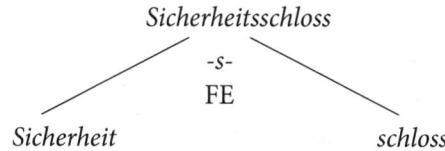

Landsmann, Landesfarben, Eierschale, Schmerzensgeld, Hundekot, Blumenbeet

Es gibt neben fremdsprachlichen (*Thermometer, Handikap*) auch regional unterschiedliche Fugenelemente (*Schweinebraten* vs. *Schweinsbraten*).

Bei Verben als erste unmittelbare Konstituente besteht die Zusammensetzung aus Verbstamm + 2. UK, d. h., *-e-* ist immer Fugenelement: *Sterbegeld, Lebewesen.*

Gehen Sie, wenn Sie binär segmentieren, bei substantivischen Erstgliedern immer vom Nominativ Singular aus! Nur so können Sie in Zweifelsfällen exakt das Fugenelement bestimmen. Bsp.: *Anschriftenänderung, Scheunentor.* Im ersten Fall ist das Fugenelement *-en-*, im zweiten Fall *-n-*.

Manchmal lässt sich nicht auf den ersten Blick entscheiden, welche Wortart der Wortbildung zugrunde liegt, also z. B., ob es sich um ein verbales oder substantivisches Erstglied der gleichen Wurzel handelt. Hilfreich ist es, wenn die beiden Wörter eine unterschiedliche Fugengestaltung aufweisen.

Blasmusik ‚Musik, die geblasen wird' – Blasenbildung ‚Bildung von Blasen'

Außerdem können die Fugenelemente verschiedene Bedeutungen eines Wortes unterscheiden:

Geisterstunde – Geistesblitz
Geschichtsbuch – Geschichtenbuch

Nach Adjektiven stehen in substantivischen Komposita nie Fugenelemente, z. B. *Kleingeld, Grünfink, Billigflug* (Ausnahmen sind einige Ortsnamen, wie *Neuenkirchen*). Bei substantivierten Adjektiven, z. B. *Kranke-n-haus* muss ebenfalls vom Nominativ Singular ausgegangen werden, um das Fugenelement richtig zu bestimmen. Der Singular heißt *der Kranke/Kranker*, d. h., hier ist nur *-n-* das Fugenelement, nicht *-en-*.

Fugenelemente kommen (seltener) auch in expliziten Ableitungen (vgl. Kap. IV. 9.2 Explizite Ableitung) vor, z. B. *erbarmungslos, lächerlich, heidnisch*. Manche Wissenschaftler reservieren den Terminus Fugenelement nur für Komposita und verwenden für explizite Ableitungen den Oberbegriff **Interfix**. Da die so bezeichneten Elemente aber keinen Morphemstatus haben, ist das Wort eigentlich unpassend (vgl. dagegen die Wortbildungsmorpheme Suffix, Präfix, Zirkumfix).

b) Determinativkompositum

Beim Determinativkompositum wird die zweite Konstituente durch die erste näher bestimmt. Es herrscht also ein hypotaktisches (untergeordnetes) Verhältnis zwischen den beiden Bestandteilen. Das Erstglied heißt **Bestimmungswort**, das Zweitglied **Grundwort**, wobei die Bedeutung des Kompositums im Grundwort bereits enthalten ist. Man spricht von einem **endozentrischen Bedeutungsverhältnis** der beiden Konstituenten. Bsp.: *Wolljacke* ist eine ‚Jacke aus Wolle‘; *Gartentor* ist ein ‚Tor zum Garten‘. Sie sehen, dass das Bestimmungswort die Bedeutung des Grundworts spezifiziert. Dabei kann die semantische Beziehung zwischen den beiden Konstituenten ganz unterschiedlich sein, in unseren Beispielen ‚Material‘ (*Wolljacke*) bzw. ‚Richtung/Ziel‘ (*Gartentor*). Außerdem bestimmt das Grundwort die Wortart der gesamten Konstruktion.

Hochhaus: Adjektiv + Substantiv; das Kompositum ist ein Substantiv
grasgrün: Substantiv + Adjektiv; das Kompositum ist ein Adjektiv

c) Possessivkompositum

Zwischen Bestimmungs- und Grundwort herrscht ebenfalls ein hypotaktisches Verhältnis. Der Unterschied zum Determinativkompositum ist, dass beim Possessivkompositum das, was die Zusammensetzung bezeichnet, in der Zusammensetzung nicht explizit genannt wird. Dieses Bedeutungsverhältnis nennt man **exozentrisch**. ‚Possessiv‘ bedeutet, dass ein Besitzverhältnis angezeigt wird. Oft bezeichnen Possessivkomposita Personen, die das im Wort Genannte „besitzen“. So ist ein *Schlaukopf* ‚ein Mensch mit einem schlauen Kopf‘ (das Wort *Mensch* kommt in der Zusammensetzung nicht vor); weitere Beispiele: *Großmaul, Glatzkopf, Rotkäppchen, Blauhelm*.

Possessivkomposita sind außerdem *Rotkehlchen* ‚Vogel, der ein rotes Kehlchen hat‘, *Achtzylinder* ‚Motor mit acht Zylindern‘, *Zweirad* ‚Fahrzeug mit zwei Rädern‘.

d) Präpositionales Rektionskompositum

Wie beim Possessivkompositum liegt auch beim präpositionalen Rektionskompositum ein exozentrisches Bedeutungsverhältnis vor. Das mit dem Kompositum Bezeichnete liegt also außerhalb der Zusammensetzung. Der Unterschied ist, dass eine Präposition das Erstglied ist.

Beispiele: *Vormittag*: ‚die Zeit vor dem Mittag‘, *Untertasse* ‚etwas, das unter der Tasse liegt‘. Ein *Vormittag* ist eben kein *‚vorheriger Mittag‘, eine *Untertasse* keine *‚untere Tasse‘, so dass es sich nicht um (endozentrische) Determinativkomposita handeln kann. Ebenso verhält es sich mit *Übersee*, das ‚ein Land über/jenseits der See‘ bezeichnet.

! Nicht alle Komposita mit Präposition sind präpositionale Rektionskomposita (*Vorjahr* und *Umland* z. B. sind Determinativkomposita)! Achten Sie auf das exozentrische Bedeutungsverhältnis!

e) Kopulativkompositum

Beim Kopulativkompositum herrscht ein parataktisches (nebengeordnetes) Verhältnis zwischen den beiden Bestandteilen. Ihre Reihenfolge ist theoretisch austauschbar und beide Teile bezeichnen gleichermaßen das Gemeinte.

Es gibt exozentrische (Weder-noch-Relation) und – häufiger – endozentrische Kopulativkomposita (Sowohl-als-auch-Relation).

Strichpunkt ‚Strich und Punkt‘ (endozentrisch)
Strumpfhose ‚Strumpf und Hose‘ (exozentrisch)
süßsauer ‚süß und sauer‘ (endozentrisch)
Chlorwasserstoff ‚Chlor und Wasserstoff‘ (endozentrisch)

Um endozentrische Kopulativkomposita handelt es sich auch bei zusammengesetzten Vor- oder Familiennamen, z. B. *Anne-Sophie*, *Schmidt-Langer*.

f) Verdeutlichendes Kompositum

Verdeutlichende Komposita sind „doppelt-gemoppelte" Wortbildungen, da beide unmittelbaren Konstituenten eigentlich dasselbe meinen.
Einige deutsche Wörter, die im Laufe der Sprachgeschichte ihre Bedeutungen verloren haben (vgl. unikale Morpheme), werden durch eine Zusammensetzung mit einem bedeutungsgleichen Zweitglied „erklärt", z. B. *Turteltaube* (ahd. *turtura* ‚Turteltaube‘). In Beispielen wie *Kieselstein* oder *Farnkraut* tragen die Zusammen-

setzungen dieselbe Bedeutung wie die jeweiligen Erstglieder, die im Gegensatz zum Typ „Turteltaube" auch alleine vorkommen können. Ein weiterer Fall von verdeutlichenden Komposita sind fremdsprachliche Wörter, die durch ein deutsches Erst- oder Zweitglied sozusagen „übersetzt" werden, z. B. *Einzelindividuum, Grundprinzip* oder *Container-Behälter.*

9.2 Explizite Ableitung

Bei der expliziten Ableitung (auch explizite Derivation genannt) wird durch Anfügen von Wortbildungsmorphemen an eine **Basis** ein neues Wort gebildet.

Explizit (lat. ‚deutlich') heißt dieser Wortbildungstyp deshalb, weil man im Gegensatz zur impliziten Ableitung und Konversion (vgl. Kap. IV. 9.3 und 9.4) beim binären Segmentieren Wortbildungsmorpheme erhält, die sichtbar für die neue Wortbildung verantwortlich sind. Der Teil, an den das Wortbildungsmorphem angehängt wird, heißt Basis; Basis für Ableitungen können fast alle Wortarten sein: Substantive (*Un-sinn, Bäch-lein, herbst-lich*), Verben (*Lehr-er, ab-räumen, find-ig*) und Adjektive (*Frech-heit, Schwanger-schaft, krank-haft*), vereinzelt auch Adverbien (*zur Genüg-e*) oder Pronomen (*ander-s*). Außerdem können Wörter, die selbst Wortbildungsprodukte sind, Basen für Ableitungen sein, z. B. *Wissenschaftlichkeit, Verzauber-ung* oder *un-berechenbar.*

Je nach beteiligtem Wortbildungsmorphem spricht man von Präfix-, Suffixoder Zirkumfixbildung.

Kennzeichnend für die Affixe ist, dass

- sie reihenbildend sind, d. h., dass sie wiederholt in einer Wortbildung nach demselben Muster vorkommen, z. B. bildet *-ung* Substantive aus Verben: *Versuchung, Tilgung, Buchung, Rechnung* etc.,
- sie keine Basis für Wortbildungen sein können und
- meistens einsilbig sind.

a) Präfixbildung

Die Präfixbildung – das Wortbildungsmorphem wird vorne an eine Basis angeschlossen – weist die Besonderheit auf, dass sie keinen Wortartenwechsel bewirkt, jedoch eine Bedeutungsnuance; dieses Phänomen heißt **Modifikation.** Im Folgenden werden einige Beispiele aufgeführt.

- **Verbpräfixe**
  - *be-: bestimmen, betrinken, bezwingen*
  - *ent-: entkommen, entlassen, entladen*

– *er-: errechnen, ertasten, erhören*
– *ver-: verändern, versammeln, versprechen*
– *zer-: zerstören, zerbrechen, zersingen*
– *miss-: missverstehen, missbilligen, missinterpretieren*

Die Bedeutungen der Verbpräfixe sind oft schlecht fassbar, vgl. Sie *suchen* vs. *versuchen* vs. *besuchen.*

▪ **Präfixe bei Substantiven (eher selten)**
– *Ge-: Geäst, Gebälk, Gestein*
– *Erz-: Erzfeind, Erzbischof*
– *Ur-: Urgroßvater, Urenkel, Urwald*

Manche Präfixe können sowohl an substantivische als auch an adjektivische und/
oder verbale bzw. adverbiale Basen treten, z. B. *un-: Unschuld* (Substantiv), *unklug*
(Adjektiv) oder *ungern* (Adverb) oder *miss-: missverstehen* (Verb), *Misserfolg* (Substantiv).

b) Suffixbildung

Suffixe sind Wortbildungsmorpheme, die sich hinten an eine Basis anschließen,
dabei kann sich die Wortart ändern. Dieses Phänomen nennt man **Transposition.**
Da es eine lange Liste an Suffixen gibt, soll hier nur eine Auswahl der häufigsten
und produktivsten gegeben werden:

▪ **Suffixe zur Bildung von Substantiven**
-e: Tanke, Sprache, Süße
-er: Sänger, Trinker, Stecker
-ung: Überraschung, Versuchung, Verzeihung
-heit/keit: Sicherheit, Schönheit, Heiterkeit

▪ **Movierung**
Movierung oder Motion bezeichnet die Ableitung einer Personen- oder Tierbezeichnung, die das geschlechtliche Gegenstück nennt. Meistens werden weibliche Bezeichnungen von männlichen abgeleitet, z. B. *Arzt* → *Ärztin, Professor*
→ *Professorin, Hund* → *Hündin*; seltener ist die Ableitung männlicher Bezeichnungen, z. B. *Witwe* → *Witwer, Hexe* → *Hexer* oder *Ente* → *Enterich.*

▪ **Diminutivbildung des Substantivs**
Für die Diminutivbildung (Verkleinerung) gibt es zwei verschiedene Suffixe:
-chen und *-lein*. Die Mundarten kennen daneben z. B. noch *-le, -la, -el* oder

-*ke*. Alle diese Suffixe bringen Neutra hervor, wobei ihre Distribution zu einem gewissen Grad an die lautliche Umgebung der Basis gebunden ist. So tritt an die Substantive auf -*ch*, -*g* und -*ng* in der Regel ein -*lein*: *Däch-lein*, *Zwerg-lein* oder *Ring-lein*. Substantive auf -*l(e)* dagegen werden mit -*chen* „verkleinert": *Spiel-chen*, *Fell-chen*, etc. Bei anderen Substantivendungen sind oft beide Diminutive, wenn auch nicht immer in gleicher Bedeutung, möglich: *Zimmer-lein* vs. *Zimmer-chen* (bedeutungsgleich), *Männ-chen* vs. *Männ-lein*, *Frau-chen* vs. *Fräu-lein* (bedeutungsverschieden).

- **Suffixe zur Bildung von Adjektiven**
  -*bar*: *essbar, lieferbar, haftbar*
  -*ig*: *stachelig, runzlig, giftig*
  -*lich*: *glücklich, fröhlich, zärtlich*
  -*sam*: *bedeutsam, wundersam, sparsam*
  -*(er)isch*: *herrisch, mürrisch, angeberisch*

- **Suffixe zur Bildung von Verben**
  -*ig*-: *steinigen, reinigen*
  -*el*-: *stückeln, herbsteln, sächseln*
  -*ier*-: *interessieren, fotografieren, marschieren*

! Die Infinitivendung -*(e)n* ist kein Suffix, sondern eine Flexionsendung.

Es gibt auch einige verbreitete Fremdsuffixe aus dem Lateinischen (z. B. -*ion*: *Absolution, Resolution*, -*ar/är*: *atomar, revolutionär*), Griechischen (z. B. -*ast*: *Gymnasiast, Phantast*, -*ismus*: *Barbarismus, Organismus*) oder Französischen (z. B. -*age* für Verben auf -*ieren*: *massieren – Massage, spionieren – Spionage*, -*ie*: *Aristokratie, Ökonomie*, -*abel/ibel*: *diskutabel, akzeptabel*).

c) Zirkumfixbildung

Zirkumfixe sind zweiteilige Wortbildungsmorpheme, die gleichzeitig an eine Basis treten.

Beispiele:

- *Ge-...-e*: als Sammelbezeichnung/Kollektivum (z. B. *Gelände, Gebirge*) oder als Wort mit negativer (= pejorativer) Bedeutung (*Gerede, Getue*)
- *be-...-t*: mit der Bedeutung ‚etwas ist mit x versehen', z. B. *behaart, bebrillt, beleibt*; nicht zu verwechseln mit dem Partizip II von Verben wie *besticken – bestickt* oder *bewegen – bewegt*. Dagegen geht *besorgt* nicht auf das Verb *besorgen*

,beschaffen' zurück, sondern ist ein eigenständiges Adjektiv ,versehen mit Sorge'. Testen Sie also immer, ob es ein zugehöriges Verb gibt!

- *ge-...-t: geblümt, gestreift, gehörnt.* Hier gilt Ähnliches wie bei *be-...-t*; Überprüfen Sie, ob es nicht ein Partizip II zu einem Verb ist, z. B. *gemalt* zu *malen*!
- *be-/ver-...-ig(en):* Diese Zirkumfixbildung gibt es nur bei Verben: *berücksichtig(en), beabsichtig(en), beglaubig(en), verköstig(en).*

🔅 Testen Sie immer, ob die Wortbildungsmorpheme gleichzeitig oder nacheinander an die Basis treten.

Vergleichen Sie:

- Zirkumfixbildung, d. h., beide Morphemteile treten gleichzeitig an die Basis, z. B. *Gelaufe*: Es kann nicht zunächst das (vermeintliche) Präfix *ge-* abgetrennt werden, da es kein **Laufe* gibt. Auch eine alleinige Abtrennung des (vermeintlichen) Suffixes *-e* ist nicht möglich, da **Gelauf* nicht existiert.
- Zuerst Präfix-, dann Suffixbildung, z. B. *unfreundlich*: Zunächst kann das Präfix *un-* abgetrennt werden. Das so entstandene Wort *freundlich* kann weiter in das Substantiv *Freund* und das Suffix *-lich* zerlegt werden.
- Zuerst Suffix-, dann Präfixbildung, z. B. *Entlehnung*: Zunächst ist das Suffix *-ung* abzutrennen, als Rest bleibt das Wort *entlehn(en)*, welches wiederum eine Präfixbildung des Verbs *lehn(en)* ist.

d) Zusammenbildung

Eine Zusammenbildung ist die Ableitung einer Wortgruppe. Ergibt das binäre Segmentieren von expliziten Ableitungen keine usuellen Wörter des Deutschen, deutet das auf eine Wortgruppe hin. So wird *Liebhaber* etwa direkt aus der Wortgruppe *jmd. lieb haben* abgeleitet, da es kein usuelles Wort **Haber* gibt. Ebenso gibt es für *viertürig* keine binäre Segmentierung in *vier* und **türig* oder in **viertür* als Adjektiv oder Substantiv und *-ig*. Bei der Wortbildungsanalyse zerlegen wir die Wortgruppenbestandteile (hier: *lieb haben* bzw. *vier Türen*) dann nicht weiter.

Manchmal kann man bei einer Wortbildung sowohl für eine Komposition als auch für eine Zusammenbildung argumentieren. Ob etwa *Autofahrer* direkt aus der Wortgruppe *Auto fahren* abgeleitet wurde (passende Paraphrase: ,jemand, der ein Auto fährt') oder ob es sich um eine Komposition aus den beiden Substantiven *Auto* und *Fahrer* (Paraphrase: ,Fahrer eines Autos') handelt, ist nicht eindeutig zu bestimmen. Hier sind beide Wortbildungserklärungen denkbar (= Doppelmotivation).

Weitere Beispiele für Zusammenbildungen: *gleichzeitig, Warmduscher, Staubsauger, zielstrebig, Tausendfüßler*

e) Affixoidbildung

Die Affixoidbildung ist im Grenzbereich zwischen Komposition und expliziter Ableitung angesiedelt.

Es geht dabei um Morpheme, die zunächst auch als freie Morpheme vorkommen können, z. B. {affe}, {arm}, {riese}, {spitze}, {super}, {werk} oder {zeug}. In bestimmten Wortverbindungen haben diese freien Morpheme aber eher die Funktion eines Affixes (also eines Präfixes oder eines Suffixes). Das lässt sich an zwei Aspekten erkennen:

a) an der Reihenbildung, d. h., wie bei anderen Wortbildungsmorphemen können viele Wortbildungen gefunden werden, denen dasselbe Schema zugrunde liegt,
b) an der Bedeutungsveränderung des Morphems; es liegt im Vergleich zu dem freien Morphem meist eine eher allgemeine oder entkonkretisierte Bedeutung vor.

Beispiel für ein Präfixoid:

- *affe(n)-: Affengeschwindigkeit, Affenhitze, affengeil,* etc. *Affe* wird hier nicht mehr zur Bezeichnung eines Tieres verwendet, sondern bedeutet eine Steigerung ,sehr, extrem'. Sowohl Reihenbildung als auch Bedeutungsänderung liegen vor.

Beispiel für ein Suffixoid:

- *-werk: Bauwerk, Mauerwerk, Schuhwerk, Triebwerk* etc. Wenn Sie diese Wörter mit Wortbildungen wie *Atomkraftwerk* oder *Wasserwerk* vergleichen, dann sehen Sie, dass die ursprüngliche Bedeutung ,Fabrik' in den ersten Beispielen nicht mehr vorhanden ist. Hier bedeutet das Suffixoid eher ,eine Ansammlung von', bezeichnet also ein Kollektivum.

Weitere Beispiele für Affixoide:

- *spitze(n)-* ,sehr': *Spitzengeschwindigkeit, Spitzenleistung, Spitzenwitz*
- *riese(n)-* ,sehr': *Riesenüberraschung, riesengroß, Riesenhunger*
- *-zeug* ,eine Ansammlung von': *Spielzeug, Putzzeug, Schreibzeug* oder ,Bezeichnung für ein Gerät': *Flugzeug, Fahrzeug*
- *-arm* ,wenig besitzend': *gefühlsarm, abgasarm, zuckerarm*

Die Unterscheidung zwischen Affixen, Affixoiden und freien Morphemen ist in der Forschung umstritten. So reihen etwa Fleischer/Barz die meisten Affixoide in die Komposition ein, zählen aber *-werk* zu den Suffixen. In einer konkreten Analyse sollte man immer auf die unterschiedlichen Ansätze hinweisen (und sich persönlich für eine Lösung entscheiden).

☼ Suchen Sie parallele Wortbildungen, wenn Sie sich nicht sicher sind, ob ein Affi-
xoid vorliegt. Vergleichen Sie dann die Bedeutungen.

Ein etwas anderer Fall einer Präfixoidbildung kommt bei den Verben vor. In
Fällen wie *untersuchen* oder *widerlegen* ist der erste Bestandteil des Wortes kein
Präfix im engeren Sinne, da er auch (als Präposition) frei vorkommen kann. Sie
sind aber wie Präfixe reihenbildend und können deshalb (unabhängig von ihrer
Semantik) ebenfalls als Präfixoide bezeichnet werden. Im Gegensatz zu Beispielen
wie *untergehen*, die zur unfesten Verbbildung zählen (vgl. Kap. IV. 9.5 Unfeste
Verbbildung), stehen die Präfixoide der Präfixoidbildungen in der Kernsatzprobe
nicht vom Verbstamm getrennt (vgl. *Die Polizei untersucht den Mordfall.* vs. *Das
Boot geht plötzlich unter.*).

9.3 Implizite Ableitung

Im Gegensatz zur expliziten Ableitung erfolgt die implizite Ableitung ohne Affixe.
Von der Konversion (vgl. Kap. IV. 9.4) unterscheidet sie sich durch einen Ablaut,
d. h. durch die Änderung des Vokals im Verbstamm. Dieser ist sprachgeschichtlich durch die Flexion von starken Verben erklärbar, was heute nicht mehr in allen
Fällen erkennbar ist.

> *genieß(en)* → *Genuss*
> *trink(en)* → *Trank*
> *beiß(en)* → *Biss*
> *brech(en)* → *Bruch*
> *find(en)* → *Fund*

✎ Eine Darstellung der Wortbildungsanalyse im Stemma ist nicht möglich, da wir
nicht binär segmentieren können. Stattdessen verwenden wir Pfeile.

Implizite Ableitungen sind immer deverbal, es liegt also ein Verb als Basis zugrunde, an dem der Wortbildungsprozess durchgeführt wird. Hierzu zählen auch
Verben mit (trennbarem) Verbzusatz, z. B.

> *umzieh(en)* → *Umzug,*
> *freisprech(en)* → *Freispruch,*
> *hinauswerf(en)* → *Hinauswurf*

sowie Präfixbildungen als Basis, z. B. *ersetz(en)* → *Ersatz.*

! ▪ Nicht alles, was einen Stammvokalwechsel aufweist, ist eine implizite Ableitung! Verwechseln Sie nicht Allomorph und implizite Ableitung!
fand ist Allomorph zu *find-* (Verbstamm von *finden*), aber *Trank* ist implizite
Ableitung zu *trinken.*

▪ Vorsicht ist vor allem geboten bei Stammvokalwechsel in expliziten Ableitungen,
z. B. *Sprache, Gabe.* In diesen Fällen liegt ein *-e*-Suffix vor. {sprach-} in *Sprache*
ist ein Allomorph zum Verbstamm {sprech-}.

Beispiele wie *Farbe → färben* oder *glänz(en) → Glanz* gehören nicht zur impliziten
Ableitung. Es liegt jeweils eine Konversion vor (vgl. Kap. IV. 9.4).

Implizite Ableitungen zeichnen sich durch Ablaut aus – nicht durch Umlaut!

Zur impliziten Ableitung rechnet man jedoch auch den heute nicht mehr produk-
tiven Wortbildungsprozess vom starken zum schwachen Verb.

fallen → fällen
sitzen → setzen
liegen → legen

9.4 Konversion

Kennzeichen der Konversion ist es, ein neues Wort zu bilden, indem ein Wortartwechsel ohne äußere (morphologische) Kennzeichen herbeigeführt wird, z. B.
leben → das Leben. Hier erfolgte ein Übergang vom Verb zum Substantiv, d. h., es
ist eine deverbale Konversion. Auch bei dem Beispiel *besuch(en) → Besuch* handelt
es sich um eine Konversion. Flexionsmorpheme, z. B. die Infinitivendung, zählen
nicht zum Bereich der Wortbildung und wirken sich nicht auf die Zuordnung zu
einem Wortbildungstyp aus. Einige Sprachwissenschaftler ordnen Fälle mit Einsparung des Flexionsmorphems jedoch der impliziten Ableitung zu.

Jede Wortart ist konversionsfähig. Beim Verb gibt es Verbstammkonversion
und Infinitivkonversion.

✎ Wie bei der impliziten Ableitung gilt: Eine Darstellung der Wortbildungsanalyse im
Stemma ist nicht möglich, da wir nicht binär segmentieren können. Stattdessen
verwenden wir Pfeile.

Verbstammkonversion
ruf(en) → der Ruf
schlaf(en) → der Schlaf

Die Flexionsendung -*en* (Infinitiv) fällt beim Übergang zum Substantiv weg.

Infinitivkonversion
entfernen → das Entfernen
essen → das Essen

Bei dieser Art der deverbalen Konversion wird eine Verbindung aus Verbalstamm + Infinitivendung substantiviert. Ergebnis ist also ein substantivierter Infinitiv.

Substantiv → Verb
Film → film(en)
Pflaster → pflaster(n)

! Bei der Konversion vom Verb zum Substantiv und umgekehrt ist zu entscheiden, welches Wort (sprachhistorisch) älter ist. Sicherheit bietet nur ein etymologisches Wörterbuch; meistens war das Verb zuerst da: Man kann z. B. davon ausgehen, dass es ohne die Tätigkeit *rufen* auch das abstrakte Substantiv *Ruf* nicht geben würde. Umgekehrt gäbe es das Verb *pflastern* nicht, wenn nicht schon das *Pflaster* existieren würde. Überlegen Sie sich, welches Wort der Konversion zugrunde liegen könnte und welches das Wortbildungsprodukt ist.

Weitere Möglichkeiten der Konversion:

Adjektiv → Substantiv
deutsch → das Deutsch
die alte (Frau) → die Alte

Das -*e* von *Alte* ist Flexionsmorphem, kein Suffix und hat somit keinen Einfluss auf den Wortbildungstyp.

! **Explizite Ableitung oder Konversion?**

Nicht immer ist auf den ersten Blick offensichtlich, ob eine explizite Ableitung oder eine Konversion vorliegt. Betrachten wir das Beispiel *die Süße*: Je nach Paraphrase haben wir es mit unterschiedlichen Wortbildungstypen zu tun. Handelt es sich z. B. um *die Süße des Zuckers*, so liegt eine explizite Ableitung mit dem Suffix -*e* vor. Heißt es aber beispielsweise *die Süße (wohnt nebenan)* im Sinne von *die süße Frau*, dann handelt es sich um eine Konversion. *die Süße* ist ein substantiviertes Adjektiv und ersetzt zudem das Substantiv *Frau*, das -*e* ist hier lediglich Flexionsendung. Achten Sie also immer auch auf den Kontext, bevor Sie sich auf einen Wortbildungstyp festlegen.

Partizip I oder II → Substantiv
der lesende (Schüler) → der Lesende
die gefangene (Frau) → die Gefangene

Pronomen → Substantiv
du → das Du (Ich biete ihm das Du an.)

Wortgruppe → Substantiv
(sich den) Kopf zerbrechen → das Kopfzerbrechen

Ausnahmen:

- **Präfixkonversion**
  erblinden, erblassen, befrieden, befremden, verarzten

Zunächst könnte man bei diesen Beispielen an den Wortbildungstyp explizite Ableitung (Präfixbildung) denken. Wir haben aber festgestellt, dass Präfixe in der expliziten Ableitung nicht die Wortart verändern. Da außerdem das Präfix nicht weggelassen werden kann – es gibt kein **blinden, *blassen, *frieden* usw. –, sprechen wir auch hier von einer Konversion. Das Präfix ist also notwendig, um den Übergang in eine andere Wortart zu gewährleisten und ein neues Verb zu bilden. Die Basis bei Präfixkonversionen kann unterschiedlich sein: ein Substantiv bei *befrieden* und *verarzten*, ein Adjektiv bei *erblinden, erblassen, befremden*.

! Neben der Präfixkonversion gibt es die (unfeste) Präfixoidkonversion (vgl. Kap. IV. 9.5 Sonderfall: Unfeste Verbbildung). Beispiele: *anhimmeln: Er himmelt seine Freundin an; auftischen: Die Kinder tischen ihren Eltern Lügen auf.*

- **Umlaut**
  Wir haben als Merkmal für die Konversion festgelegt, dass der Übergang in eine andere Wortart ohne äußere Kennzeichen erfolgt. Eine Ausnahme ist der Umlaut (*a – ä, o – ö, u – ü*) beim Stammvokal, der entweder dazukommen oder wegfallen kann, z. B. *Kamm → kämmen, Farbe → färben, Kuss → küssen, klar → klären, glänzen → Glanz, vorwählen → Vorwahl, rücken → der Ruck, flüchten → Flucht.* Im Gegensatz dazu erfolgt bei der impliziten Ableitung ein durch den Ablaut bedingter Vokalwechsel.

9.5 Sonderfall: Unfeste Verbbildung

Wie wir schon aus der Bestimmung der Prädikate wissen, gibt es einfache zweiteilige Prädikate (vgl. Kap. I. 4.1 Prädikatteile). Sie sind in Hauptsätzen mit Kernsatzstellung durch Trennung von Verbstamm und unfestem Verbzusatz erkennbar. In der Wortbildung müssen wir deshalb unterscheiden, ob wir trennbare Konstituenten haben oder nicht.

Es gibt vier trennbare Verbzusätze, die wir nach der Wortart unterscheiden:

- Präpositionen, *ein-* (ehemals Präposition *in*) und *los-* (aus dem Adjektiv *los* ‚frei‘): *einkaufen, ankommen, auswandern, aufbrechen, abfahren, losbrüllen.* Diese Verbzusätze bezeichnen wir als Präfixoide, da sie die Merkmale von Präfixen haben (reihenbildend, nicht basisfähig, meist einsilbig) und außerdem auch frei vorkommen können.
- Adverbien: *vorauseilen, herunterspringen, hinübersegeln*
- Adjektive: *fernsehen, wahrsagen, hochrechnen*
- Substantive (ursprüngliche Bedeutung meist verblasst): *preisgeben, teilnehmen, heimkehren*
- Verben (nach der neuen Rechtschreibung seltene Kann-Schreibungen): *kennenlernen, sitzenbleiben, stehenlassen*

Adverbien, Adjektive und Substantive werden als freie Basismorpheme klassifiziert; bei den Verben wird zunächst die Infinitivendung (Flexionsmorphem) abgetrennt und dann der Verbstamm als gebundenes Basismorphem klassifiziert.

! Es gibt Präfixoide, die entweder, wenn nicht trennbar, in Präfixoidbildungen (= explizite Ableitung) oder, wenn trennbar, in unfesten Verbbildungen vorkommen, z. B. *über*: *Ich <u>über</u>fuhr gestern eine Katze. – Gestern kochte mir die Milch <u>über</u>.*
Testen Sie sicherheitshalber alle Verben immer in der Kernsatzprobe, um herauszufinden, ob sie einen trennbaren Verbzusatz enthalten!

Durch die neue Rechtschreibung hat sich besonders im Bereich der Getrennt- und Zusammenschreibung vieles geändert. Das betrifft vor allem Verben (alt: *kennenlernen,* neu auch: *kennen lernen*) und Adjektive (alt: *kochendheiß,* neu: *kochend heiß).* Diese ehemaligen Wörter und heutigen Wortgruppen fallen nun aus der Wortbildung heraus, da sich die deutsche Wortbildung an grafischen Wortgrenzen, d. h. an Leerzeichen vor und nach einem Wort, orientiert.

9.6 Zusammenrückung

Die Zusammenrückung ist in der Forschung ein nicht klar definierter Begriff und es sind darunter vor allem drei verschiedene Phänomene zu verstehen, die den bisher genannten Wortbildungstypen zugerechnet werden können.

a) Determinativkomposita mit Wortgruppen als Erstglied

Die Besonderheit dieses Wortbildungstyps ist, dass binäres Segmentieren keine selbständigen Einheiten ergibt. Vielmehr muss man von einer Wortgruppe als Erstglied ausgehen. Im Gegensatz zur Zusammenbildung (vgl. Kap. IV. 9.2 Explizite Ableitung) ist aber kein Wortbildungsmorphem beteiligt.

Beispielsweise sind *Altfrauengeschichten* keine ,Geschichten von *Altfrauen', da es *Altfrauen als eigenständiges Wort nicht gibt. Als Paraphrase muss vielmehr ,Geschichten, die <u>alte Frauen</u> erzählen' angesetzt werden. Es handelt sich also um ein Determinativkompositum, denn schließlich wird in dieser Wortbildung ebenso wie in vergleichbaren „klassischen" Komposita (z. B. *Kindergeschichten*) das Wort *Geschichte* genauer bestimmt. Die Reihenfolge der Wortgruppe (hier: *alte Frauen*) wird in solchen Wortbildungen beibehalten, die Flexion kann (z. B. bei *ein Dummerjungenstreich* ,ein Streich dumm<u>er</u> Jungen'), muss aber nicht übernommen werden. Ist sie vorhanden, wird sie innerhalb des Wortes „mitflektiert" (z. B. *Lass doch diesen Dummenjungenstreich!*).

💡Testen Sie anhand einer Paraphrase, ob Sie ein Grundwort und eine Wortgruppe als Bestimmungswort haben. Machen Sie dazu auch die Gegenprobe: Können Sie auch binär in sinnvolle (übliche) selbständige Einheiten zerlegen?

Langzeitstudent ,Student, der eine <u>lange Zeit</u> studiert',
Fünfuhrtee ,Tee, der um <u>fünf Uhr</u> getrunken wird'
Einmannband ,Eine Band, die nur aus <u>einem Mann</u> besteht'
Unterwasserboot ,Boot, das <u>unter Wasser</u> fährt'

b) Wortgruppenkonversion

Bei der Konversion aus einer Wortgruppe wird unter Beibehaltung der Wortfolge ein neues Wort gebildet.

(zu) seiner Zeit (Pronomen + Substantiv) → *seinerzeit* (Adverb)
(die) Nase rümpfen (Substantiv + Verb) → *das Naserümpfen* (Substantiv)

Von so genannten „Bindestrichinfinitiven" spricht man, wenn komplexe verbale Wortgruppen konvertiert werden, z. B. *von der Hand in den Mund leben* → *das Von-der-Hand-in-den-Mund-Leben*. Dass jetzt ein Substantiv vorliegt, sieht man zum einen am Artikel *das/ein*, an der Großschreibung am Wortanfang, an der Verbindung der Wortteile zu einem Wort, an der zusätzlichen Großschreibung des ehemaligen Verbs und an der Substantivdeklination.

! Nicht alle Schreibungen mit Bindestrichen sind Wortgruppenkonversionen. Oft verstecken sich auch Determinativkomposita dahinter, z. B. bei *Gute-Nacht-Geschichte* ('Geschichte für eine gute Nacht'). Überprüfen Sie, ob der letzte Wortteil ein substantiviertes Verb ist!

c) Satzwörter

Dieser Wortbildungstyp, den man ebenfalls zur Konversion aus Wortgruppen zählen kann, ist im Gegensatz etwa zu den Bindestrichinfinitiven heute kaum mehr produktiv. Es fallen darunter alte Imperative (*Vergissmeinnicht, Rührmichnichtan, Stelldichein*) oder elliptische Sätze (*Tunichtgut, Störenfried, Nimmersatt, Möchtegern*). Hier können nicht anhand der letzten Konstituente Wortart und Genus bestimmt werden.

9.7 Wortkreuzung

Die Wortkreuzung ist ein Sonderfall der Komposition. Es werden unter Einsparung von (gleichen) Lauten oder Silben zwei Wörter miteinander verschmolzen. Wortkreuzungen sind meistens Gelegenheitsbildungen/Ad-hoc-Bildungen und treten vor allem bei Substantiven und Adjektiven auf.

> *Ostalgie* (aus *Osten* und *Nostalgie*), *jein* (aus *ja* und *nein*), *brontal* (aus *brutal* und *frontal*; geprägt von den Komikern Erkan und Stefan), *Grusical* (aus *Musical* und *gruselig*) oder *modro* (aus *modern* und *retro* in einer Werbung für Nissan)

9.8 Reduplikation

Eine andere Art der Wortbildung stellt die Bildung neuer Wörter durch Verdoppelung eines Wortes bzw. von bestimmten Aspekten eines Wortes dar. Man kann unterscheiden zwischen einer einfachen Verdoppelung evtl. bei gleichzeitiger Suffigierung (z. B. *der Wauwau* 'Hund', *das mega-mega-tolle Kino, jaja, wortwörtlich, Wehwehchen*), der Reimdoppelung (z. B. *Schicki-Micki, Hokuspokus, Rambazamba*) oder der Ablautdoppelung (*Singsang, tipp-topp, biff-baff, Wirrwarr*).

9.9 Kurzwortbildung

Streng genommen gehört die Kurzwortbildung nicht zur Wortbildung, da lediglich der Ausdruck, d. h. die Schreibung eines Wortes, verändert wird, es dabei aber weder zu einem Wortartenwechsel noch zu einer inhaltlichen Modifikation kommt. Ausnahmen sind Kurzwörter, die sich von ihrer Langform „emanzipiert" haben und eine zusätzliche Bedeutung tragen, vgl. *BMW* (‚Auto': *Ich fahre einen BMW.*) vs. *Bayerische* _Motorenwerke_ (‚Arbeitsplatz, Arbeitgeber': *Ich arbeite bei BMW.*). In der Forschung ist es aber üblich, alle Kurzwortbildungen in die Wortbildung einzureihen.

Man kann auf zweierlei Arten Kurzwörter erhalten:

a) **Kurzwortbildung durch Einsparung ganzer Wortteile**

- **Anfangssegment**
  Wenn nur der erste Teil eines Wortes verwendet wird, spricht man von einem Anfangssegment.

  Foto(apparat/grafie), Kilo(gramm), Prof(essor), Uni(versität)

- **Mittelsegment**
  Wenn nur der mittlere Teil eines Wortes übrig bleibt, handelt es sich um ein Mittelsegment. Es kommt nur sehr selten – vor allem bei Namen – vor.

  (E)Lisa(beth)

- **Endsegment**
  Wenn dagegen nur der letzte Bestandteil eines Wortes erhalten bleibt, liegt ein Endsegment vor; es findet sich vor allem bei Komposita.

  (Regen-)Schirm, (Fahr-)Rad, (Eisen-)Bahn, (Blumen-)Strauß

- **Klammersegment**
  Bei dreigliedrigen Komposita kann auch das Zweitglied der ersten unmittelbaren Konstituente entfallen; das Resultat ist ein Klammersegment. Dieser Abkürzungstyp ist allerdings seltener und manchmal scheint die Ergänzung des Mittelgliedes eher künstlich.

  Bier(glas)deckel, Ozon(schicht)loch, Tank(stellen)wart, Apfel(saft)schorle

b) **Kurzwortbildung aus Buchstaben (= Abkürzungswort)**

Bei dieser Art der Kurzwortbildung, die neben der Abkürzung von mehrgliedrigen Wortbildungen (*Kita* aus _Kindertagesstätte_) auch zur Abkürzung von Wortgruppen verwendet wird (vgl. die Produktbezeichnungen *OB* aus _ohne Binde_ oder *Persil* aus _Perborat_ + _Silikat_), kann man zwei Bildungsarten unterscheiden.

- **Initialwörter**

Diese Kurzwörter setzen sich aus den Anfangsbuchstaben der Wortteile zusammen und können entweder mit Endbetonung buchstabiert (z. B. *EDV* aus *elektronische Datenverarbeitung* oder *USA* aus *United States of America*) oder silbisch mit der im Deutschen üblichen Anfangsbetonung ausgesprochen werden (z. B. *Ufo* aus *Unbekanntes Flugobjekt* oder *TÜV* aus *Technischer Überwachungsverein*). Einige Kurzwörter gibt es nur in der Schreibung, sie werden aber als Vollwörter ausgesprochen (*z. B., usw., s. o.*). In seltenen Fällen kann Uneinigkeit darüber bestehen, wie ein neues Kurzwort auszusprechen ist. Als die Lungenkrankheit *SARS* (aus *Severe Acute Respiratory Syndrome*) aufkam, wurde die Abkürzung zunächst buchstabiert, später (wahrscheinlich aus Gründen der Ökonomie) silbisch ausgesprochen.

Ein Sonderfall der Initialwörter sind Wortbildungen mit Initialsilbe, bei denen lediglich der erste Teil des Wortes abgekürzt wird, z. B. *S-Bahn* aus *Schnell-Bahn, U-Boot* aus *Unterseeboot, O-Saft* aus *Orangensaft*.

- **Silbenwörter**

Im Gegensatz zu den Initialwörtern werden bei den Silbenwörtern (normalerweise) die ersten Silben der unmittelbaren Konstituenten (oder Teile von ihnen) verwendet, die dann auch silbisch ausgesprochenen werden, z. B. *Kripo* aus *Kriminalpolizei* oder *Hanuta* aus *Haselnusstafel*.

Auch eine Mischung aus Initial- und Silbenwort ist möglich, z. B. *Azubi* aus *Auszubildender*.

Normalerweise stehen das Kurzwort und seine Vollform gleichberechtigt nebeneinander und werden je nach Situation verwendet. Manchmal kann das Abkürzungswort aber das „Vollwort" auch verdrängen und die Herleitung des Wortes ist für viele Sprecher nicht mehr durchsichtig, z. B. bei *TÜV, AIDS* oder *DNS*.

Kurzwörter können selbst wieder Bestandteile von Wortbildungen sein, z. B. *Limodose* oder *LKW-Maut*.

9.10 Rückbildung

Bei der Rückbildung entsteht durch Tilgung eines Wortbildungsmorphems ein neues Wort. So gab es z. B. das Wort *sanftmütig* zuerst; durch Tilgung des Suffixes *-ig* entstand dann das Substantiv *Sanftmut*. Aus synchroner Sicht kann man nicht mehr (logisch) entscheiden, welches das eigentliche Ausgangswort der Bildung darstellt. Deshalb ist dieser Wortbildungstyp nur der Vollständigkeit halber aufgeführt; ohne etymologisches Wörterbuch können wir ihn nicht erkennen und richtig analysieren. Rückbildungen sind zudem eher selten, aber noch produktiv.

Weitere Beispiele: *Demut* gekürzt aus *demütig, Häme* aus *hämisch, bergsteigen* aus *Bergsteiger, Vielfalt* aus *vielfältig*

10. Zusammenfassung: Wortbildung – Schritt für Schritt

1 Evtl. vorhandene **Flexionsendung(en)** abtrennen (beachten Sie auch Ø-Allomorphe).

2 **Paraphrase** (= semantische Wortbildungsanalyse) benennen, evtl. die Motiviertheit der Wortverbindung kommentieren, besonders, wenn die Wortverbindung idiomatisiert/(teil)demotiviert und keine Paraphrase möglich ist.

3 Entsprechend der Paraphrase **binär segmentieren** und ein **Stemma** erstellen. Diese Darstellungsweise ist bei Konversion, impliziter Ableitung und bei Wortgruppen als Basis nicht möglich. Verwenden Sie dafür Pfeile.

4 **Fugenelemente** berücksichtigen (keine Morpheme!).

5 **Wortart des Wortbildungsprodukts, Wortbildungstyp** und **Wortart der Basis** benennen: z. B. *Schönheit:* Formulieren Sie entweder „Substantiv, deadjektivische Suffixbildung (explizite Ableitung)" oder „Suffixbildung (explizite Ableitung) eines Substantivs auf adjektivischer Basis".

6 Alle **Morpheme klassifizieren:** Basis-, Wortbildungs-, Flexionsmorphem, ggf. Allomorph zu …, frei – gebunden.

7 Die Schritte 1–6 werden so lange wiederholt, bis alle Morpheme des Ausgangswortes analysiert sind.

Unklarheiten immer diskutieren und ähnliche Wortbildungen zum Vergleich heranziehen, Reihenbildung überprüfen!

11. Musteranalysen

Die a) <u>Anmeldung</u> zur b) <u>Zwischenprüfung</u> mittels eines c) <u>zweiseitigen</u> Formulars war ein reiner d) <u>Verwaltungsakt</u>.
Nach dem Lernen in der e) <u>Bib</u> gehen f) <u>zahlreiche</u> Studenten noch auf einen g) <u>Sprung</u> in die Mensa und freuen sich über die h) <u>Essensauswahl</u>.

a) *Anmeldung*

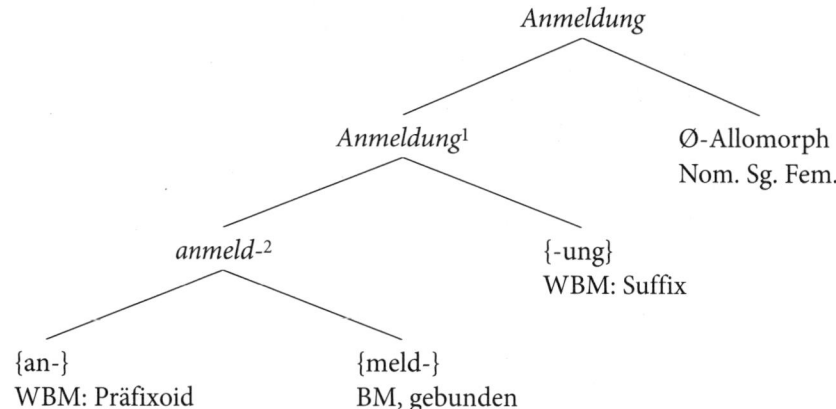

1) Paraphrase: ‚Handlung, jemanden anzumelden'
   Substantiv; deverbale Suffixbildung (explizite Ableitung)
2) Paraphrase: ‚jemanden an einem Ort melden'
   Verb; unfeste Verbbildung mit Präfixoid

b) *Zwischenprüfung*

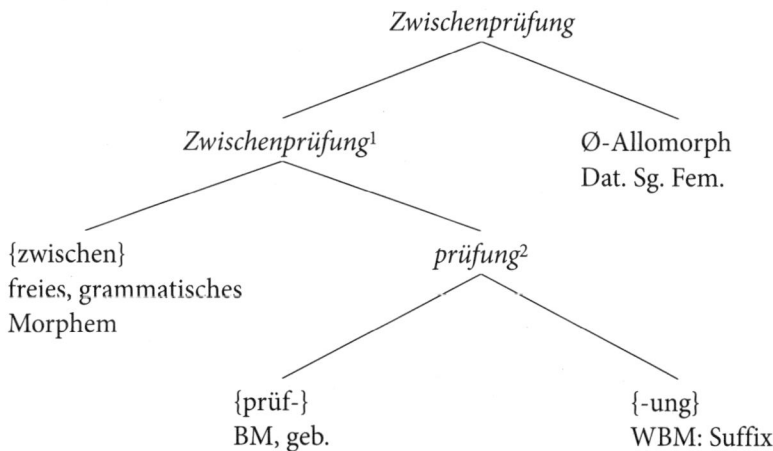

1) Paraphrase: ‚Prüfung, die zwischen dem Studium stattfindet'
   Substantiv; Determinativkompositum aus einer Präposition und einem Substantiv
2) Paraphrase: ‚Vorgang des Prüfens'
   Substantiv; deverbale Suffixbildung (explizite Ableitung)

c) *zweiseitigen*

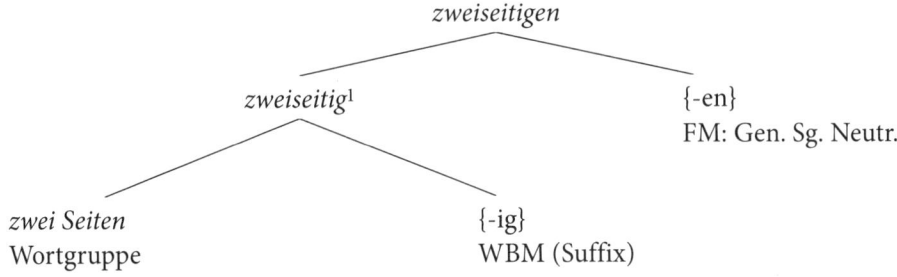

1) Paraphrase: ‚zwei Seiten habend'
   Adjektiv; Zusammenbildung (explizite Ableitung einer Wortgruppe)

d) *Verwaltungsakt*

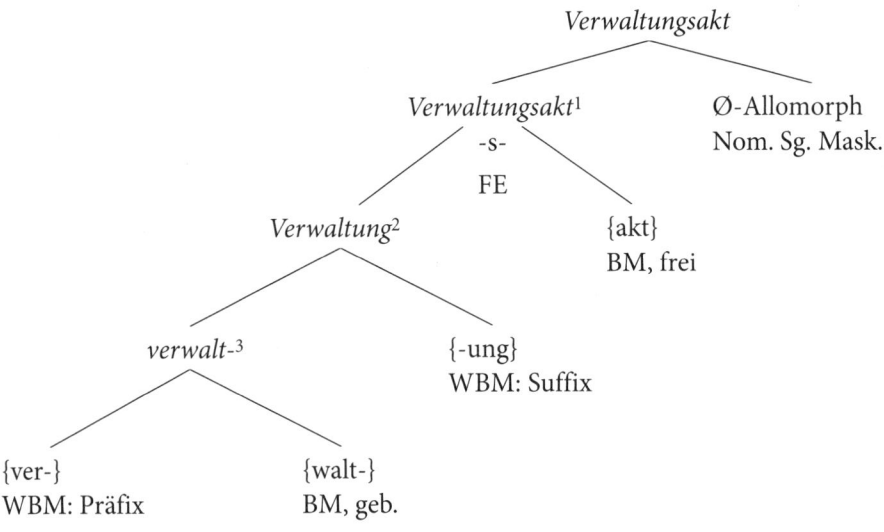

1) Paraphrase: ‚Akt der/in einer Verwaltung'
   Substantiv; Determinativkompositum aus 2 Substantiven
2) Paraphrase: ‚Vorgang des Verwaltens', auch: ‚Ort, an dem etwas verwaltet wird'
   Substantiv; deverbale Suffixbildung (explizite Ableitung)
3) Paraphrase: schwierig; das Verb *walten* wird heute eher selten verwendet, z. B. noch in *schalten und walten*. Das Präfix *ver-* bewirkt in diesem Zusammenhang am ehesten eine Intensivierung.
   Verb; deverbale Präfixbildung (explizite Ableitung)

e) *Bib* – Kurzwortbildung: Anfangssegment zu *Bibliothek*

f) *zahlreiche*

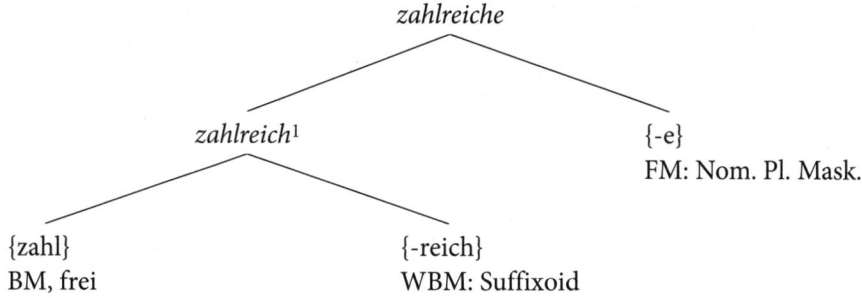

1) Paraphrase: ‚reich an der Zahl'

   reich ist ein Suffixoid, da die ursprüngliche Bedeutung ‚viel Geld besitzen' in eine allgemeinere ‚viel' übergegangen ist. Es handelt sich also um eine explizite Ableitung einer substantivischen Basis mit Suffixoid (vgl. Reihenbildung, z. B. *hilfreich, waldreich, siegreich).*

g) *Sprung*

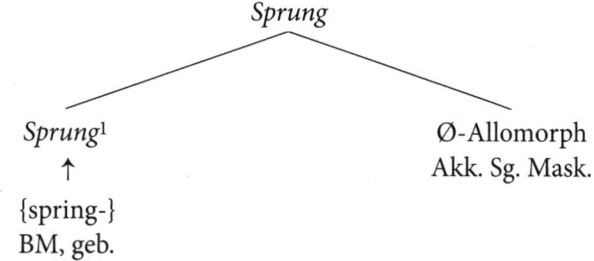

1) Paraphrase: ‚Vorgang des Springens'

   Substantiv; deverbale implizite Ableitung

h) *Essensauswahl*

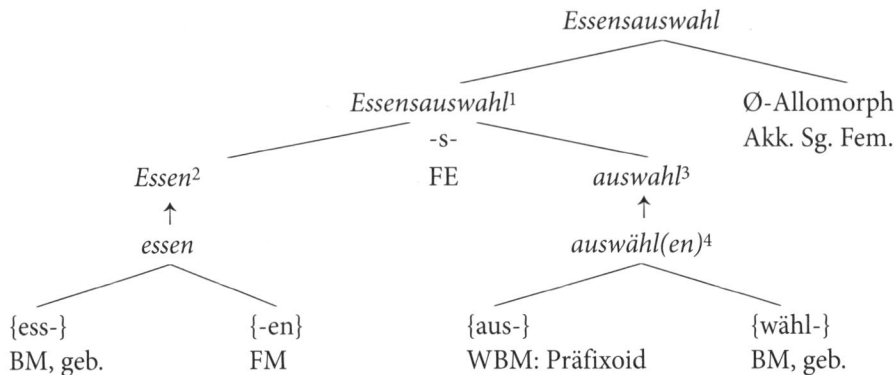

1) Paraphrase: ‚Auswahl an Essen‘
   Substantiv; Determinativkompositum aus 2 Substantiven
2) Paraphrase: ‚etwas, das man essen kann‘
   Substantiv; Infinitivkonversion
3) Paraphrase: ‚Ergebnis des Auswählens‘
   Substantiv; deverbale Stammkonversion mit Umlautwegfall
4) Paraphrase: ‚etwas aus unterschiedlichen Möglichkeiten wählen‘
   Verb; unfeste Verbbildung mit Präfixoid

12. Übungen

1 Bestimmen und klassifizieren Sie alle Morpheme im folgenden Satz:
   Das Zauberwort ab Einführung des Büchergeldes heißt Mitbestimmung.
2 Geben Sie den Grad der Motiviertheit folgender Wortverbindungen an: *Fußnagel, Schreibtisch, Damhirsch, Ohrfeige.*

Übungstext:

1 ***Ermittler auf vier Schuhen***
2 *London (dpa) – Britische Polizeihunde können jetzt Schuhe tragen. Die rutsch-*
3 *festen Stiefel sollen Verletzungen an den Pfoten der vierbeinigen Ermittler ver-*
4 *meiden helfen. Als erster gestiefelter Hund wurde „Buzz“ von der Polizei im nord-*
5 *englischen Northumbria vorgestellt. „Es gab schon Fälle, in denen Hunde nicht*
6 *eingesetzt werden konnten, weil sie sich hätten verletzen können“, erklärte Poli-*
7 *zeisprecher Alex McLeod. So liege etwa nach Einbrüchen häufig Glas am Tatort.*

(aus: Süddeutsche Zeitung, Nr. 16, 21.01.2005, S. 12)

3 Handelt es sich bei den Segmenten *-er* aus dem Übungstext um Morpheme? Wenn ja, welche Morpheme liegen hier vor? Begründen Sie Ihre Entscheidung: *Ermittler* (Z. 1), *vier* (Z. 1), *Verletzungen* (Z. 3), *gestiefelter* (Z. 4), *erklärte* (Z. 6), *Polizeisprecher* (Z. 6–7).

4 Geben Sie die Paraphrase (semantische Wortbildungsanalyse) zu folgenden Wörtern des Übungstextes an:

- *Polizeihunde* (Z. 2)
- *vermeiden* (Z. 3–4)
- *eingesetzt* (Z. 6)
- *Polizeisprecher* (Z. 6–7)
- *häufig* (Z. 7)
- *Tatort* (Z. 7)

5 Führen Sie eine vollständige Wortbildungsanalyse zu folgenden Wörtern des Übungstextes durch: *rutschfesten* (Z. 2–3), *Verletzungen* (Z. 3), *Ermittler* (Z. 3), *Einbrüchen* (Z. 7).

6 Erklären Sie die wortbildungsanalytischen Besonderheiten der Wörter *gestiefelter* (Z. 4) und *vorgestellt* (Z. 5)!

13. Quellen und weiterführende Literatur

Altmann, Hans/Kemmerling, Silke: Wortbildung fürs Examen. Studien- und Arbeitsbuch. 2., überarb. Aufl. Göttingen 2005.
Für Studierende in höheren Semestern, die bereits über ein morphologisches Basiswissen verfügen. Der Stoff wird meist stichpunktartig in Listen und Tabellen dargeboten, es gibt Übungen und längere klausurartige Aufgaben mit Lösungen.

Barz, Irmhild/Schröder, Marianne/Hämmer, Karin/Poethe, Hannelore: Wortbildung – praktisch und integrativ. Ein Arbeitsbuch. 4., überarb. Aufl. Frankfurt a. M. 2007.
Hier finden sich nach jeweils einer knappen Einführung sehr viele Aufgaben zu verschiedenen Teilaspekten (z. B. Benennungsmotive, Wortschatzerweiterung durch Wortbildungen, diachrone Aspekte der Wortbildung) mit Lösungen.

Donalies, Elke: Die Wortbildung des Deutschen. Ein Überblick. 2., überarb. Aufl. Tübingen 2005.
Das Buch ist nicht so ausführlich (wie etwa Fleischer/Barz), bietet aber gerade für den Studienanfänger einen ersten Überblick über die Thematik. Übungen gibt es nicht.

Donalies, Elke: Basiswissen Deutsche Wortbildung. Tübingen/Basel 2007.
Das schmale Buch ist gut verständlich und übersichtlich geschrieben und liefert viele weitere Beispiele zu einzelnen Wortbildungstypen. Bitte auf von unserer Darstellung abweichende Definitionen der Wortbildungstypen achten.

Duden. Die Grammatik. Unentbehrlich für richtiges Deutsch. 7., völlig neu erarb. u. erw. Aufl. Hrsg. von der Dudenredaktion. Mannheim 2005. Kap. Die Wortbildung, S. 641–772.

Zur Anschaffung und kritischen Durchsicht empfohlen. Bitte auf von unserer Darstellung abweichende Definitionen der Wortbildungstypen achten.

Eisenberg, Peter: Grundriss der deutschen Grammatik. Band 1: Das Wort. 3., durchges. Aufl. Stuttgart 2006. Kap. 6. Wortbildung I und Kap. 7 Wortbildung II, S. 209–300.
Es finden sich neben der Darstellung der Kernbereiche der deutschen Grammatik auch Aufgaben mit Lösungen.

Fleischer, Wolfgang/Barz, Irmhild: Wortbildung der deutschen Gegenwartssprache. 3., unveränd. Aufl. Tübingen 2007.
Das Standardwerk zur Wortbildung ist vor allem ein gutes Nachschlagewerk.

Greule, Albrecht: Reduktion als Wortbildungsprozeß der deutschen Sprache. In: Muttersprache 106 (1996), S. 193–203.
Sehr lesenswerter Beitrag zum Thema! Zu beachten ist auch die detaillierte Typologie der Kurzform.

Greule, Albrecht: Kurzwörter in historischer Sicht. In: Neuphilologische Mitteilungen 107 (2006), S. 423–434.
Zur Erweiterung des Wissens über das Thema geeignet. Die Analyse der Kurzwörter (siehe auch Steinhauer) erfolgt nach den Kriterien Qualität, Quantität, Position und (Dis-/)Kontinuität der aus der Vollform in die Kurzform übernommenen Segmente. Zwei angeführte Beispiele: „Kripo" ist ein bisegmentales, initial-medial-diskontinuierliches Silben-KW; „Krimi" ist ein bisegmentales, initial-kontinuierliches Silben-KW.

Kobler-Trill, Dorothea: Das Kurzwort im Deutschen. Eine Untersuchung zu Definition, Typologie und Entwicklung. Tübingen 1994.
Zur vertiefenden Beschäftigung mit dem Thema empfohlen.

Lohde, Michael: Wortbildung des modernen Deutschen. Ein Lehr- und Übungsbuch. Tübingen 2006.
Das Buch ist didaktisch gut aufbereitet und bietet viele Übungen mit Lösungen an. Bitte auf von unserer Darstellung abweichende Definitionen der Wortbildungstypen achten.

Pfeifer, Wolfgang: Etymologisches Wörterbuch des Deutschen. Ungekürzte, 8. Aufl., München 2005.
Bestens geeignet, um unikale Morpheme, Pseudomorpheme oder Volksetymologien nachzuschlagen.

Römer, Christine: Morphologie der deutschen Sprache. Tübingen/Basel 2006. Kap. 1–2, 6–7.
Zur Erweiterung des Wissens über Morphologie (Wortbildung, Flexion) geeignet. Bitte auf von unserer Darstellung abweichende Definitionen der Wortbildungstypen achten. Übungen mit Lösungen sind vorhanden.

Schunk, Gunther: Studienbuch zur Einführung in die deutsche Sprachwissenschaft. Vom Laut zum Wort. 2., überarb. und erw. Aufl. Würzburg 2002. Kap. V. Morphologie und Wortbildung, S. 110–167.
Ausführliche, gut didaktisierte Kapitel mit Musteranalysen und einigen Übungen (mit Lösungen). Für Studienanfänger sehr empfehlenswert.

Steinhauer, Anja: Sprachökonomie durch Kurzwörter. Bildung und Verwendung in der Fachkommunikation. Tübingen 2000.
Zur Erweiterung des Wissens über die Thematik geeignet.

Weinrich, Harald: Textgrammatik der deutschen Sprache. Unter Mitarbeit von Maria Thurmair, Eva Breindl, Eva-Maria Willkop. 3., rev. Aufl. Hildesheim u. a. 2005. Kap. 9. Wortbildung, S. 913–1079.
Behandelt ausführlich die unfeste Verbbildung (hier Konstitution genannt), die in anderen Darstellungen vernachlässigt wird.

V. Sprache und Sprechen

Dieses Kapitel widmet sich den Grundlagen unserer sprachlichen Kommunikation. Bereits sehr früh haben Philosophen erkannt, dass sprachliche Aussagen komplexer Natur sind. Durch logische Verfahren der Art *Die Eiche ist ein Baum – ein Baum ist eine Pflanze – also ist die Eiche eine Pflanze, aber nicht jede Pflanze ist ein Baum.* ist man auf die Eigenschaften einzelner Wörter aufmerksam geworden: Sätze können wahr oder falsch sein, von Wörtern kann man dies aber nicht behaupten. Wörter zeigen vielmehr auf unsere außersprachliche Wirklichkeit, die auch ohne Sprache existiert und die in jeder Sprache anders abgebildet wird: Sie sind damit Zeichen.

1. Eigenschaften sprachlicher Zeichen: Arbitrarität und Konventionalität

In der Geschichte „Ein Tisch ist ein Tisch" können wir einige wichtige Aspekte über die Eigenschaften von sprachlichen Zeichen lernen, welche die Bausteine unserer verbalen Kommunikation sind.

Ein Tisch ist ein Tisch

Ich will von einem alten Mann erzählen, von einem Mann, der kein Wort mehr sagt, ein Gesicht hat, zu müd zum Lächeln und zu müd, um böse zu sein. Er wohnt in einer kleinen Stadt, am Ende der Straße oder nahe der Kreuzung. (...) Im obersten Stock des Hauses hat er sein Zimmer, vielleicht war er verheiratet und hatte Kinder, vielleicht wohnte er früher in einer anderen Stadt. (...) In seinem Zimmer sind zwei Stühle, ein Tisch, ein Teppich, ein Bett und ein Schrank. Auf einem kleinen Tisch steht ein Wecker, daneben liegen alte Zeitungen und das Fotoalbum, an der Wand hängen ein Spiegel und ein Bild.

Der alte Mann machte morgens einen Spaziergang und nachmittags einen Spaziergang, sprach ein paar Worte mit seinem Nachbarn, und abends saß er an seinem Tisch. Das änderte sich nie, auch sonntags war das so. Und wenn der Mann am Tisch saß, hörte er den Wecker ticken, immer den Wecker ticken.

Dann gab es einmal einen besonderen Tag, einen Tag mit Sonne, nicht zu heiß, nicht zu kalt, mit Vogelgezwitscher, mit freundlichen Leuten, mit Kindern, die spielten – und das Besondere war, dass das alles dem Mann plötzlich gefiel. Er lächelte. „Jetzt wird sich alles ändern", dachte er. Er öffnete den obersten Hemdknopf, nahm den Hut in die Hand, beschleunigte seinen Gang, wippte sogar beim Gehen in den Knien und freute sich. Er kam in seine Straße, nickte den Kindern zu, ging vor sein Haus, stieg die Treppe hoch, nahm die Schlüssel aus der Tasche und schloss sein Zimmer auf.

Aber im Zimmer war alles gleich, ein Tisch, zwei Stühle, ein Bett. Und wie er sich hinsetzte, hörte er wieder das Ticken, und alle Freude war vorbei, denn nichts hatte sich geändert. Und den Mann überkam eine große Wut. (...) „Es muss sich ändern, es muss sich ändern!" (...) „Immer derselbe Tisch", sagte der Mann, „dieselben Stühle, das Bett, das Bild. Und dem Tisch sage ich Tisch, dem Bild sage ich Bild, das Bett heißt Bett, und den Stuhl nennt man Stuhl. Warum denn eigentlich?" Die Franzosen sagen dem Bett „li", dem Tisch „tabl", nennen das Bild „tablo" und den Stuhl „schäs", und sie verstehen sich. Und die Chinesen verstehen sich auch.

„Weshalb heißt das Bett nicht Bild", dachte der Mann und lächelte, dann lachte er, lachte, bis die Nachbarn an die Wand klopften und „Ruhe" riefen. „Jetzt ändert es sich", rief er und sagte von nun an dem Bett „Bild". „Ich bin müde, ich will ins Bild", sagte er, und morgens blieb er oft lange im Bild liegen und überlegte, wie er nun dem Stuhl sagen wollte, und er nannte den Stuhl „Wecker". (...) Der Mann fand das lustig, und er übte den ganzen Tag und prägte sich die neuen Wörter ein. Jetzt wurde alles umbenannt: Er war jetzt kein Mann mehr, sondern ein Fuß, und der Fuß war ein Morgen und der Morgen ein Mann. Jetzt könnt ihr die Geschichte selbst weiterschreiben. Und dann könnt ihr, so wie es der Mann machte auch die anderen Wörter austauschen:
läuten heißt stellen, frieren heißt schauen, liegen heißt läuten, stehen heißt frieren, stellen heißt blättern.

So dass es dann heißt: Am Morgen blieb der alte Fuß lange im Bild läuten, um neun stellte das Fotoalbum, der Fuß fror auf und blätterte sich auf den Schrank, damit er nicht den Morgen schaute.

(...) Dann lernte er für alle Dinge die neuen Bezeichnungen und vergaß dabei mehr und mehr die richtigen. Er hatte jetzt eine neue Sprache, die ihm ganz alleine gehörte.

(...) Und es kam soweit, dass der Mann lachen musste, wenn er die Leute reden hörte. Er musste lachen, wenn er hörte wie jemand sagte: „Gehen Sie morgen auch zum Fußballspiel?" Oder wenn jemand sagte: „Jetzt regnet es schon zwei Monate lang." Oder wenn jemand sagte: „Ich habe einen Onkel in Amerika." Er musste lachen, weil er das alles nicht verstand.

Aber eine lustige Geschichte ist das nicht. Sie hat traurig angefangen und hört traurig auf. Der alte Mann im grauen Mantel konnte die Leute nicht mehr verstehen, das war nicht so schlimm. Viel schlimmer war, sie konnten ihn nicht mehr verstehen. Und deshalb sagte er nichts mehr. Er schwieg, sprach nur noch mit sich selbst, grüßte nicht einmal mehr.

(aus: Peter Bichsel: Kindergeschichten, © Suhrkamp Verlag Frankfurt 1997. S. 21–30)

Warum scheitern die Kommunikationsversuche des alten Mannes und welche Schlussfolgerungen können wir aus dieser Geschichte für unsere Sprache ziehen?

Wenn wir überlegen, warum wir zu einem Gegenstand, auf dem man sitzen kann, *Stuhl* sagen und nicht etwa *Lampe*, dann werden wir vielleicht folgende

Gründe nennen: „Es steht so im Wörterbuch." „Man hat das schon immer so genannt." „Ich habe keine Ahnung." etc. Auch der alte Mann kann sich nicht erklären, warum er zu den Gegenständen in seinem Zimmer so und nicht anders sagt, und deshalb ändert er die Zuordnung der Wörter zu den Gegenständen.

Anhand der Geschichte können wir zwei wichtige Eigenschaften sprachlicher Zeichen erkennen: Sie sind **arbiträr** und **konventionalisiert**. Was wir also zu einem Gegenstand, auf dem man sitzen kann, sagen, ist zunächst unwichtig und beliebig (arbiträr): Wir sagen *Stuhl*, die Engländer sagen *chair* und die Ungarn *szék*. Eine Kommunikation funktioniert aber nur, wenn für die Kommunikationsteilhaber klar ist, was eine bestimmte Lautfolge bedeutet und dass diese Lautfolge stets dasselbe bedeutet. Damit beruht ein sprachliches Zeichen auf gesellschaftlichen Konventionen (konventionalisiert) einer Sprechergemeinschaft, die sich langfristig aber durchaus ändern können (vgl. Kap. VI. 8. Bedeutungswandel). Dadurch, dass der alte Mann diese gesellschaftlichen Konventionen missachtet und eigene Konventionen aufstellt, ist er von der Sprachgemeinschaft ausgeschlossen: Er versteht keinen mehr und keiner versteht ihn, was unvermeidlich zum Verlust von Sprache und Kommunikationsfähigkeit führen muss.

Nicht alle Wörter sind arbiträr und bei einigen haben wir eher eine Erklärung, warum sie so und nicht ganz anders heißen: Der Kuckuck z. B. heißt so, weil er ein Geräusch macht, das sich wie *kuckuck* anhört. Wir müssen jedoch zugeben, dass solche Erklärungen in unserer Sprache eher selten und den Onomatopoetika (lautmalenden Wörtern) vorbehalten sind. Von einer Motiviertheit sprachlicher Zeichen können wir in der Regel erst auf der Ebene von Wortbildungsprodukten sprechen (vgl. Kapitel IV. 5. Motiviertheit von Wortverbindungen). Das Morphem als kleinste bedeutungstragende Einheit ist auch das kleinste sprachliche Zeichen.

2. Zeichentypen: Index, Ikon und Symbol

Nicht nur sprachliche Zeichen haben eine verweisende Funktion; wir sind auch umgeben von verschiedenen nichtsprachlichen Zeichen, die wir oft eher unbewusst interpretieren.

a) Index

Ein Index (lat. ‚Anzeiger') oder Symptom ist eine Folge von etwas und gibt Rückschlüsse auf einen Verursacher (im weitesten Sinne). So ist etwa Rauch ein Zeichen für Feuer, ein Fußabdruck ein Zeichen für einen bestimmten Menschen, eine dialektale Färbung der Sprache Zeichen für eine bestimmte Region, aus der der Sprecher stammt usw. und damit sind kriminalistische Indizien ebenso indexikalisch wie Krankheitssymptome in der Medizin.

b) Ikon

Von einem Ikon (griech. ‚Bild‘) sprechen wir, wenn es zwischen dem Zeichen und seiner Bedeutung eine erkennbare Beziehung/Ähnlichkeit z. B. in Bezug auf Farbe, Klang, Form, Struktur oder Reihenfolge gibt. So steht etwa das Zeichen ☺ für ‚ich freue mich‘, 💾 für speichern. Auch Onomatopoetika sind ikonisch, da eine Ähnlichkeit hinsichtlich des Klangs vorliegt. Ikone spielen für die Entwicklung der Schrift eine große Rolle, denn die ersten Schriftsysteme, etwa die Hieroglyphen, hatten Abbildungscharakter und waren damit ikonisch.

c) Symbol

Zeichen, deren Beziehung zum Gegenstand weder auf einem Folge- noch auf einem Ähnlichkeitsverhältnis beruht, nennt man Symbole (griech. ‚Kennzeichen‘). Sie sind arbiträr und konventionalisiert. Manche Verkehrszeichen sind solche Symbole. Warum ◈ ‚Vorfahrtsstraße‘ bedeutet, ist nicht motiviert. Allerdings ist die feste Bedeutung dieser Verkehrszeichen von großer Bedeutung für die Verkehrssicherheit. Schließlich darf ein Schild nicht an einem Tag ‚Vorfahrt achten‘ und am nächsten Tag ‚Vorfahrtsstraße‘ bedeuten. Auch sprachliche Zeichen zählen zu den Symbolen, da auch sie – wie oben erläutert – arbiträr und konventionalisiert sind.

Verkürzt können wir festhalten: Die Relation eines Symptoms zu dem von ihm Bezeichneten ist die der Kausalität, eines Ikons die der Ähnlichkeit und eines Symbols die der Arbitrarität.

3. Zeichenmodelle sprachlicher Zeichen

Die Disziplin, die sich mit der Lehre der Zeichen beschäftigt, heißt Semiotik. Da sie sich auch mit nichtsprachlichen Zeichen beschäftigt, ist sie keine genuin sprachwissenschaftliche Forschungsdisziplin.

a) Das bilaterale Zeichenmodell

Das erste wichtige sprachliche Zeichenmodell stammt von Ferdinand de Saussure (1916). Es zeigt die beiden Seiten (bilateral = zweiseitig) eines sprachlichen Zeichens auf: das Bezeichnete (signifié) und das Bezeichnende (signifiant) oder anders ausgedrückt: den Inhalt und den Ausdruck (weitere Bezeichnungsmöglichkeiten siehe Abbildung unten). So umfasst etwa das Wort *Auto* auf der einen Seite eine konkrete Lautkette [a̯uto], auf der anderen Seite die Vorstellung eines Gegenstandes (nicht einen konkreten Gegenstand), den man mit *Auto* bezeichnet (siehe Exkurs Begriff).

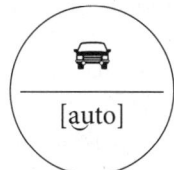 signifié, Bezeichnetes/Vorstellung/Idee/Inhalt/ Gedanke/Konzept/Bedeutung

signifiant, Bezeichnendes/Ausdruck/Lautbild/ Form

Dieses Zeichenmodell greift besonders gut bei Wörtern, die einen semantischen Eigenwert besitzen. Zu diesen Autosemantika („Vollwörter") zählen etwa alle Substantive, Verben, Adjektive und Adverbien. Wörter, die lediglich eine grammatische Bedeutung haben, nennt man Synsemantika („Funktionswörter"), z. B. Pronomen (*dieser, mein, ich* etc.) oder Subjunktionen (*weil, als, wenn* etc.). Ihre Bedeutung ist eher abstrakt (z. B. *weil* = ‚Begründung').

Exkurs

Begriff

Der Terminus „Begriff" bezieht sich im bilateralen Zeichenmodell auf die Vorstellung. Es handelt sich um ein durch Abstraktion gewonnenes gedankliches Konzept. Ein Begriff bezieht sich nicht auf einen konkreten Gegenstand, sondern auf eine ganze Klasse/Kategorie von gleichartigen Erscheinungen, z. B. Tisch als Gattungsbezeichnung. Ein Begriff wird durch die Aufzählung der darunter fallenden Objekte und durch die Nennung ihrer spezifischen Merkmale definiert:

- Begriffsumfang (Extension): z. B. Menge aller Gegenstände, die als Tische bezeichnet werden
- Begriffsinhalt (Intension): Merkmale, die der Begriff hat (bei Tisch: Möbelstück zum Essen, Schreiben, usw.) (vgl. Kap. VI. 4. Die Semanalyse)

b) Das semiotische Dreieck

Charles K. Ogden und Ivor A. Richards (1923) haben das Zeichenmodell von de Saussure um eine Komponente erweitert. Sie beziehen in ihr semiotisches Dreieck auch die außersprachliche Wirklichkeit ein und nennen diesen Aspekt des sprachlichen Zeichens den Referent oder das Bezugsobjekt (Anmerkung: Der Referent bezeichnet <u>nicht</u> den Sprecher!).

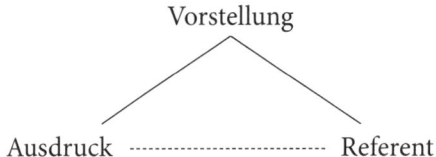

Wenn ich also frage *Papa, kann ich heute Abend dein Auto haben?*, so verwende ich die Lautfolge [a̯uto] für einen Gegenstand, von dem ich eine bestimmte Idee habe: Ein Auto ist ein Fahrzeug, in das man einsteigen kann und das normalerweise mit Benzin oder Diesel fährt etc. Außerdem aber verweise ich in meiner Frage auf ein ganz konkretes Auto, das in der außersprachlichen Wirklichkeit existiert (= Referent, nämlich das Auto in unserer Garage, z. B. ein blauer VW-Passat ...).

Die Linien in diesem Dreieck definieren die Beziehung zwischen den Elementen genauer. Zwischen einem konkreten Objekt und der Vorstellung, die ich davon habe, gibt es eine direkte Verbindung, ebenso zwischen einem Ausdruck und der durch Konvention zugeordneten Bedeutung (= Vorstellung), eben durch diese konventionelle Bindung. Eine (logische) Verbindung zwischen einem konkreten Gegenstand und einer Bezeichnung gibt es allerdings nicht, sie ist arbiträr (vgl. oben).

c) Das Organon-Modell

Bisher haben wir „sprachliches Zeichen" eher synonym zu „Wort" verwendet. Die Zeichentheorie kann man aber auch auf Äußerungen anwenden, die aus mehr als einem Wort bestehen. Das kommt z. B. im komplexeren Organon-Modell (griech. *organon* ‚Werkzeug') von Karl Bühler (1918, 1933) zum Tragen, welches auch Sender und Empfänger einschließt und das Zeichenmodell zu einem Kommunikationsmodell erweitert (s. Abb. 2).

Das sprachliche Zeichen hat nach Bühler drei Funktionen:

- Darstellungsfunktion: Das Zeichen repräsentiert einen außersprachlichen Gegenstand oder Sachverhalt.
- Ausdrucksfunktion: Das Zeichen ist immer an einen Sender gebunden, der etwas Bestimmtes ausdrücken will.
- Appellfunktion: Das Zeichen soll eine Verhaltensänderung beim Empfänger bewirken.

Am folgenden Beispiel werden diese drei Funktionen noch einmal deutlich:
Wenn zwei Personen in einem Raum sind und der eine sagt *Hier ist es aber stickig!*, dann kann man diesem Satz den Rang eines Zeichens zugestehen, das einen bestimmten außersprachlichen Sachverhalt beschreibt (Darstellungsfunk-

tion). Mit dieser Äußerung drückt der Sender seine Unzufriedenheit über diesen Zustand aus (Ausdrucksfunktion) und schließt (eventuell) eine Aufforderung an den Empfänger ein (Appellfunktion), nämlich das Fenster zu öffnen.

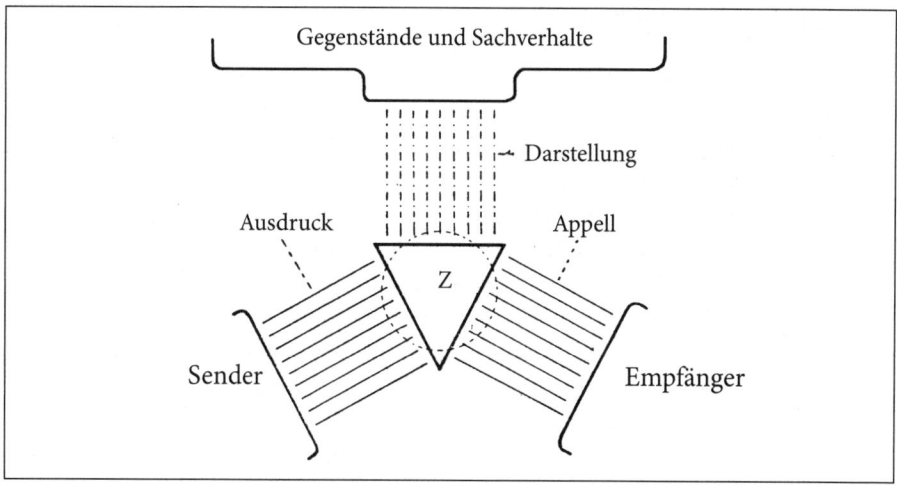

Abb. 2: Das Organon-Modell

Ein weiteres Kommunikationsmodell, das Bühlers Terminologie teilweise aufgreift, wird in Kap. V. 5. vorgestellt.

Zusammenfassend können wir uns noch einmal die Beziehungen vergegenwärtigen, in denen sprachliche Zeichen stehen können. Wenn wir untersuchen, in welchem Verhältnis Zeichen zueinander stehen (Zeichen-Zeichen-Beziehung), dann sind wir auf der Ebene der Syntax (vgl. Kap. I. Syntax). Die Beschäftigung mit der Relation von Inhalt und Ausdruck fällt in das Aufgabengebiet der Semantik (vgl. Kap. VI. Semantik), während das bereits im Organon-Modell angesprochene Verhältnis zwischen Zeichen und Zeichenbenutzer (Sender) eine pragmatische, also handlungsorientierte Beziehung ist.

4. Grundbegriffe: Langage – Langue – Parole – Norm

Um zu verstehen, welche verschiedenen Phänomene wir mit *Sprache* bzw. *sprechen* bezeichnen, vergleichen Sie folgende Aussagen:

a) *Das Kind spricht ja schon und das in dem Alter!*
b) *Sprechen Sie Deutsch? Ich kann nämlich kein Englisch.*

c) *Sprich mit mir! Ich hasse dieses Anschweigen!*
d) *Kennst du die neue Nachbarin? Die spricht immer so hochg'stochen; meint wohl, sie ist was Besseres!*
e) *Der Professor Meier spricht immer so undeutlich, ich habe wirklich Probleme ihn zu verstehen!*

Sprechen kann **Sprachfähigkeit** (Beispiel a) bedeuten. Dieses Phänomen nannte de Saussure, der auch die nachfolgenden französischen Grundbegriffe in die Sprachwissenschaft eingeführt hat, **Langage**. Die Langage wird häufig als ein entscheidendes Kriterium herangezogen, welches den Menschen vom Tier unterscheidet. Die Sprache als abstraktes **Sprachsystem** und konventionalisiertes Kommunikations- oder Zeichensystem (Beispiel b: Nationalsprachen/Einzelsprachen) wird mit dem Terminus **Langue** bezeichnet. Das Sprachsystem ist eine abstrakte Einheit und stellt den Sprachbesitz einer Sprachgemeinschaft dar. Die konkrete **Sprachverwendung** (Beispiel c) dagegen bezeichnet de Saussure als **Parole**. Damit ist eine individuelle, konkrete sprachliche Äußerung gemeint, und alles, was wir lesen oder hören, gehört zur Parole. In der Wortbildung haben wir zwischen den beiden Termini Morphem als klassifizierte, kleinste bedeutungstragende Einheit und Morph als konkrete im Text vorkommende, aber noch nicht klassifizierte bedeutungstragende Einheit unterschieden. Diese Unterscheidung entspricht der Zweiteilung Langue und Parole, d.h., das Morphem ist eine Einheit der Langue und das Morph eine Einheit der Parole.

Zur Verdeutlichung des Unterschieds zwischen Langue und Parole soll kurz auf den berühmten Vergleich hingewiesen werden, den de Saussure selbst gewählt hat: das Schachspiel.

Die Spielregeln (welcher Stein darf welchen Zug machen, in welcher Reihenfolge darf gezogen werden etc.) entsprechen der Langue (Sprachsystem), das konkrete Spiel aber, das in unzähligen Varianten und auch mit Spielsteinen aus unterschiedlichem Material usw. gespielt wird, entspricht der Parole (Sprachverwendung).

Eugenio Coseriu hat der Terminologie de Saussures einen weiteren Begriff hinzugefügt: die **Norm**, genauer die Sprachgebrauchsnorm. Damit ist die Art und Weise gemeint, wie die Parole normalerweise verwirklicht wird. Sie enthält die sozialen Erwartungen vom angemessenen sprachlichen Handeln und auch Wertungen (Beispiel d). So kann es etwa in der täglich gesprochenen Sprache mit Freunden oder in der Familie üblich sein, *das Auto von meinem Bruder* statt *das Auto meines Bruders* zu sagen. Auch die Verwendung von *weil* als Konjunktion (*Weil das passt zu mir.*) wird oft als „schlechtes Deutsch" bewertet, ist aber in einigen Sprechergruppen die Norm und integriert den Sprecher unter Umständen in diese Gruppe.

Als letzter Bedeutungsaspekt muss noch Sprechen im Sinne von **Sprechweise** (Beispiel e) genannt werden; hierunter fallen etwa die Stimmlage (hoch, tief), Artikulationsweise (deutlich, undeutlich), Lautstärke oder das Sprechtempo.

Die Sprache ist aber kein statisches Phänomen; vielmehr kann sich durch das Zusammenwirken von Parole, Norm und Langue eine Sprache auch wandeln. Ein Sprachwandel vollzieht sich normalerweise zunächst auf der Ebene der Parole, d. h., ein Sprecher verwendet ein Wort in einem anderen Sinn (vgl. Kap. VI. 8. Bedeutungswandel) oder spricht etwas anders aus. Wenn ein großer Anteil der Sprecher diese Neuerungen als Norm auffasst, gehen sie auch in das Sprachsystem ein. Selten wird der umgekehrte Weg beschritten (also über das System in die Sprachverwendung). Dieses Phänomen nennt man Sprachlenkung; sie findet sich z. B. unter totalitären Regimes, die ihrer Bevölkerung die Verwendung bestimmter Wörter verbieten und sprachliche Strukturen durch Propaganda verbreiten. Aber auch die Sprachnormierung durch staatliche Akademien wie etwa der Académie française in Frankreich, die sich z. B. um die Integration von Fremdwörtern kümmert, zählt hierzu.

5. Ein Kommunikationsmodell

Das folgende Kommunikationsmodell (s. Abb. 3) vereinigt die verschiedenen Aspekte, die bisher angesprochen wurden: In den Köpfen der beiden Sprecher bzw. Hörer ist das Sprachsystem zu finden, welches die Gesamtheit aller sprachlichen Möglichkeiten im Deutschen umfasst. Innerhalb dieses Systems stellt die Norm das dar, was innerhalb einer Sprechergemeinschaft üblich ist. Wir könnten z. B. in einer Bäckerei sagen „Gib mir ein Brot!" Obwohl das grammatisch korrekt wäre, ist die Norm eher „Ich hätte gern ein Brot." Beide Sprecher/Hörer haben einen bestimmten persönlichen Anteil an dieser Norm. In der Regel decken sie sich, aber manchmal führen unterschiedliche Normverständnisse zu Missverständnissen oder Unhöflichkeit. Das, was zwischen den beiden Personen steht, ist eine konkrete Aussage, die Parole, die sich auf einen außersprachlichen Sachverhalt bezieht. Um diese Aussage formulieren zu können (Sprechakt) ist das Wissen um Regeln der Sprache auf verschiedenen Ebenen notwendig: Wie heißt das Wort für ‚Bruder meiner Mutter' (Lexik)? Wie spreche ich dieses Wort korrekt aus (Phonetik)? Wie bilde ich aus zwei Wörtern ein Wort (Wortbildung)? Wie verknüpfe ich die einzelnen Wörter zu einem Satz (Syntax)? Was will ich mit meiner Aussage bewirken (Pragmatik)? Für die Dechiffrierung dieser Aussage (Verstehensakt) ist dasselbe sprachliche Rüstzeug notwendig, wobei besonders die Beantwortung der Frage „Was will mir der Sprecher damit sagen?" zu Missverständnissen führen kann.

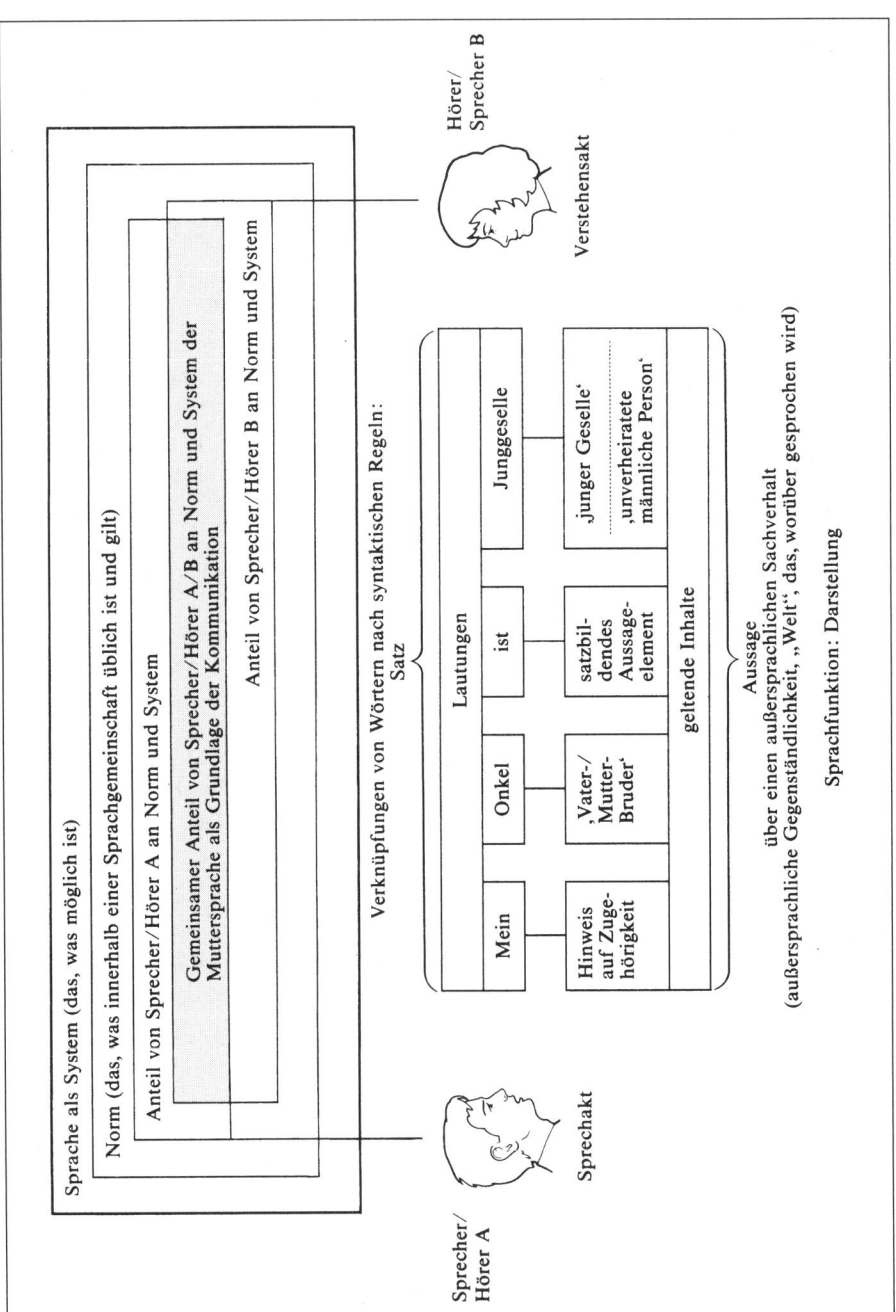

Abb. 3: Modell der sprachlichen Kommunikation

6. Varietäten

Der Terminus „Varietät" beschreibt folgendes Phänomen: Innerhalb einer Sprache gibt es verschiedene Sprach(gebrauchs)formen, die sich durch bestimmte außersprachliche Faktoren bedingen und die durch die Summe ihrer spezifischen sprachlichen Charakteristika (aus den Bereichen Phonetik/Phonologie, Wortschatz, Satzbau usw.) beschrieben werden können. Umstritten ist, ob es sich bei den Varietäten um eigene Sprachsysteme, z. B. mit eigener Grammatik und Lexik, – so genannte Subsysteme – handelt und ab wann man von einer eigenen Varietät sprechen kann (Wie viele spezifische sprachliche Merkmale sind hierzu etwa nötig?). Die Abgrenzung der einzelnen Varietäten voneinander ist nur bedingt möglich, da sie sich teilweise überschneiden. Außerdem verfügt jedes Individuum über ein gewisses Varietätenrepertoire, aus dem es bewusst oder unbewusst je nach Gesprächssituation oder -partner wählen kann. Die sprachwissenschaftliche Disziplin, die sich mit den Varietäten beschäftigt, ist die **Soziolinguistik**.

6.1 Idiolekt

Der Idiolekt (griech. *idion* ‚eigentümlich‘, griech. *lekton* ‚das Gesagte‘) ist die Sprache einer einzelnen Person und umfasst den Sprachbesitz (aktiv und passiv) sowie die typischen sprachlichen Verhaltensweisen zu einem bestimmten Zeitpunkt. So hat jedes Individuum eine ganz persönliche Art zu sprechen, zum einen hinsichtlich Stimmqualität, Stimmhöhe und Sprechtempo (= Sprechweise), zum anderen aber auch hinsichtlich der Verwendung von Lieblingswörtern oder -phrasen, eine Vorliebe für bestimmte Satzkonstruktionen usw. Der Idiolekt gilt für die geschriebene Sprache ebenso wie für die gesprochene und ist abhängig von Sozialisierung, Bildung und Zugehörigkeit zu verschiedenen Sprechergruppen. In der „schönen Literatur" wird der Idiolekt in einzelnen Schreibstilen deutlich, die allerdings auch als Folge eines Künstlerkonzepts bewusst gepflegt werden können.

> *Er ließ einen Knecht bei ihnen zurück, versah ihn mit Geld, ermahnte ihn, die Pferde, bis zu seiner Zurückkunft, wohl in acht zu nehmen, und setzte die Reise, mit dem Rest der Koppel, halb und halb ungewiß, ob nicht doch wohl, wegen aufkeimender Pferdezucht, ein solches Gebot, im Sächsischen erschienen sein könnte, nach Leipzig, wo er auf die Messe wollte, fort.*

(aus: Heinrich von Kleist: Michael Kohlhaas)

Selbst wer nur ein bisschen Kleist gelesen hat, wird ihm mit Leichtigkeit diesen Textausschnitt zuordnen können, denn er hat einen besonders typischen, mit Informationen verdichteten Stil: Satzgefüge, komplexe Satzreihen, starke Beanspruchung der Verbklammer usw. Das alles zeichnet seinen Idiolekt aus.

Für die Sprachwissenschaft ist der Idiolekt von besonderer Bedeutung, da Sprachanalysen zunächst immer von einem Individuum ausgehen (z. B. in der Dialektforschung) und erst die Summe verschiedener Einzelanalysen Rückschlüsse auf das Sprachsystem geben kann.

6.2 Standardsprache

Standardsprache oder Hochsprache („Hochdeutsch") ist die überregionale, schriftnahe Sprache, die in der Regel nicht die primäre Sprache im Spracherwerb darstellt. Sie ist besonders stark normiert/kodifiziert und wird in der Schule dann als die „richtige" Sprache (im Gegensatz zur Umgangssprache oder zum Dialekt, s. u.) erlernt. Die Standardsprache wird vor allem in der Schriftsprache verwendet, in den Medien auch in der gesprochenen Sprache (z. B. Nachrichtensprecher). Sie ist die Sprachnorm des öffentlichen Sprachgebrauchs. Sprachhistorisch entstand die Standardsprache aus den hochdeutschen Dialekten (Mittel- und Süddeutschland), wie z. B. dem Bairischen, dem Fränkischen und dem Thüringischen (s. Abb. 4). Dass wir heute mit dem Hochdeutschen vor allem die Norddeutschen in Verbindung bringen, die auch in der gesprochenen Sprache kaum Dialektfärbungen zeigen, liegt an der Verbreitung der Lutherschen Bibelübersetzung. Wer sie lesen wollte, musste die hochdeutsche Sprache, die im Norden nicht verbreitet war, beherrschen. Man lernte sie dort wie eine Art Fremdsprache direkt aus der Schrift. Einen Unterschied in der Schreibung und in der Aussprache, wie es ihn in den hochdeutschen Mundarten gab, entfiel damit. Der Terminus „hochdeutsch" war ursprünglich also nur auf eine Region bezogen.

6.3 Dialekt

Als Gegenpol zur Standardsprache wird oft der Dialekt (griech. *dialektos* ‚Sprache der Unterhaltung') angeführt; synonym dazu wird häufig der Terminus „Mundart" verwendet. Der Dialekt ist hauptsächlich durch seine Regionalität gekennzeichnet und oft ist er auch an bestimmte soziale Schichten gebunden, die nur über dieses Sprachregister verfügen. Ausschließliche Dialektsprecher sind heute allerdings sehr selten. Vor allem durch die Schule, die Medien oder auch durch Reisen kommen wir in Kontakt mit anderen Varietäten, die dann unsere Sprache beeinflussen. Einen groben Überblick über die Dialektlandschaft deutschsprachiger Gebiete soll die Abbildung 4 geben.
Wie Sie der Karte entnehmen können, gibt es beispielsweise in Bayern nicht nur den bairischen Dialekt – es wird auch Schwäbisch, Fränkisch oder Hessisch gesprochen – und der bairische Dialekt ist nicht nur auf Bayern beschränkt: Es gibt ihn etwa auch in Österreich und Südtirol. Dieses Beispiel veranschaulicht, dass

Staatsgrenzen nicht immer auch Sprachgrenzen sind. So gibt es Länder, in denen
es mehrere Amtssprachen gibt (z. B. Schweiz), und Sprachen, die es in mehreren
Ländern gibt (= plurizentrische Sprachen, z. B. Deutsch oder Englisch, vgl. auch
Kap. V. 6.9 Nationale Varietäten).

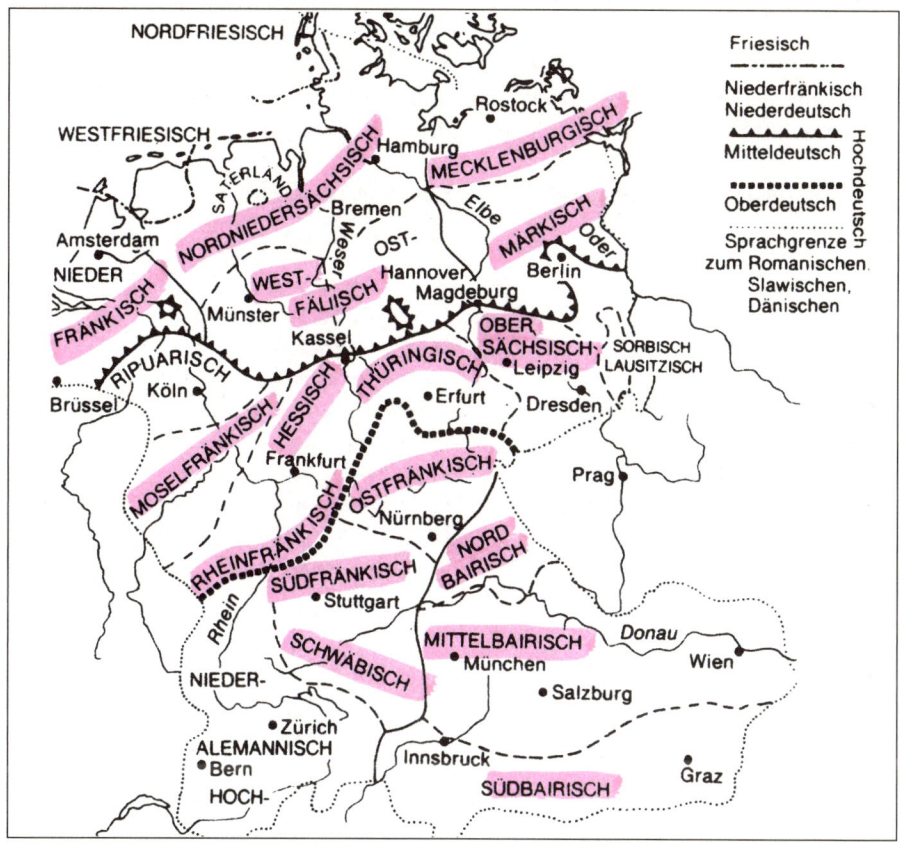

Abb. 4: Dialekte deutschsprachiger Gebiete

In der Schule sollte darauf geachtet werden, dass die Kinder die Dialekte, welche
in Deutschland ja besonders ausgeprägt sind, als Kulturgut verstehen lernen; aus
ihnen ist schließlich erst unser Standarddeutsch entstanden. Ein Ziel des Schulun-
terrichts sollte dann sein, situationsadäquates Sprechen zu vermitteln, wobei der
Dialekt durchaus seinen Platz in bestimmten Kommunikationssituationen hat und
dort viel besser passt als das Standarddeutsch. Dialektsprecher verfügen letztlich
über mehr sprachliche Register als Sprecher, die sich nur des Standarddeutschen
bedienen können.

Da die typische Erscheinungsform der Dialekte die gesprochene Sprache ist, ist eine Verschriftlichung eigentlich nicht vorgesehen und deshalb mit den Mitteln des standardsprachlichen Alphabetes nur bedingt möglich; einige Lautnuancen können damit nicht erfasst werden (z. B. das für das Bairische typische dunkle *a*). In der Dialektologie hat man deshalb eine Vielzahl an Sonderzeichen entwickelt, die eine detaillierte Umsetzung des gesprochenen Dialekts in die Schrift garantieren soll (z. B. *å* für ein *o*-ähnliches *a*). Ein Dialekt ist nicht nur durch eine bestimmte Aussprache gekennzeichnet, sondern kann auch einen von der Standardsprache abweichenden Wortschatz und eine eigene Grammatik haben.

Hochdeutsche Originalfassung

Sechster Streich

In der schönen Osterzeit,
Wenn die frommen Bäckersleut,
Viele süße Zuckersachen
Backen und zurechtmachen,
Wünschten Max und Moritz auch
Sich so etwas zum Gebrauch. –
Doch der Bäcker, mit Bedacht,
Hat das Backhaus zugemacht.
Also, will hier einer stehlen,
Muß er durch den Schlot sich quälen. –

Schlesisch (Oberlausitz)

Da sechste Streech

Ei da schienen Usterzeit
backen olle Bäckersleut
lauter sisse Zuckersachen,
die se siehr schien lecker machen.
Max und Moritz, ei derr Luft,
spiern schunn dan feinen Duft.
Weil da Bäcker, unverrdrussn,
hutt doas Backhaus obgeschlussn,
krichn beede, frech und kess,
durch die enge Feueress.

Rheinfränkisch (Nähe Heidelberg)

S sechsde Lausbuwestickel

In de scheenen Ouschderzeit
sieht ma, wie die Bäckersleit
d Kuche backe nochenanner,
ååner scheener wie de anner,
sechd de Max zum Moritz glei:
„Nix wie schnell in d Backstubb nei!"
Doch de Bäcker isch net dumm,
dreht am Haus de Schlissel rum …
Wer jetz stehle will, muß krawwle,
durch de enge Schornschde zawwle;

Mittelbairisch (München)

Sechste Lumpardei

In da scheena Ostazeit,
füa de Bäcka is' soweit.
Iatzad kennas zoang wos kenna,
iatzad hoaßts bloß, renna, renna.
SBrezn-Backa geht do o,
da Max und Moritz wissens scho.
Doch dä Bäcka is net dumm,
draht an Schlüssl zwoamoi um.
Und wenn oana wui da stain,
muaße durchn Rauchfang quäln.

(aus: Niebaum, Hermann/Macha, Jürgen: Einführung in die Dialektologie des Deutschen. Niemeyer 1999, S. 198ff.)

6.4 Umgangssprache

Der Terminus Umgangssprache ist sehr unscharf und deshalb nicht unumstritten. Man bezieht ihn vor allem auf die gesprochene Sprache im Alltag (z. B. in der Familie). Die Umgangssprache beinhaltet in unterschiedlicher Gewichtung Elemente der Standardsprache und des Dialekts. So sind etwa syntaktische und grammatische Strukturen aufgeweicht, z. B. durch Satzabbrüche und Freiheiten im Satzbau (z.b. *weil* als Konjunktion). Außerdem werden gerne „Füllsel" (*ääh, hmm, na*), Partikeln (*gell, nämlich, doch, wohl*) oder Interjektionen (*Herrjee!*) verwendet sowie „Allerweltswörter" (*machen, tun, Ding*). Oft kommt es zu lautlichen Kontraktionen (*hamma des?* statt *haben wir das?*).

Hätt'st Lust, heut' mit ins Kino zu gehen? Dort soll so'n neuer Streifen mit Antonio Banderas laufen. – Hmm, ach nee, is' zwar lieb gemeint, aber ich hab schon was vor. Ich treff' Nicole, weißte, und wir wollten heut' mal richtig einen drauf machen zusammen mit Frank und ... na, jetzt fällt mir der ihr Name net ein ... du weißt scho, die Dings, ... ah ja – Michaela. Magst vielleicht auch mit? ...

6.5 Fachsprache

Die Fachsprache ist an den Beruf gebunden und zeichnet sich z. B. durch einen speziellen Wortschatz (Fremdwörter aus dem Englischen, Lateinischen oder Griechischen) und bestimmte syntaktische Strukturen (Passivkonstruktionen, präpositionale Fügungen, Substantivierungen, Funktionsverbgefüge und wenige Satzmuster) aus. Eine Fachsprache strebt nach Ökonomie und Genauigkeit; sie ist vor allem funktional. Als Beispiele können die Fachsprache der Technik, der Verwaltung, der Medizin oder des Rechts (siehe Textbeispiel) genannt werden.

(3) Vor die Gerichte für Arbeitssachen können auch nicht unter die Absätze 1 und 2 fallende Rechtsstreitigkeiten gebracht werden, wenn der Anspruch mit einer bei einem Arbeitsgericht anhängigen oder gleichzeitig anhängig werdenden bürgerlichen Rechtsstreitigkeit der in den Absätzen 1 und 2 bezeichneten Art in rechtlichem oder unmittelbar wirtschaftlichem Zusammenhang steht und für seine Geltendmachung nicht die ausschließliche Zuständigkeit eines anderen Gerichts gegeben ist.

(aus: Arbeitsgerichtsgesetz § 2 Zuständigkeit im Urteilsverfahren)

6.6 Soziolekt

Der Terminus „Soziolekt" wird in der Forschung sehr uneinheitlich verwendet: als Synonym für Varietät, als Synonym für Gruppensprache, als Oberbegriff für Fachsprache und Jargon oder als schichtspezifische Sprache. Wir wollen uns hier der letzten, engen Definition von Soziolekt anschließen. Es handelt sich dabei also um eine Varietät, die durch die soziale Schicht des Sprechers bedingt ist. Nach Untersuchungen der 1950er und 60er Jahre verwenden Angehörige der „Unterschicht" eher einen **restringierten Code**, der sich durch einen geringeren Wortschatz, kürzere, oft unvollständige Sätze und häufige Fragen und Befehle auszeichnet. Die „Ober- und Mittelschicht" verfügt dagegen über einen **elaborierten Code**, der sich in den genannten Merkmalen vom restringierten unterscheidet. Die beiden Codes entstehen durch Unterschiede in Sozialisation, Schulbildung und im Sozialverhalten und stellen eine eher grobe Unterteilung dar.

restringiert	**elaboriert**
Kind: (quengelt im Bus)	Kind: (quengelt im Bus)
Mutter: *Sei ruhig!*	Mutter: *Kind, was ist denn?*
Kind: (quengelt weiter)	Kind: (quengelt weiter)
Mutter: *Ich hab gesagt, du sollst ruhig sein.*	Mutter: *Sei doch bitte still, du störst die Fahrgäste.*
Kind: (quengelt weiter)	Kind: (quengelt weiter)
Mutter: *Also halt jetzt den Mund, oder es setzt was!*	Mutter: *Also, was hast du denn? Weißt du, ich bin sehr müde. Es wäre lieb von dir, wenn du jetzt brav und ganz ruhig wärst. Wir sind ja bald zu Hause.*

(aus: Gross, Harro: Einführung in die germanistische Linguistik. 3., überarb. u. erw. Aufl. Neu bearb. von Klaus Fischer. München 1998, S. 177)

6.7 Sondersprache

Eine Sondersprache ist an eine bestimmte Gruppe gebunden, die sich z. B. durch das gemeinsame Alter (z. B. Jugendsprache) oder durch gemeinsame Tätigkeiten (z. B. die Gaunersprache Rotwelsch) definiert. Diese Sprachen verleihen ihren Benutzern ein Zugehörigkeitsgefühl zu einer Gruppe, von der alle anderen ausgeschlossen sind. In dieser Hinsicht ist eine Sondersprache auch eine Art Geheimsprache. Sie ist eher emotional geprägt, enthält viele bildliche Ausdrücke, Wortspiele, Vulgarismen und Spitznamen.

In Bezug auf bestimmte berufliche Gruppen spricht man auch abwertend von Berufsjargon (*Jargon* frz. ‚unverständliche Sprache') und meint damit z. B. die Sprache von Jägern, Seefahrern, Künstlern oder Soldaten, denen man unterstellt, dass sie diese für Außenstehende unverständliche Sprache absichtlich benutzen, um sich von anderen abzusetzen. Hier gibt es Berührungspunkte mit der oben genannten Fachsprache, die aber eine rein funktionale Komponente (im Gegensatz zur emotionalen beim Jargon) hat.

Jugendsprache

Willst du mein altes Handy haben? Ich will es nämlich verticken (,verkaufen').
Das ist der volle Gesichtselfmeter (,unattraktives Gesicht').
Was gibt's heute zu fratzen (,essen')?
Alter, bleib bloß mal cremig (,locker, cool')*!*

(aus: PONS Wörterbuch der Jugendsprache. Von Schülerinnen und Schülern aus ganz
Deutschland. Barcelona u. a. 2002.)

6.8 Genderlekt

Seit den 1970er/80er Jahren gibt es ein großes Interesse daran, herauszufinden,
wie sich die Sprache von Männern und Frauen unterscheidet. Nach anfänglich
sehr emotional geführten Debatten, in denen den Forschern zu wenig Wissenschaftlichkeit vorgeworfen wurde, ist heute dieses Forschungsgebiet innerhalb der
Gender Studies etabliert und als eigene Disziplin anerkannt.

Im Gegensatz zu den selteneren geschlechtsexklusiven, d. h. ausschließlich von
einem Geschlecht gesprochenen Sprachen (z. B. in Japan), spricht man für das
Deutsche von einer geschlechtspräferentiellen Sprache, in denen ein Geschlecht
bestimmte stilistische Variationen bevorzugt; die Geschlechtsspezifik ist hier also
nicht in der Langue, sondern in der Parole zu finden. Demnach haben Frauen
einen kooperativen, Männer dagegen einen dominanten Gesprächsstil, d. h., Männer unterbrechen Frauen in Gesprächen häufiger, reden länger und kontrollieren
das Gesprächsthema, Frauen dagegen signalisieren durch verstärkte Minimal-
bestätigungen (*mhm, aha, hmm*) aktives Zuhören, nehmen eher Bezug auf den
Vorredner/die Vorrednerin, stellen mehr Fragen und formulieren eher vorsichtig
(*vielleicht, finde ich, irgendwie* etc.). Diese Ergebnisse werden allerdings dadurch
relativiert, dass sie von bestimmten Kommunikationssituationen abhängen (öffentlich vs. privat, Anteil von Männern und Frauen etc.).

In den letzten Jahren hat sich ein neuer theoretischer Ansatz etabliert, der
unter dem Stichwort „doing gender" bekannt wurde. Demnach ist nicht das bio-
logische, sondern das durch die Gesellschaft konstruierte soziale Geschlecht für
den Gesprächsstil prägend. Männliche und weibliche Gesprächsverhalten werden
erst durch die Sozialisation erlernt und können (selbst vom jeweils anderen Geschlecht) auch bewusst eingesetzt werden.

6.9 Nationale Varietäten

Deutsch wird nicht nur in Deutschland gesprochen, sondern auch noch in Österreich, in der Schweiz und in Liechtenstein, als Minderheitsprache in Ländern wie Belgien, Italien, Luxemburg usw. Die drei großen nationalen Varietäten

Bundesdeutsch, Schweizerdeutsch und österreichisches Deutsch unterscheiden sich zwar in einzelnen Punkten in ihrer Standardsprache, jedoch sind diese Unterschiede nicht so stark, dass sie jeweils eigene Sprachen bilden würden.

Das Österreichische unterscheidet sich vom bundesdeutschen Standard vor allem in der Lautung (z. B. langes *e* in *Chef*) und in der Lexik (so genannte Austriazismen, z. B. *Jänner* ‚Januar‘, *Paradeiser* ‚Tomate‘). Grundlage dieser Varietät sind die mittelbairischen Dialekte des Wiener Raums. Da Bairisch auch in Bayern gesprochen wird, gibt es hier auch sprachliche Übereinstimmungen mit dem Österreichischen, z. B. *Bub, Krapfen, Semmel*.

Schwyzerdütsch ist eine Sammelbezeichnung für die zum Alemannischen gehörenden Dialekte auf dem Gebiet der Schweiz. Alemannisch wird auch in Deutschland (Baden-Württemberg, bayerisches Schwaben), im Elsass, in Liechtenstein und im Westen Österreichs gesprochen. Der Status des Dialekts ist in der Schweiz ein anderer als in der Bundesrepublik und in Österreich: Er wird in nahezu allen Sprechsituationen (auch in den Medien) verwendet und als Zeichen der nationalen Abgrenzung gewertet. Das schweizerische Standarddeutsch zeichnet sich ebenfalls vor allem durch eine besondere Lautung (z. B. Wegfall des Schwas bei *Garage*) und Lexik (so genannte Helvetismen, z. B. *Gipfel* ‚Hörnchen‘, *Kehrrichtkübel* ‚Mülleimer‘) aus.

Auch innerhalb des bundesdeutschen Standards gibt es Ausdrücke, die in keiner der anderen nationalen Varietäten verwendet werden. Man nennt sie Teutonismen, z. B. *Pfannkuchen* = schweiz./österr. *Palatschinke*, *Quark* = schweiz./österr. *Topfen*.

Es soll deutlich geworden sein, dass es Überschneidungen zwischen den nationalen Varietäten und den deutschen Dialekten gibt. Aufgrund der kultur- und wirtschaftspolitischen Stellung der Bundesrepublik übt der bundesdeutsche Standard einen stärkeren Einfluss auf das Österreichische und Schweizer Deutsch aus als umgekehrt. Die neue Rechtschreibung wird von allen drei nationalen Varietäten gemeinsam getragen, allerdings geht das Schweizerdeutsche durch das Fehlen des Schreibzeichens <ß> einen Sonderweg.

7. Gesprochene Sprache – geschriebene Sprache

Die Gegenüberstellung gesprochene vs. geschriebene Sprache ist nicht auf derselben Ebene wie die oben beschriebenen Varietäten anzusetzen, da diese Zweiteilung prinzipiell für alle Varietäten gilt.

Für die gesprochene Sprache ist z. B. kennzeichnend:

- freies Ad-hoc-Formulieren ohne Vorbereitung
- keine Zeit-Ort-Distanz
- Ellipsen
- Satzabbrüche (z. B. wenn das Gegenüber bereits begriffen hat, was man will oder wenn man den „Faden verloren" hat.)
- Wiederholungen
- Nachträge/Ausklammerung: *Ich hab ihn gesehen, draußen auf dem Parkplatz.*
- deiktische (zeigende) Elemente: *da, dort, dieser*
- umgangssprachliche Elemente

Für die geschriebene Sprache ist z. B. kennzeichnend:

- Orientierung an der Standardsprache
- Kontext muss erst durch den Text selbst geschaffen werden (z. B. Angaben zu Zeit und Ort)
- Zeichensetzung, Rechtschreibung
- satzgliedernde Mittel (Überschriften, Absätze)
- relativ komplexe Satzstrukturen; syntaktisch vollständige Sätze

Doch wie sieht es z. B. mit der Sprache der E-Mail aus oder mit der in Fernsehnachrichten? Wenn wir sie nur danach klassifizieren würden, ob sie medial mündlich oder schriftlich ist, dürfte sich die gesprochene Sprache des Nachrichtensprechers nicht von der eines Partygastes unterscheiden. Man muss deshalb zwischen der Konzeption und der medialen Ausführung (Code) unterscheiden. Nachrichten werden schriftlich konzipiert und weisen, obwohl sie mündlich vorgetragen werden, mehr Ähnlichkeiten mit der geschriebenen als mit der gesprochenen Sprache auf. Eine E-Mail wird zwar geschrieben (= medial schriftlich), ist aber oft konzeptionell mündlich.

Konzeptionelle Mündlichkeit (E-Mail):
Hi Peter!
Hab grad an dich gedacht. Wie geht's dir denn so? Was macht deine Examensvorbereitung? Falsches Thema, oder? Bin auch nicht gerade der Fleißigste, seufz. Wie wär's mit einem Bier morgen Abend zum Ausspannen und gegenseitigen Motivieren? Meld dich doch. Gruß, Hans.

8. Übungen

1 Index, Ikon oder Symbol? Klassifizieren Sie die folgenden nichtsprachlichen Zeichen!

a) ⊗ = rauchen verboten   c) ✄ = hier bitte abschneiden

b) ☮ = Frieden   d) Schweiß auf der Stirn

2 Ordnen Sie die folgenden Textproben den Varietäten des Deutschen zu!

a) *Moskau (AFP) – Gegen eine starke Konkurrenz von mehreren hundert Artgenossen haben es rund 50 Schnecken ins wissenschaftliche Gepäck für den nächsten Flug zur Internationalen Raumstation ISS geschafft. Die Schnecken aus Georgien erwiesen sich nach Tests als besonders tauglich für die Versuche zur Schwerelosigkeit, wie der Biologe Giwi Gorgiladse der Nachrichtenagentur Ria Nowosti sagte. Während der Voruntersuchungen mussten die Tiere unter anderem einen Aufenthalt in einer Zentrifuge über sich ergehen lassen ...* (yahoo.de am 07.02.2005)

b) *Mit sechs Johrn han i Schui åfangt, da bin i drei Johr bin i bei dereim Freilein gånge un vier Johr bei'm Lehrer. U' ter ... und der Lehrer der håt uns fast – fascht jeed Tåg ham mer geschlågn worn, faast je'n Tåg, wei mer ... wei mer ed håå ... werd sch Not då håbn rad i – då håd er immer gesågt da han dan siere parad gwen, diё Gaassnbuebm ... bei uns e Dorf, uns håd er gsegn und die auße Dorf die håd er eifåch ni gsegn. Jetz had er wieder wieder dråååkhemme. Lò mit den hammer dò tua, soweit hammer gwen das mer da'mer diesewei mikhemma da mer da sidn Schüo da aus der Schui khemma had, so weil, weil mer åå..wegn a Ruggngweh had. Lumpn mit èif.* (DSA-Archiv; Transkr. W. Näser 10/84 und neu 2/2000)

c) *„Du, ich hab'n <u>tierisch geilen</u> Job <u>ergeiert</u>. Da gibt's <u>echt</u> tausend <u>Eier</u> bar auf die <u>Kralle</u>." (…) „Meine <u>Alten hocken</u> jeden Abend vor der <u>Glotze</u>. Dallas und so, da <u>fahrn die voll drauf ab</u>. <u>Ätzend</u>!"* (aus: Harro Gross: Einführung in die germanistische Linguistik. 3., überarb. u. erw. Aufl. Neu bearb. v. Klaus Fischer. München 1998, S. 175)

d) *Gray Component Replacement (GCR) beschreibt ein Verfahren, durch welches Unbuntanteile in den Farben teilweise oder ganz durch die Druckfarbe Schwarz ersetzt werden. Weiterhin werden durch Gray Component Replacement auch Farbführungsschwankungen beim Druck vermindert. Die GCR-Kurve beschreibt, welcher Anteil an Farbe aus den Auszügen Cyan, Magenta und Gelb entfernt und durch Schwarz im Schwarzauszug ersetzt wird. Dabei entsteht die horizontale Achse für die Ursprungswerte (dem Grauanteil in der Farbe der Flächenbedeckung) und die vertikale für den gewünschten Anteil, der durch Schwarz ersetzt werden soll.* (ohne Quelle)

e) *A: „Was dossest?" B: „Ich hab mein Mus vernobiset. Und der schättrigen Siann kann man nicht genug stecken." A: „Dabei sieht man den Ähne in der Häppe." B: „Aber der Kigelesschineber ist gewandt." A: „Spann! der Beistieber stubt an. Er hat uns schon gespannt." B: „Der Blembelspink hat keinen Watzen."* (aus: Hermann Bausinger: Deutsch für Deutsche. Dialekte, Sprachbarrieren, Sondersprachen. Frankfurt a. M. 1986, S. 121)

f) *Im gesamten Bundesgebiet gits halt endsbrontal viele Dönerläden und in der ganzen Welt halt noch viel mehr. Aba Problem is, nisch jeder Dönermann hat seinen Döner fett im Griff. Deshalb schlagen wir in geheimer Mission bei die krassesten Dönerläden auf. Selba getestete oda von befreundeten Gängstas empfohlene Döner-Hangouts presenten wir hier! Fett korrekt versteht sich ...* (Erkan und Stefan, http://headnut.prosieben.de/w3c.phpam, 07.02.2005)

3 Welche Elemente dieses geschriebenen literarischen Textes sind eher der gesprochenen Sprache zuzuordnen?

Wie jeden Morgen hat einer von den jungen Rotzern am Vorabend Ö3 eingestellt, und natürlich, der Lift Lois hat dazu nur „Negerkanal" gesagt. Er dreht jetzt wie jeden Morgen das Sendersuchrad ganz langsam nach links, weil, das ist noch ein altes Radio gewesen. Einen Menschen, der noch langsamer als der Lois den Senderknopf dreht, findest du nicht leicht. Daß du glaubst: Bombenentschärfung. Dann kommt noch dazu, daß der kleine Finger vom Lift Lois wie ein dürrer Ast weggestanden ist. Weil den hat er sich als Kind mit der Kreissäge angeschnitten ... (aus: Wolf Haas: Auferstehung der Toten. 4. Aufl. Hamburg 2001, S. 6)

9. Quellen und weiterführende Literatur

Ammon, Ulrich: Die deutsche Sprache in Deutschland, Österreich und der Schweiz. Das Problem der nationalen Varietäten. Berlin/New York 1995.
In dieser Monografie werden die Unterschiede zwischen den verschiedenen nationalen Varietäten sehr ausführlich beschrieben.

Barbour, Stephen/Stevenson, Patrick: Variation im Deutschen. Soziolinguistische Perspektiven. Übersetzt aus dem Englischen von Konstanze Gebel. Berlin, New York 1998.
Eine verständlich geschriebene Einführung, die das Problem der Varietäten im Deutschen (z. B. Dialekt, Stadtsprachen, Umgangssprache) behandelt und ihre Entwicklung auch sprachgeschichtlich begründet. Ein Glossar erklärt die wichtigsten Fachtermini.

Bühler, Karl: Sprachtheorie. Die Darstellungsfunktion der Sprache. 3., unveränd. Aufl. Stuttgart 1999. Erstauflage 1934.
Bühlers Hauptwerk, in dem er sein Organon-Modell diskutiert, ist auch heute noch lesenswert, wenn es auch nicht so leicht verständlich ist, da zu Bühlers Zeit eine Beschreibungssprache für semantische und semiotische Aspekte erst allmählich entwickelt wurde.

Burkart, Roland: Kommunikation als soziale Interaktion. In: Bolten, Jürgen/Ehrhardt, Claus (Hrsg.): Interkulturelle Kommunikation. Sternfels 2003. S. 17–38.
Gut verständlicher Aufsatz über Kommunikationsmodelle, Sprache und Zeichen.

Duden. Die Grammatik. Unentbehrlich für richtiges Deutsch. 7., völlig neu erarb. u. erw. Aufl. Hrsg. von der Dudenredaktion. Mannheim 2005. Kap. Gesprochene Sprache, S. 1175–1256.
Zur Erweiterung des Wissens über gesprochene Sprache geeignet.

Hartig, Matthias: Soziolinguistik des Deutschen. 2., überarb. Aufl. Berlin 1998.
Eine Einführung in Entwicklung und Forschungsfelder der Soziolinguistik. Es werden viele Themen behandelt, die wir nicht angesprochen haben, z. B. Sprachkultur, Sprachplanung und Sprachpolitik.

Keller, Rudi: Zeichentheorie. Zu einer Theorie semiotischen Wissens. Tübingen und Basel 1995.
Ein sehr interessantes, teilweise philosophisches Buch, das zeigen will, wie Zeichen entstehen, funktionieren und sich im Zuge der menschlichen Kommunikation auch verändern.

Neuland, Eva: Jugendsprachen als Indikatoren der Zeitgeschichte. Sprach- und kulturgeschichtliche Betrachtungen zu deutschen Jugendsprachen nach 1945. In: Germanistische Linguistik 169–170, 2003, S. 139–160.
In diesem Artikel wird die Entwicklung der Jugendsprachen von 1945 bis heute knapp nachgezeichnet und es werden u. a. „Momentaufnahmen" der Sprache Jugendlicher vor dem Hintergrund zeitgeschichtlicher Ereignisse (z. B. 68er) gezeigt.

Niebaum, Hermann/Macha, Jürgen: Einführung in die Dialektologie des Deutschen. 2., neubearb. Aufl. Tübingen 2006.
Ausführlich werden Aufgaben, Methoden und Geschichte der deutschen Dialektologie behandelt. Es gibt wenige (Kontroll-)Fragen/Aufgaben ohne Lösungen, jedoch viele anschauliche Abbildungen, z. B. aus Sprachatlanten.

Ogden, Charles K./Richards Ivor A.: Die Bedeutung der Bedeutung. Eine Untersuchung über den Einfluss der Sprache auf das Denken und über die Wissenschaft des Symbolismus. Übersetzt von Gert H. Müller. Frankfurt a. M. 1974. Originalausgabe 1923.
Gut lesbare (sprachphilosophische) Ausführungen zu Themen wie „Die Macht der Wörter", „Zeichen-Situationen" oder „Was bedeutet Bedeutung?". Praktisch ist die Zusammenfassung am Ende der komplexen Kapitel. Ogden/Richards sind in der Sprachwissenschaft vor allem durch ihr Zeichenmodell „Semiotisches Dreieck" bekannt geworden.

Roelcke, Thorsten: Fachsprachen. 2., durchges. Aufl. Berlin 2005.
Das Buch geht auf fachsprachliche Eigenschaften auf Wort-, Satz- und Textebene ein. Außerdem werden pragmatische und historische Gesichtspunkte der deutschen Fachsprachen verständlich dargestellt.

Samel, Ingrid: Einführung in die feministische Sprachwissenschaft. 2. überarb. und erw. Aufl. Berlin 2000.
Guter Überblick über die (Geschichte der) Forschung zu Frauen- und Männersprachen: Der erste Teil beschäftigt sich mit der feministischen Kritik an Sprache und Sprachgebrauch, der zweite mit dem geschlechtsspezifischen Kommunikationsverhalten.

Saussure, Ferdinand de: Grundfragen der allgemeinen Sprachwissenschaft. Hrsg. von Charles Bally und Albert Sechehaye unter Mitwirkung von Albert Riedlinger. Übersetzt von Herman Lommel. 3. Aufl. mit einem Nachwort von Peter Ernst. Berlin/New York 2001. Originalausgabe 1916.
Wichtige Bereiche des Buchs sind die Auseinandersetzung de Saussures mit der synchronischen und diachronischen Sprachwissenschaft. Für unsere Ausführungen bezogen wir uns vor allem auf die Kapitel zum sprachlichen Zeichen.

Schwitalla, Johannes: Gesprochenes Deutsch. Eine Einführung. 3., neu bearb. Aufl. Berlin 2006.
Ein Standardwerk zur gesprochenen Sprache, welches ausführlich auf Besonderheiten z. B. hinsichtlich Lautung, Prosodie, Syntax und Lexik und kurz auch auf die nonverbale Kommunikation eingeht.

Veith, Werner H.: Soziolinguistik. Ein Arbeitsbuch. 2., überarb. Aufl. Tübingen 2005.
In dieser Einführung werden vierzehn fachliche Schwerpunkte (z. B. Kindheit und Sprache, Sondersprachen Erwachsener, Geschlecht und Sprache, Multilinguale Gesellschaften) anschaulich (viele Abbildungen) und knapp skizziert und mittels zahlreicher Definitionen inhaltlich verdichtet. Ein Schlusskapitel enthält die Antworten zu den am Ende eines jeden Teilkapitels gestellten Kontrollfragen.

VI. Semantik

Wie wir seit dem Kapitel „Sprache und Sprechen" wissen, besteht ein Wort immer aus einer Inhalts- und einer Ausdrucksseite. Die Semantik beschäftigt sich nun mit der Beschreibung der Inhaltsseite, also den Bedeutungen, und mit der Klärung von Bedeutungsbeziehungen. Ein Problem, das sich bei dieser Sprachbetrachtung ergibt, ist, dass Objekt- und Metasprache identisch sind, d. h., dass man zur Erläuterung der Bedeutung eines Wortes/sprachlichen Zeichens auf Ausdrücke desselben Sprachsystems zurückgreifen muss, wobei die Wörter in den Erklärungen wiederum erst erklärt werden müssen. Dieses Problem wird jedem besonders deutlich sein, der für eine Übersetzung aus einer Fremdsprache mit einsprachigen Wörterbüchern gearbeitet hat: In der Erklärung zum gesuchten Wort finden sich bestimmt mehrere unbekannte Wörter, die es wiederum nachzuschlagen gilt (…). Dieses Problem, mit seiner natürlichen Sprache über seine natürliche Sprache zu sprechen, hat auch schon einige Schriftsteller beschäftigt und so schreibt Günther Eich über das Unvermögen der Sprache, die außersprachliche Wirklichkeit vollständig zu transportieren: *ach, Himbeerranken aussprechen, dir Beeren ins Ohr flüstern, die roten, die ins Moos fielen (…) Hand in Hand zwischen undenkbaren Gedanken (…)* Gertrude Stein dagegen drückt es so aus: *Eine Rose ist eine Rose ist eine Rose ist (…)*

Ein weiteres Problem, mit dem sich besonders die Semantik auseinander setzen muss, ist die Tatsache, dass sich Wörter und damit auch ihre Bedeutungen relativ schnell ändern können, zumindest schneller als Veränderungen der Satzstrukturen. Das kann man etwa an dem Wort *geil* deutlich sehen: Bis ins 19. Jahrhundert wird *geil* in seiner ursprünglichen Bedeutung verwendet und bedeutet ‚übermütig, froh'. Bereits seit dem 15. Jahrhundert gibt es aber die Tendenz *geil* als Gegensatz zu *keusch* zu verstehen mit der Bedeutung ‚überheblich', ‚hochmütig', aber auch ‚sexuell begierig'. Diese letzte Bedeutung hat sich vor allem bis in die 1970er Jahre/ Anfang 80er Jahre gehalten (vgl. *geiler Bock* für einen ‚Mann, der sexuelle Abenteuer sucht'). Interessant ist, dass sich die ursprüngliche, neutrale Bedeutung in der Jugendsprache seit den 1980er Jahren wieder hat durchsetzen können, in der *geil* nichts anderes als ‚toll, super, interessant' bedeutet (vgl. *Geiz ist geil* – ein Slogan von Saturn).

✎ Bedeutungsangaben werden in einfache Anführungszeichen gesetzt, z. B. *Sonntagskind* ‚Mensch, der als vom Glück besonders begünstigt gilt, Glückskind'

1. Onomasiologische vs. semasiologische Betrachtungsweise

Wenn man sich das semiotische Dreieck von Ogden/Richards noch einmal ins Gedächtnis ruft (vgl. Kap. V. 3. Zeichenmodelle sprachlicher Zeichen), dann kann man den Zugang zur Bedeutung eines Wortes über zwei Wege erhalten: Man kann ausgehend vom Ausdruck fragen: „Was bedeutet z. B. *Baum*?" Oder man kann vom außersprachlichen Gegenstand ausgehen und fragen: „Was sagst du zu diesem (man zeigt darauf) Gegenstand?".

Zur Veranschaulichung dieser Betrachtungsweisen lesen Sie „Pippi findet einen Spunk":

Eines Morgens kamen Thomas und Annika wie gewöhnlich in Pippis Küche hineingesprungen und riefen: „Guten Morgen!" Aber sie bekamen keine Antwort. Pippi saß mitten auf dem Küchentisch mit Herrn Nilsson, dem kleinen Affen, im Arm und einem glücklichen Lächeln auf den Lippen.

„Guten Morgen", sagten Thomas und Annika noch einmal. „Denkt bloß", sagte Pippi träumerisch, „denkt bloß, daß ich das gefunden habe! (...) Ein neues Wort", sagte Pippi, und sie schaute Thomas und Annika glücklich an. „Ein funkelnagelneues Wort" „Was für ein Wort?" fragte Thomas. (...) „So sag es doch", sagte Annika.

„Spunk!" sagte Pippi triumphierend. „Spunk?" fragte Thomas. „Was bedeutet das?"

„Wenn ich das bloß wüßte", sagte Pippi. „Das einzige, was ich weiß, ist, daß es nicht Staubsauger bedeutet."

Thomas und Annika überlegten eine Weile. Schließlich sagte Annika: „Aber wenn du nicht weißt, was es bedeutet, dann nützt es ja nichts!" „Nein, das ist das, was mich ärgert", sagte Pippi.

„Wer hat eigentlich zuerst herausgefunden, was die Wörter alle bedeuten sollen?" fragte Thomas. „Vermutlich ein Haufen alter Professoren", sagte Pippi. (...)

[Sie überlegen sich, was „Spunk" sein könnte und versuchen z. B. in verschiedenen Geschäften einen solchen zu kaufen. Doch selbst beim Arzt – ist „Spunk" vielleicht eine Krankheit? – ist Pippis Suche vergebens.]

„Traurig", sagte sie zu Thomas und Annika. „Es gibt keinen Spunk in dieser Stadt. Wir reiten wieder nach Hause."

Und das taten sie. Als sie vor der Veranda vom Pferd heruntersprangen, fehlte nicht viel, daß Thomas auf einen kleinen Käfer getreten hätte, der auf dem Sandweg entlang kroch.

„Oh, Vorsicht, ein Käfer!" rief Pippi. Sie hockten alle drei nieder, um ihn zu betrachten. Er war so klein. Die Flügel waren grün und glänzten wie Metall. „So ein hübscher kleiner Käfer", sagte Annika. „Ich möchte wissen, was es für einer ist." „Ein Maikäfer ist es nicht", sagte Thomas. „Und auch kein Mistkäfer", sagte Annika. „Und auch kein Hirschkäfer. Was das wohl für eine Sorte ist?"

Über Pippis Gesicht verbreitete sich ein seliges Lächeln. „Ich weiß es", sagte sie. „Es ist ein Spunk."

„Bist du ganz sicher?" fragte Thomas. „Glaubst du nicht, daß ich einen Spunk wiedererkenne, wenn ich ihn sehe?" sagte Pippi. „Hast du jemals in deinem Leben etwas so Spunkartiges gesehen?"

Sie brachte den Käfer vorsichtig an eine sichere Stelle, wo niemand auf ihn treten konnte. „Mein kleiner, lieber Spunk", sagte sie zärtlich. „Ich wußte ja, daß ich schließlich doch einen finden würde. Aber komisch ist es doch. Wir sind in der ganze Stadt umhergejagt, um einen Spunk zu finden, und dann haben wir ihn direkt vor der Villa Kunterbunt entdeckt."

(aus: Astrid Lindgren: Pippi in Taka-Tuka-Land. Deutsch von Cäcilie Heinig. Hamburg 1951. S. 41–55.)

Pippi hat ein Wort (*Spunk*), weiß aber die Bedeutung für dieses Wort nicht. Ihre Fragestellung – ausgehend vom Ausdruck/Namen – ist eine semasiologische (griech. *sēmasia* ,das Bezeichnen, Zeichen'). Als Annika den Käfer findet und sagt *Ich möchte wissen, was es für einer ist.*, verfolgt sie eine onomasiologische Betrachtungsweise, will also den Namen (griech. *onoma* ,Name') für einen außersprachlichen Gegenstand wissen.

Diese beiden Vorgehensweisen finden sich auch in verschiedenen Konzepten zu Wörterbüchern wieder. So sind die üblichen, alphabetisch geordneten Wörterbücher nach dem semasiologischen Prinzip gegliedert. Wenn wir von einem Wort nicht wissen, was es bedeutet, schlagen wir z.B. im Fremdwörterbuch nach oder in einem großen einsprachigen Wörterbuch wie etwa dem Wahrig; dort findet sich dann eine Bedeutungsangabe. Für das Wort *Bauernhof* sieht ein Eintrag etwa so aus:

'Bau ·ern · gut ‹n. 12u› *Gut, Landbesitz (mit Vieh)*
eines Bauern; Sy *Bauernhof*
'Bau ·ern · haus ‹n. 12u› *Wohnung u. Betriebs-*
gebäude des Bauern
'Bau ·ern · hoch · zeit ‹f. 12u› *Hochzeit mit großem*
Aufwand u. vielen Personen auf einem Bauerngut
'Bau ·ern · hof ‹m. 1 u› = *Bauerngut*

aus: Wahrig: Deutsches Wörterbuch, 2002

Bildwörterbücher basieren auf einem onomasiologischen Ansatz. Sie beantworten Fragen wie: „Ich wollte schon immer mal wissen, wie das da eigentlich heißt!" Für Bauernhof sieht der Eintrag z.B. so aus:

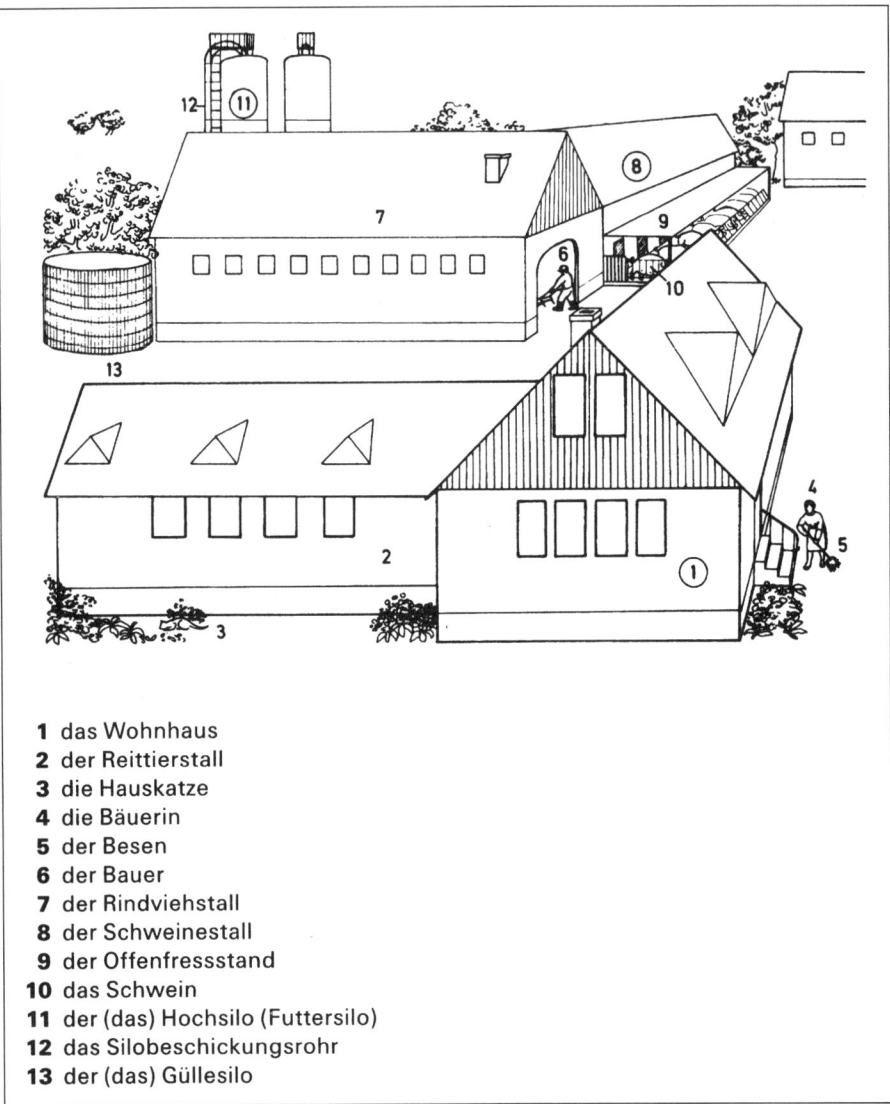

1 das Wohnhaus
2 der Reittierstall
3 die Hauskatze
4 die Bäuerin
5 der Besen
6 der Bauer
7 der Rindviehstall
8 der Schweinestall
9 der Offenfressstand
10 das Schwein
11 der (das) Hochsilo (Futtersilo)
12 das Silobeschickungsrohr
13 der (das) Güllesilo

Abb. 5: Eintrag „Bauernhof" in einem Bildwörterbuch

Eine onomasiologische Herangehensweise findet sich auch in Wörterbüchern, die den Wortschatz nach Sachgruppen und Bedeutungsverwandtschaft gliedern (z. B. Franz Dornseiff: Der deutsche Wortschatz nach Sachgruppen). Außerdem ist die onomasiologische Analyse für die Dialektforschung wichtig, bei der den Befragten Bilder von Gegenständen vorgelegt werden, die sie dann benennen müssen: „Wie sagen Sie zu dem (gezeigten) Gegenstand?" (mögliche Antworten: *Kartoffel, Erdapfel, Erdbirne, Tuffel* ...).

In unseren weiteren Ausführungen werden wir hauptsächlich semasiologisch vorgehen.

2. Syntagmatische Bedeutungsbeziehungen

Wörter stehen in einem Satz nebeneinander, d. h., es handelt sich um syntagmatische Beziehungen. Ihre Bedeutungen ergeben sich aus dem Bezug zueinander. So kann die Bedeutung von *Gericht* erst im konkreten Satz ermittelt werden, z. B. *Dieses Gericht kostet 12 Euro.* Erst hier wird deutlich, dass die Bedeutung ,Essen' und nicht etwa die Institution gemeint ist.

In einem Satz sind jedoch nicht alle syntagmatischen Verbindungen semantisch möglich. Die semantische Verträglichkeit von Wörtern im Kontext, also in konkreten Sätzen, wird Kompatibilität genannt. Dazu gehört auch die semantische Valenz, auf die wir im Kapitel Syntax bei der Bestimmung der Valenz bereits hingewiesen hatten (vgl. Kap. I. 4.2 Die Valenz). Die Beschränkungen, die es bei der Kombination bestimmter Wörter gibt, können unterschiedlich stark ausfallen. Man unterscheidet:

- Implikation („Mitgedachtes"): Die Bedeutung einiger Wörter ist an bestimmte andere, im Satz evtl. nicht explizit erwähnte Wörter gebunden, die mitgedacht werden, z. B. *Er ist blond. = Er hat blonde Haare. Es wiehert. = Das Pferd wiehert.*

- Selektion: Das Wort ist begrenzt kombinierbar, z. B. benötigt man für das Verb *hören* ein belebtes Subjekt, z. B. *Das Kind hört Musik.* und nicht **Der Tisch hört Musik.*

- Affinität: Auch hier gibt es eine gewisse Einschränkung in der Kombinierbarkeit zwischen Wörtern, allerdings ist die Auswahl größer; es geht eher um Wörter, die relativ häufig zusammen auftreten und „gute Partner" darstellen, z. B. *stehen:* für alle Lebewesen mit Beinen (*Der Hund steht im Gemüsebeet.*) und – als Gegensatz zu *liegen* – für Gegenstände, die eine eher vertikale Ausrichtung haben (*Die Tasse steht auf dem Tisch.*).

3. Das Wortfeld

Der Terminus „Wortfeld" wurde von Jost Trier in seinem Buch „Der deutsche Wortschatz im Sinnbezirk des Verstandes" 1931 eingeführt. Er bezeichnet eine

Menge von sinnverwandten Wörtern, die (möglichst lückenlos) einen bestimmten sachlichen oder begrifflichen Bereich abdecken sollen und sich gegenseitig begrenzen. Nach einer engen Definition dürfen nur Wörter derselben Wortart (also z. B. nur Substantive, nur Verben, nur Adjektive) einem bestimmten Wortfeld zugeordnet werden. Der Gedanke dahinter ist, dass der Inhalt eines Wortes nur vollständig erfasst werden kann, wenn das ganze Feld bekannt ist. Außerhalb des Feldes hat ein einzelnes Wort demnach nur eine unklare Bedeutung. Die Bedeutung eines Wortes ist nicht isoliert, sondern wird immer vor dem Hintergrund der anderen Wörter des Feldes bestimmt. Zweck des Wortfeldes ist eine sinnvolle Gliederung des Wortschatzes. Will man ein Wortfeld erstellen, so muss man die onomasiologische Herangehensweise (siehe oben) anwenden: Man geht von einem Begriff bzw. außersprachlichen Sachverhalt oder Gegenstandsbereich aus und fragt nach allen Sprachzeichen, die den Begriff abdecken. So entsteht ein onomasiologisches Paradigma: ein Wortfeld.

Beispiel: *Schuh*: *Halbschuh, Pantoffel, Sandalen, Kinderschuh, Schnürschuh, Spitzenschuh* (im Ballett), *Badelatschen, Stoffschuh* usw. Die verschiedenen Schuhtypen können wiederum in Gruppen eingeteilt werden, die Unterscheidung erfolgt z. B. durch das Material (*Lederschuh, Stoffschuh* ...), die Zielgruppe (*Kinderschuh, Damenschuh, Herrenschuh*), die Verwendungssituation (*Badelatschen, Wanderschuh*), die Art des Tragens/des Gebrauchs (*Spitzenschuh*: man geht auf den Zehenspitzen).

Es liegen demzufolge ein **Hyperonym** (Oberbegriff) *Schuh* und viele **Hyponyme** (Unterbegriffe) bzw. – in manchen Fällen auch – **Synonyme** (zur Definition vgl. Kap. VI. 7.3 Synonymie) vor.

Betrachten wir das unten abgebildete Wortfeld „weiblicher Mensch/Frau" (s. Abb. 6): Die dort aufgelisteten Wörter werden innerhalb des Wortfeldes noch einmal gruppiert und es werden die wichtigsten inhaltsunterscheidenden Merkmale genannt, z. B. mit sexueller Erfahrung (*Ehefrau, Mutter, Witwe*), ohne sexuelle Erfahrung (*Mädchen, Jungfrau, Jungfer*), hohe Stillage bzw. Schicht (*Dame, Gemahlin, Call-Girl, Vamp*) etc.

Anders angelegt sind so genannte (mehr oder weniger geschlossene) **Wortreihen**, z. B. Farben, Jahreszeiten, Zensurenskalen, Temperaturwörter, Monats- oder Wochentage. Die beteiligten Wörter decken zusammen einen Sachverhalts- oder Bedeutungsbereich mehr oder weniger vollständig ab und ihre Bedeutungen sind durch die Position innerhalb der Reihe bestimmt. Die Wörter mancher Wortreihen schließen sich gegenseitig aus (z. B. Jahreszeiten, Wochentage), bei anderen ist das nicht unbedingt der Fall (z. B. Farben).

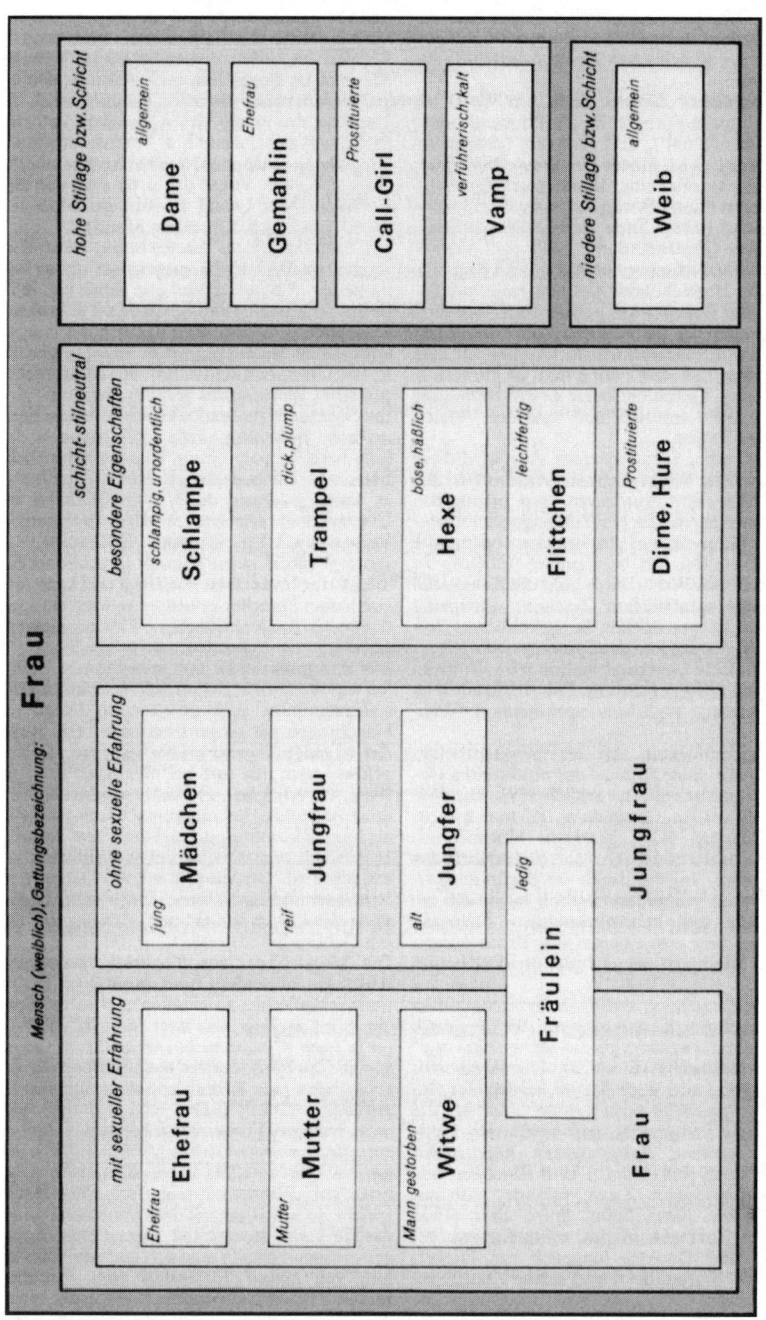

Abb. 6: Das Wortfeld *Frau* im Deutschen

Die Einordnung von Wörtern in Felder hat auch Schwächen und es wurde in verschiedenen Punkten Kritik daran geübt:

Das Bild vom Wortfeld lässt den Eindruck entstehen, dass die Bedeutungen sich klar voneinander abgrenzen und sich nicht überlappen. Es ist jedoch schwierig, genaue Grenzen innerhalb eines Wortfeldes auszumachen. Ebenso ist die vollständige und lückenlose Erfassung aller Wörter eines Wortfeldes kaum möglich. Nach der Wortfeldtheorie erhalten die Wörter eines Wortfeldes ihre Bedeutung erst durch die Stellung zueinander und zum ganzen Wortfeld sowie durch die Abgrenzung voneinander. Dies ist problematisch, da sich somit die Bedeutung eines Einzelwortes automatisch verändern würde, wenn sich im Wortfeld insgesamt etwas ändert – beispielsweise wenn neue Wörter hinzukommen oder alte wegfallen. Auch kann man nicht davon ausgehen, dass jeder Sprachteilnehmer alle Einzelwörter eines Wortfeldes kennt, so dass es deshalb für jeden unterschiedlich aussieht und keine feste Form hat. Dennoch kann man die Einzelbedeutung wissen. Anzumerken ist schließlich noch, dass sowohl die Wörter des Wortfeldes als auch die Anzahl und Art der Seme (vgl. nächstes Kapitel) im Allgemeinen subjektiv ausgewählt werden und selten mit Vollständigkeit gerechnet werden darf.

4. Die Semanalyse

Wortfelder sind geeignet, um eine Semanalyse durchzuführen. Bei der Semanalyse werden die Bedeutungen der Wörter in Merkmale zerlegt. Ziel ist es, zu beschreiben, in welchen Merkmalen sich die einzelnen Begriffe voneinander abgrenzen. Diese kleinsten inhaltsunterscheidenden (= semantisch distinktiven) Merkmale werden **Seme** genannt. Seme, die in allen verglichenen Wörtern vorkommen, bilden das **Archisem**. Es ist gleichzeitig der Oberbegriff eines Wortfeldes, z. B. in unserem oben genannten Beispiel ‚weiblicher Mensch‘. Mittels der Seme wird die Bedeutung eines sprachlichen Ausdrucks beschrieben, wobei die Summe aller Seme die Gesamtbedeutung eines Wortes ergibt: das **Semem**.

In der Praxis sieht das so aus: Sollen Sie zu einem Wortfeld eine Semanalyse durchführen, verwenden Sie dazu alle Wörter, die Sie für das Wortfeld ermittelt haben. Legen Sie dann Seme fest und überprüfen Sie deren Vorkommen oder Fehlen bei den Wörtern des Wortfeldes. So bekommen wir jeweils eine individuelle +/- -Liste, die für jedes Wort anders lauten muss. In dem Wortfeld ‚weiblicher Mensch‘ haben wir einige Seme genannt, z. B. ‚jung‘, ‚ledig‘, ‚böse‘, ‚verführerisch‘. Eine Semanalyse ist hier noch nicht möglich, da es zu wenige Seme sind, um die Gesamtbedeutung der einzelnen Begriffe (Sememe) zu ermitteln. Grundsätzlich ist anzuzweifeln, ob durch die relativ grobe Aufzählung von Semen die Gesamtbedeutung der einzelnen Wörter deutlich wird. Problematisch ist eine Semanalyse z. B. auch bei Abstrakta, wie Wörtern, die dem Gefühlsbereich zuzurechnen sind (*Liebe, Sehnsucht, Traurigkeit, Freude*, ...) oder bei komplementären Wörtern einer Wortreihe, wie Zensuren oder Jahreszeiten.

Zur Veranschaulichung einer Semanalyse verwenden wir ein anderes Beispiel: Das Wortfeld „Fahrzeug" liefert uns beispielsweise folgende dazugehörige Ausdrücke:

Fahrrad, Motorrad, PKW, Zug, Flugzeug, Schlitten, Kutsche, Schiff. Zu jedem Wort könnten wir wiederum Synonyme bzw. Hyponyme (für *Auto* etwa: *KFZ, Sportwagen, Cabriolet*, etc.) finden. Eine mögliche Semanalyse ist in der nachfolgenden Tabelle dargestellt:

	‚mit Rädern zur Straßenbenutzung'	‚zur Fortbewegung'	‚mit Dach'	‚motorisiert'	‚zur Lastenbeförderung'	‚zu Land'	‚mit Lenkrad'
Fahrrad	+	+	–	–	–	+	+
Motorrad	+	+	–	+	–	+	+
PKW	+	+	+	+	+	+	+
Zug	–	+	+	+	+	+	–
Flugzeug	–	+	+	+	+	–	+
Schlitten	–	+	–	–	+	+	–
Kutsche	+	+	+/–	–	+	+	–
Schiff	–	+	+/–	+/–	+	–	+

+ (= trifft zu), – (= trifft nicht zu), +/– (= kann zutreffen).
Das Archisem heißt ‚zur Fortbewegung'.

Sehen Sie sich zur weiteren Veranschaulichung das nachfolgende Beispiel aus dem Alltag an. Es handelt sich um eine Anfrage an die Gesellschaft für deutsche Sprache (GfdS):

⊠ „Während unseres heutigen Teetrinkens entwickelte sich eine Diskussion darüber, ob wir unseren Tee aus *Tassen* oder *Bechern* trinken. Verschiedene Diskussionsversuche führten zu keinem Ergebnis, denn z. B. haben zwar die meisten Tassen einen Henkel, dies ist jedoch kein Kriterium, da Mokkatassen nicht unbedingt einen haben müssen. Der Versuch, *Becher* darüber zu definieren, dass sie keine Untertasse haben, fruchtete auch nicht, da nicht zwingend jede Teetasse eine Untertasse hat."

(Hervorhebungen im Original) (aus: Der Sprachdienst 3/03, S. 105)

Die GfdS konnte auch keine eindeutigen Unterscheidungskriterien zwischen Becher und Tasse nennen. Sie sehen daran, dass demzufolge auch eine Semanalyse z. B. zu *Trinkgefäß* hier nicht weiterhelfen könnte. Ein Kritikpunkt an der Semanalyse allgemein fällt auch hier auf: Die einzelnen Merkmale, die Seme, die man für eine solche Analyse verwendet, müssen bereits vorher bekannt sein.

5. Prototypensemantik

An der Bedeutungsbeschreibung durch Wortfeld und Semanalyse gibt es – wie oben bereits erwähnt – nicht unerhebliche Kritik und zudem auch praktische Probleme, z. B. scheint sich die Semanalyse in der Beschreibung der Bedeutungskomponenten nur auf ein gerade hinreichendes Minimum an notwendigen Einzelmerkmalen zu beschränken und damit einige Vertreter von Kategorien nicht zu berücksichtigen (Wann ist eine Tasse keine Tasse mehr, sondern ein Becher? Ist ein Stuhl kein Stuhl mehr, wenn er nur drei Beine hat?). Außerdem suggeriert die Semanalyse, dass es klare Grenzen zwischen den einzelnen Kategorien gibt.

Einen neuen Ansatz zur Bedeutungsbeschreibung lieferte Eleanor Rosch durch psychologische Untersuchungen in den 1960er/70er Jahren. Sie fand heraus, dass es für bestimmte Kategorien besonders typische, „beste" Exemplare gibt, die diese Kategorie stellvertretend durch ihre Seme repräsentieren. Tests verlaufen nach dem Muster: „Stellen Sie sich ein/e x (Werkzeug, Obst, Fahrzeug, Farbe etc.) vor und beschreiben Sie diese/n/s" oder „Nennen Sie eine/n x (Werkzeug, Obst, Fahrzeug, Farbe etc.)". Bei diesen Tests stellte sich heraus, dass Menschen desselben Kulturraums gleiche oder sehr ähnliche Antworten gaben. So ist für einen Mitteleuropäer ein Apfel ein typisches Obst, während Personen aus Hawaii vielleicht eher an eine Ananas denken. Dieser typische Vertreter einer Kategorie wird „Prototyp" genannt.

Am Beispiel „Vogel" (s. Abb. 7) kann man erkennen, dass es in dem Konzept für „Vogel" einen Kern der Bedeutung gibt, in dem für uns Mitteleuropäer etwa das Rotkehlchen angesiedelt ist. Ein **Konzept** ist die Vorstellung, die mentale Beschreibung (in unserem Kopf) mit allen möglichen Eigenschaften eines in der Realität vorhandenen Referenzobjekts, beispielsweise des „Vogels". Weil dieses Konzept sich auf eine ganze Menge von Vogelarten bezieht, spricht man zugleich von einer **Kategorie** (= strukturiertes Konzept). Je weiter wir diesen Kern – bei Vogel, wie gesagt, beispielsweise das Rotkehlchen – verlassen, desto untypischer werden die Exemplare für unsere Kategorie und desto länger müssen wir etwa überlegen, ob ein Pinguin überhaupt ein Vogel ist. Dieser Randbereich wird auch Peripherie genannt; er ist „unscharf" und kann sich evtl. mit anderen Kategorien überlagern.

Ein Stuhl mit drei Beinen (und Lehne) würde in die Peripherie unseres Konzepts von „Stuhl" gehören und sich z. B. mit dem von „Hocker" überschneiden, da der prototypische Hocker keine Lehne hat, aber drei Beine aufweisen kann. Insgesamt erweist sich das Modell der Prototypensemantik als weniger starr und berücksichtigt auch kulturelle Unterschiede.

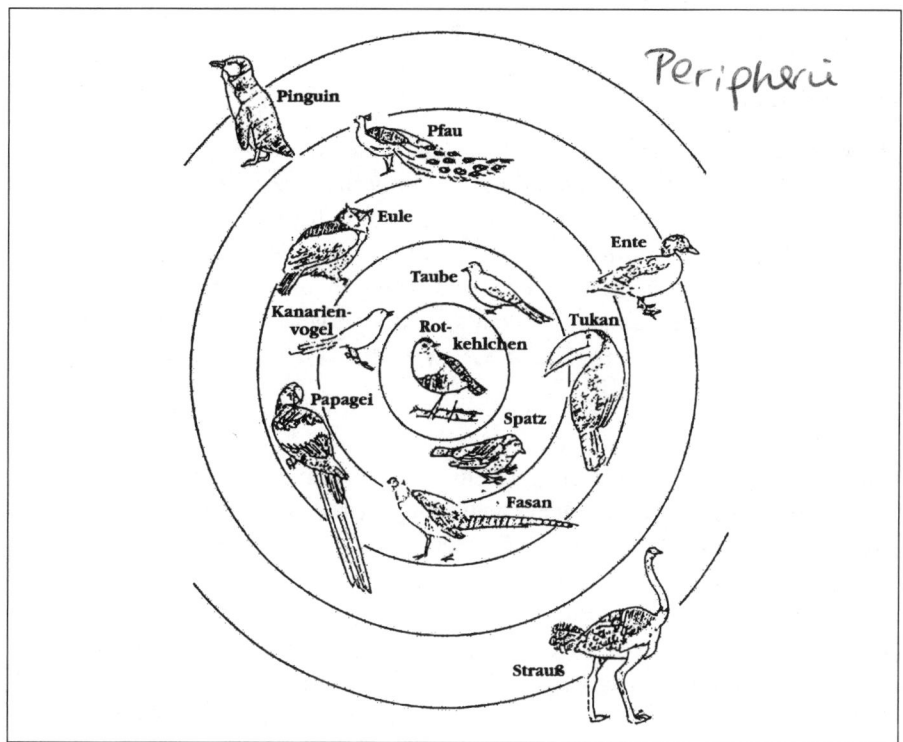

Abb. 7: Der prototypische Vogel

Die oben genannten Theorien zur Bedeutungsspeicherung (bes. die Wortfeldtheorie) finden z. B. in der Logopädie eine praktische Anwendung. So setzt eine Therapie von Wortfindungsstörungen (z. B. nach einem Schlaganfall) nicht nur Kenntnisse darüber voraus, wie auf ein Wort zugegriffen wird, sondern auch, nach welchem System Wörter mental organisiert sind (definitiv nicht alphabetisch!). Wenn nun ein Patient bei Vorlage eines Bildes den abgebildeten Gegenstand Tisch als *Schrank* bezeichnet, so kann eine Therapie damit ansetzen das Wortfeld „Möbel" wieder zu rekonstruieren. Der Patient befindet sich nämlich bereits im richtigen Wortfeld (er hat den Gegenstand z. B. nicht als *Banane* bezeichnet), jedoch stimmen die Unterbegriffe noch nicht.

6. Dimensionen der Bedeutung eines Wortes

Bisher haben wir recht allgemein von der Bedeutung von Wörtern gesprochen. Diese gliedert sich aber genauer in Denotation und Konnotation und ist durch Assoziationen mit anderen Wörtern verbunden. Außerdem können Wörter Haupt- und Nebenbedeutungen besitzen und kommen gewöhnlich in Kontexten vor, in denen sie eine bestimmte, „aktuelle" Bedeutung besitzen.

a) Denotation

Die sachlich neutrale Information über ein Wort, wie sie z. B. im Wörterbuch zu finden ist, nennt man die Denotation (lat. *denotatio* ‚Bezeichnung') eines Wortes oder das Denotat. Dieser „begriffliche Kern" ist z. B. für *Hund* im Deutschen Universalwörterbuch des Duden-Verlags (5. Aufl. 2003) folgendermaßen angegeben: ‚(in vielen Rassen gezüchtetes) kleines bis mittelgroßes Säugetier, das bes. wegen seiner Wachsamkeit u. Anhänglichkeit als Haustier gehalten wird, einen gut ausgebildeten Gehör- und Geruchssinn besitzt u. beißen u. bellen kann'.

b) Konnotation

Wörter können aber neben dieser sachlichen Bedeutungskomponente auch Begleitgefühle wecken. Diese Mitbedeutungen nennt man Konnotationen (lat. *connotatum* ‚Mitbezeichnung'); sie können entweder positiver oder negativer Art oder nicht vorhanden sein (neutral). Man spricht dementsprechend von positiv, negativ bzw. nicht konnotierten Wörtern. Konnotationen können überindividuell sein und sind dann auch im Wörterbuch vermerkt. Das Wort *Köter* etwa hat dieselbe Denotation wie *Hund*, ist aber negativ konnotiert. Ebenso verhält es sich mit *Bulle* für *Polizist* und *Pack* für *Kinder*. Jeder Mensch hat aufgrund seiner Lebenserfahrung individuelle Konnotationen; so kann bei jemandem das eher neutrale Wort *Hund* sehr negativ besetzt sein und z. B. Angst auslösen, weil er schon einmal von einem Hund attackiert wurde. Das Wort *Hund* ist dann für dieses Individuum negativ konnotiert.

Von stilistisch konnotierten Wörtern spricht man, wenn die Wörter bestimmten Stilebenen zuzuordnen sind. So gehört *Zahlungsmittel* etwa einer höheren Stilebene an als *Geld, Knete* dagegen einer niederen.

Konnotationen können sich auch ändern. So war *Weib* lange Zeit ein neutrales Wort mit dem Denotat ‚erwachsene weibliche Person, Ehefrau'; erst im Laufe der Sprachgeschichte entstand die negative Konnotation, die das Wort heute hat (vgl. Kap. VI. 8. Bedeutungswandel).

c) Assoziation

Die Assoziation (lat. *associare* ‚verbinden') gehört nicht mehr zur eigentlichen Bedeutung eines Wortes, sondern führt davon weg. Allerdings besteht eine (nicht vollkommen beliebige) Verknüpfung des Wortes mit anderen Konzepten (vgl. Kap. VI. 5. Prototypensemantik), die kulturell oder individuell begründet sein kann. Für unser Beispiel *Hund* könnten individuelle Assoziationen vielleicht folgende sein: „Bei *Hund* denke ich an … lange Spaziergänge … dreckige Fußböden … Flöhe … Erdbebenopfer …". Die Assoziationen sind also als Begründung für bestimmte (pos./neg.) Konnotationen zu sehen. Kulturell bedingt assoziieren z. B. die Inuit (Eskimos) mit Hunden etwas anderes als wir.

d) Haupt-, Neben-, Gesamtbedeutung

An die Hauptbedeutung eines Wortes denken wir gewöhnlich als erstes, zum Beispiel ist das bei Maus ‚kleines Nagetier'. Es ist die wichtigste Einzelbedeutung. Außerdem gibt es Nebenbedeutungen wie beispielsweise ‚Computerzubehör' oder kosend ‚Liebste(r)'. Alle Bedeutungen zusammen machen die Gesamtbedeutung (lexikalische Bedeutung) des Wortes *Maus* aus (vgl. Kap. VI. 7.1 Polysemie).

e) Aktuelle Bedeutung

In konkreten Texten muss zunächst die aktuelle Bedeutung eines Wortes geklärt werden. Ist beispielsweise mit *Maus* der Kosename gemeint, so handelt es sich zugleich um eine Nebenbedeutung des Wortes. Des Weiteren kann man sich fragen, warum ein Autor dieses Wort und kein anderes verwendet. Die Klärung dieses Benennungsmotivs beruht oft auf der Interpretation des Textes und der Absicht des Autors.

7. Bedeutungsrelationen

Bisher haben wir uns mit der Beschreibung von Bedeutungen beschäftigt, beim sprachlichen Zeichen die signifié-signifiant-Relation. Im Folgenden werden wir Bedeutungsbeziehungen, also das Verhältnis von zwei oder mehreren Bedeutungen, beschreiben (signifié-signifié-Relation).

7.1 Polysemie

Polysemie (griech. *polys* ‚viel') liegt vor, wenn ein Wort mehrere (zusammengehörige) Bedeutungen hat, d. h., die Sememe stehen in Beziehung zueinander und mindestens ein semantisches Merkmal ist identisch. Hierunter fallen auch Haupt- und Nebenbedeutungen (vgl. Kap. VI. 6. Dimensionen der Bedeutung eines Wortes).

Maler: 1. Künstler
2. Handwerker
gemeinsames semantisches Merkmal: ‚jemand, der mit Pinsel und Farbe etwas schafft' (der eine ein Kunstwerk, der andere streicht als Handwerker etwas an)

Decke: 1. Decke zum Zudecken (Bettdecke, Tischdecke usw.)
2. Zimmerdecke
gemeinsames semantisches Merkmal: ‚etwas abdecken'

Glocke: 1. Kirchenglocke
2. Klingel
gemeinsames semantisches Merkmal: Geräusch

Veilchen: 1. stark duftende, blaue Frühlingsblume
2. blaues Auge
gemeinsames semantisches Merkmal: Farbe

Birne: 1. Frucht
2. elektrische Lichtquelle
gemeinsames semantisches Merkmal: Gestalt

klar: 1. hell, leuchtend
2. deutlich
gemeinsames semantisches Merkmal: ‚ungetrübt'

Polysemie entsteht häufig durch metaphorische (bildliche) oder metonymische Übertragung. Bei **Metaphern** spricht man auch von einem gekürzten Vergleich – er wird nicht explizit genannt –, z. B. *Veilchen*: Ein blaues Auge hat die Farbe der gleichnamigen Blume. Die Ähnlichkeitsbeziehung kann, wie die Beispiele zeigen, auf ganz unterschiedlichen Merkmalen (auch Geräusch oder Gestalt) beruhen. Die **Metonymie** ist enger anzusetzen als die Metapher: Es ist die Übertragung einer Bezeichnung auf einen Begriff, der mit dem ursprünglichen in kausaler, zeitlicher oder räumlicher Beziehung steht, z. B. *Grass lesen, ein Glas trinken, Cognac genießen* (nach der gleichnamigen Region) (vgl. Kap. X. 6. Stilfiguren).
Betrachten Sie zur Verdeutlichung auch diese Beispiele aus Werbeanzeigen:

Abb. 8: Werbeanzeige für Sportschuhe

Die Renner – federleicht, farbenfroh und modisch. Sportschuhe sind der Hit für den Sommer.

Abgebildet sind verschiedene Arten von Sportschuhen. *Renner* hat hier nicht nur die ursprüngliche Bedeutung (Substantiv von *rennen*, besonders beim Pferd: ‚gutes, schnelles Rennpferd‘), sondern auch die übertragene: Diese Sportschuhe sind in diesem Jahr besonders beliebt, verkaufen sich sehr erfolgreich, gehen besonders schnell über die Ladentheke. Als gemeinsames semantisches Merkmal könnte man ‚schnell‘ ansetzen.

Mein Fitnesstrainer ist 'ne Flasche! Auf dem Werbeplakat ist eine Mineralwasserflasche zu sehen.

Der Leser soll durch die unpassende Wortzusammenstellung aufmerksam gemacht werden. Ohne das Bild würden wir davon ausgehen, dass der Fitnesstrainer ein Versager, umgangssprachlich eine Flasche, ist. Der Zusammenhang zum Behältnis mit halsförmiger Öffnung erklärt sich – nach dem Etymologischen Wörterbuch des Deutschen von Wolfgang Pfeifer – „aus der Vorstellung einer Flasche ohne Inhalt, ohne Substanz, nach der *Flasche* (wie auch andere Bezeichnungen für Hohlkörper) eine abschätzige Bedeutung annimmt."

7.2 Homonymie

Homonymie (griech. *homōnymia* ,Gleichnamigkeit') liegt vor, wenn (mindestens) zwei Wörter bei gleicher Schreibung und Lautung unterschiedliche Bedeutungen haben. Das heißt, die Sememe stehen in keiner Beziehung zueinander und es liegt kein gemeinsames semantisches Merkmal vor. Im Wörterbuch haben wir deshalb auch mehrere (eigenständige) Einträge.

Reif₁: ,Ring'
Reif₂: ,gefrorener Tau'

Ton₁: ,Lehm'
Ton₂: ,Laut, Klang'

ausschlagen: 1. eine Schublade mit Papier versehen/auslegen
2. Bäume schlagen aus (,austreiben')
3. Pferde schlagen aus (,treten')
4. Zeiger schlagen aus (,anzeigen')
5. ein Angebot ausschlagen (,nicht annehmen')
6. sich/jemandem die Zähne ausschlagen (,heraushauen')

Die 1. Bedeutung ist zu den übrigen homonym. Die Bedeutungen 2–6 sind polysem: gemeinsames semantisches Merkmal ist ,in eine Richtung bewegen'. 5. ist metaphorisch gebraucht.

Bauer₁: ,Landwirt'
Bauer₂: ,Vogelkäfig'

Bei diesem Beispiel ist zwar für den Durchschnittssprecher eine Übereinstimmung nicht mehr ersichtlich. Wenn man jedoch in einem etymologischen Wörterbuch nachschlägt, wird deutlich, dass die beiden Wörter auf einen gemeinsamen Ursprung im 8. Jahrhundert zurückgehen. Ahd. *būr* bedeutet ,Wohnung, Vorratshaus, Keller'. *Bauer* kommt von ahd. *giburo* ,Mitbewohner, Stammesgenosse, Nachbar', d.h., es bedeutet eigentlich ,wer die Wohnung mit einem anderen gemeinsam hat'.

Man kann synchron oder diachron entscheiden. Im zweiten Fall sind aber sprachgeschichtliche Kenntnisse notwendig, die wir nicht voraussetzen wollen. Wir lassen also das historische Kriterium außen vor und sprechen aus synchroner Perspektive dann von Homonymie, wenn wir (heute) keinen inhaltlichen Zusammenhang der Bedeutungen erkennen können. Demnach liegt bei *Bauer* Homonymie vor.

Sonderfall: Homophonie/Homographie

Homophone (griech. *homo* ‚gleich‘, griech. *phon* ‚Ton, Lautstärke‘) sind Wörter, die gleich lauten, aber unterschiedlich geschrieben werden, so z. B. *Mohr – Moor, Lerche – Lärche, Lid – Lied* oder *malen – mahlen.* Das Prinzip der Rechtschreibung, das hier dahinter steht, ist die **Homonymenscheidung** durch unterschiedliche Schreibweisen (vgl. Kap. VIII. 3. Rechtschreibprinzipien), um wenigstens in der Schreibung eine Verwechslungsgefahr auszuschließen.

Homographe (griech. *homo* ‚gleich‘, griech. *graphein* ‚schreiben‘) dagegen sind Wörter, die gleich geschrieben, aber unterschiedlich ausgesprochen werden, vgl. *módern* ‚verrotten‘ – *modérn* ‚aktuell‘ oder der Slogan einer Suchtpräventionsstelle *Sucht sucht Sinn* (kurzes vs. langes *u*).

In beiden Fällen liegt auch Homonymie vor, d. h., die beiden Wörter haben keine gemeinsamen Seme. Während bei der oben beschriebenen „reinen" Homonymie weder in Schreibung noch in Lautung ein Unterschied festzustellen ist (die Wörter sind also sowohl homophon als auch homograph), geben Homophone durch die Schreibung und Homographe durch die Lautung Hinweise auf gänzlich unterschiedliche Wortbedeutungen. Probleme zur Unterscheidung von Polysemie und Homonymie bleiben also für die (häufigen) Fälle, in denen Schrift und Aussprache identisch sind.

7.3 Synonymie

Zwei Wörter sind synonym (griech. *synōnymia* ‚Namensgleichheit‘), wenn sie bei unterschiedlicher Lautgestalt dieselbe Bedeutung haben, d. h., sie weisen Semidentität auf und sind gegeneinander ersetzbar. Echte Synonymie (Synonymie im engeren Sinne) zwischen zwei Wörtern liegt nur in seltenen Fällen vor, da es in den Bedeutungen vor allem im Bereich der Konnotationen und der Stilebene normalerweise Unterschiede gibt. „Echte" Synonyme sind z. B. *beginnen – anfangen, Lift – Aufzug, Orange – Apfelsine.* Synonymie (im weiteren Sinne) bezieht sich immer nur auf ein identisches Denotat. Unter dieser Definition sind etwa *Auto – Schlitten – KFZ – Wagen* synonym.

Dafür, dass echte Synonymie selten ist, gibt es sprachliche Gründe: Sprache soll ökonomisch sein, d. h., für einen bereits existierenden Ausdruck ist ein weiteres Wort nicht nötig bzw. auch nicht erwünscht. Ein dazu gegenläufiges Prinzip ist das der größtmöglichen Differenziertheit: Ist doch ein gleicher Ausdruck vorhanden, so wird er zur Bedeutungsdifferenzierung/-nuancierung herangezogen.

Ein Beispiel dafür, wie diese beiden Prinzipien wirken, ist die Entwicklung der Wörter *Frau* und *Weib.* Im Althochdeutschen bedeutete *Frau* ‚verheiratete, adelige Frau, Herrin', *Weib* dagegen bezog sich nicht auf einen Stand und bedeutete lediglich ‚verheiratete Frau'. Im Laufe der Sprachgeschichte verliert *Frau* den Zusatz ‚adelig' und steht damit als echtes Synonym neben *Weib*. Da die Sprache aus ökonomischen Gründen kaum echte Synonyme benötigt, wird *Weib* konnotativ abgewertet und leistet damit einen Beitrag zur Sprachnuancierung, d. h. zu einem möglichst breiten Wortfeld ‚weiblicher Mensch' (vgl. Kap. VI. 3. Das Wortfeld).

Auf der Ebene der Sätze/Syntagmen sind synonyme Formulierungen viel häufiger und stellen nichts Außergewöhnliches dar. Vergleichen Sie folgende Satzbeispiele:

Man hat den neuen Kanzler gewählt. – Der neue Kanzler wurde gewählt.
Der Rock muss gekürzt werden. – Der Rock ist zu kürzen.
Es ist schön, dass du kommst. – Dass du kommst, ist schön.

Sonderfall: Territoriale Dubletten

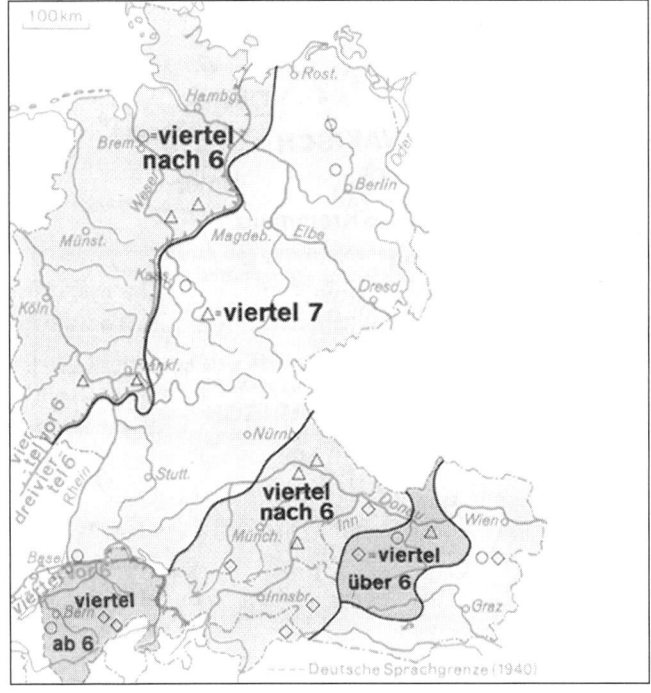

Abb. 9: Die Bezeichnungen für 6¹⁵ in den deutschen Umgangssprachen

Ein Sonderfall der Synonymie sind die so genannten territorialen Dubletten. Dabei handelt es sich um regionale Varianten eines Begriffs (sowohl hinsichtlich der

Denotation als auch der Konnotation). Diese Synonyme sind nicht auf der Ebene der Mundart angesiedelt, sondern wurden in größeren Gebieten in die dortige Umgangssprache übernommen. Beispiele dafür sind *Tischler* vs. *Schreiner*, *Rahm* vs. *Sahne* oder *Samstag* vs. *Sonnabend*.

Die geographische Verteilung solcher regionalen umgangssprachlichen Varianten wird am besten anhand einer Karte dargestellt. Abbildung 9 zeigt die Möglichkeiten, im deutschsprachigen Raum die Uhrzeit zu benennen.

7.4 Antonymie

Antonymie (griech. *anti* ‚gegenüber‘, *onoma* ‚Name‘) drückt die Gegensätzlichkeit von Bedeutungen aus und kann unterschiedlich weit gefasst werden.

Es gibt absolute Gegensätze, die einen Bedeutungsbereich in genau zwei Hälften teilen und sich gegenseitig ausschließen. So kann jemand z. B. nicht gleichzeitig *tot* und *lebendig* sein, außerdem muss, wenn das eine nicht zutrifft, das andere zutreffen. Dieses sich ausschließende Vorkommen nennt man auch **Komplementarität**.

Weitere Beispiele: *innen – außen, endlich – unendlich, hungrig – satt*

Relative Gegensätze haben wir dann, wenn nicht nur eine Zweiteilung des Bedeutungsbereichs vorliegt, sondern es eine Skala gibt. So ist zwar *heiß* das Antonym zu *kalt*, aber zwischen diesen beiden Polen gibt es noch *warm* oder *lauwarm*. Aus der Behauptung *Meine Cola ist nicht kalt!* kann also nicht gefolgert werden, dass die Cola heiß ist.

Weitere Beispiele: *groß – klein, stark – schwach, langsam – schnell*

Die Verwendung von Antonymen für denselben Sachverhalt bzw. Gegenstand führt zu einer semantischen Unverträglichkeit der Wörter. Mit diesem Phänomen wird besonders im folgenden anonymen Spottgedicht aus dem 19. Jahrhundert gespielt, von dem es unzählige Varianten gibt. Hier ein kürzeres Beispiel:

> Dunkel war's, der Mond schien helle,
> Schnee lag auf der grünen Flur.
> Als ein Wagen blitzeschnelle
> Langsam um die Ecke fuhr.
> Drinnen saßen stehend Leute,
> Schweigend ins Gespräch vertieft,
> Als ein totgeschoss'ner Hase
> Auf der Sandbank Schlittschuh' lief.
> Drinnen saß ein holder Jüngling,
> Schwarzgelockt mit blondem Haar,

Neben ihm 'ne alte Schachtel,
Zählte kaum ein halbes Jahr,
In der Hand 'ne Butterwecke,
Die mit Schmalz bestrichen war.

(aus: Deutsche Unsinnspoesie, hrsg. von Klaus Peter Dencker, Stuttgart 1978, S. 197)

7.5 Hyperonymie/Hyponymie

Bei Hyperonymie und Hyponymie handelt es sich um das Verhältnis von Über-
und Unterordnung (griech. *hyper* ‚über‘, griech. *hypo* ‚unter(halb)‘), beispielsweise
Möbel (Hyperonym) – *Tisch* (Hyponym) oder *Tier – Katze*.

Wir wollen die Bedeutungsrelationen, die zwischen einzelnen sprachlichen
Zeichen/Wörtern herrschen können, noch einmal zusammenfassen:

- Mehrdeutigkeit von Wörtern (Polysemie)
- Bedeutungsübertragung (Metapher/Metonymie)
- kein Bedeutungszusammenhang bei gleicher Lautgestalt (Homonymie)
- Bedeutungsgleichheit (Synonymie)
- Bedeutungsgegensatz (Antonymie).
- Bedeutungsüber- und -unterordnung (Hyperonymie/Hyponymie)

8. Bedeutungswandel

Im Laufe der Sprachgeschichte können sich Bedeutungen verändern. Dafür gibt
es verschiedene Gründe. Dies beispielsweise kann an der gesellschaftlich-sozialen
Struktur oder an kulturellen Veränderungen liegen, z. B. können tabuisierte Wörter durch Metaphern ersetzt werden. Im Folgenden werden die wichtigsten Arten
des Bedeutungswandels anhand von Beispielen aufgeführt.

a) Bedeutungserweiterung: *Frau*

Mittelhochdeutsch (= mhd.) *frouwe* ‚Edelfrau‘ hat sich zu neuhochdeutsch (= nhd.)
Frau ‚erwachsener weiblicher Mensch‘ gewandelt. Das Sem ‚edel‘ ist weggefallen.

b) Bedeutungsverengung: *Hochzeit*

Mhd. *hôchzît, hôchgezît* ‚hohes, großes (kirchliches) Fest, Feiertag‘; diese Bedeutung lässt sich bis ins 17. Jahrhundert nachweisen. Danach erscheint *Hochzeit* nur
noch im heutigen verengten Sinne ‚Feier einer Eheschließung‘, während das aus

dem Lateinischen entlehnte *Fest* die alte, allgemeine Funktion übernimmt. Das Sem ‚Eheschließung‘ ist also dazugekommen.

c) Bedeutungsverschlechterung: *Dirne*

Althochdeutsch (= ahd.) *thiorna* bedeutet ‚Mädchen, Jungfrau, Dienerin‘. Die Bedeutung ‚Prostituierte‘ ist seit der Mitte des 15. Jahrhunderts nachzuweisen. Im Bayerischen gibt es noch die ursprüngliche Bedeutung, also *Dirndl* nach bairisch *dyerndl* (15. Jh.) ‚junges Mädchen‘.

d) Bedeutungsverbesserung: *Racker*

Mittelniederdeutsch *racker, racher* bedeutet ‚Totengräber, Abdecker‘ und wurde damals als Schimpfwort verwendet. Heute hat *Racker* die Bedeutung ‚Kind, das gerne Schabernack treibt/lustige Streiche macht‘. Die Bedeutung hat sich also deutlich verbessert.

e) Bedeutungsübertragung (Metapher): *Strom*

Ahd. *stroum* (8. Jahrhundert) bedeutet allgemein ‚schnell fließendes Wasser‘, im 18. Jahrhundert ‚großer breiter Fluss‘. Seit dieser Zeit findet sich auch der übertragene Gebrauch für eine ‚sich in eine Richtung bewegende Menschen- und Volksmenge‘ und in der Physik für elektrische Ladungen. Allgemeinsprachlich bedeutet Strom heute ‚Elektrizität‘. Das tertium comparationis zwischen der ursprünglichen und der heutigen Bedeutung ist die fließende Bewegung, von der man meinte, dass sie die Elektrizität und ein Fluss gemeinsam haben.

f) Bedeutungsverhüllung (Euphemismus): *Stuhl*

Stuhl in der Bedeutung ‚Sitzgelegenheit‘ wird ab dem 15./16. Jahrhundert auch als Bezeichnung für ‚menschlichen Kot‘ verwendet. Eigentlich ist damit der ‚Gang zum Nachtstuhl‘ gemeint.

g) Volksetymologie: *Maulwurf*

Um Volksetymologie handelt es sich, wenn ein unbekanntes (Fremd-)Wort nach dem Vorbild eines ähnlich klingenden vertrauten Wortes umgedeutet wird. Der Maulwurf beispielsweise gilt als ein Tier, das mit dem Maul Erde aufwirft. Doch hat der Wortbestandteil *Maul-* zwei volksetymologische Umdeutungen erfahren. Das erste Element von ahd. *mûwerf* gehört zu altenglisch *mûha, mûwa* (engl. *mow*) ‚Haufen‘. Die ursprüngliche Bedeutung von *Maulwurf* war also ‚Haufenwerfer'. Das bereits in spätahd. Zeit nicht mehr verstandene *mû*- wurde nun mit ahd. *molta*, mhd. *molte* ‚Erde, Staub‘ in Verbindung gebracht. Spätahd. *moltwerf* wiederum wurde dann in seinem ersten Bestandteil an *mûl* ‚Maul‘ angeglichen (vgl. Kap. IV. 5. Motiviertheit von Wortverbindungen).

9. Übungen

1 Stellen Sie ein Wortfeld zu „Gewässer" zusammen. Führen Sie, ausgehend vom Wortfeld, eine Semanalyse durch und nennen Sie das Archisem.

2 In welcher (Bedeutungs-)Beziehung stehen die unterstrichenen Wörter? Liefern Sie dazu jeweils eine Begründung.

   a) *Das Mehr an Arbeit ist nicht schlimm. – Ich liebe das Meer.*

   b) *Mein Bruder ist ein Esel. – Wir haben auf unserem Bauernhof einen Esel und vier Hühner.*

   c) *Meine Heirat wird ein tolles Erlebnis sein. Ich freue mich auf die Eheschließung.*

   d) *Das Tor ist offen. – Was bist du für ein Tor!*

   e) *Feuer und Wasser sind lebenswichtig.*

   f) *Ich habe eine Katze. Sie ist ein schönes Tier.*

   g) *Die Blume ist weiß. – Ich weiß nicht, wann ich dich abholen soll.*

   h) *Ich werde das nicht tun! – Das kann ein anderer machen.*

   i) *Der Tenor in der Oper hat mir sehr gut gefallen. – Tenor des Aufsatzes ist Folgender …*

   j) *Mein Pferd ist ziemlich wild. – Das Pferd ist die flexibelste Schachfigur.*

   k) *Die Mutter meiner Freundin ist Lehrerin. – In meinem Werkzeugkasten finde ich keine einzige Mutter mehr.*

3 Geben Sie zwei Bedeutungen von *abschneiden* an. Handelt es sich um Polysemie oder Homonymie? Erläutern Sie Ihre Entscheidung.

4 Erläutern Sie an folgenden Beispielen, was man unter Denotation, Konnotation und Assoziation versteht:

   Gesundheitsapostel, Ernährungsexperte, Völlerei

   (Die Wörter stammen aus: „Der King unter den Burgern. Die Stiftung Warentest hat Hamburger getestet: Sie sind besser als ihr Ruf – wenn ein paar Regeln beachtet werden." In: Süddeutsche Zeitung, Nr. 16, 21.01.2005, S. 11)

5 Welcher Bedeutungswandel liegt vor?

   a) mhd. *varn* ‚sich von einem Ort zum anderen bewegen‘ – nhd. *fahren* ‚ein Fahrzeug benutzen‘

   b) mhd. *marschalc* ‚Pferdeknecht‘ – nhd. *Marschall* ‚höchster Offiziersrang‘

c) mhd. *herberge* ‚Unterkunft für das Heer' – nhd. *Herberge* ‚Unterkunft für Fremde'

d) ahd. *magad* ‚Mädchen, Jungfrau' – nhd. *Magd* ‚Landarbeiterin, Dienerin'

10. Quellen und weiterführende Literatur

Adamzik, Kirsten: Sprache: Wege zum Verstehen. 2., überarb. Aufl. Tübingen/Basel 2004. Kap. 10–16, S. 56–97.
Die Kapitel zur Semantik sind gut verständlich und anschaulich geschrieben; zur Nacharbeitung des Gelernten empfohlen.

Dornseiff, Franz: Der deutsche Wortschatz nach Sachgruppen. 8. Aufl. völlig neu bearb. u. mit einem vollständigen alphabetischen Zugriffsregister versehene Aufl. von Uwe Quasthoff. Berlin 2004.
Nachschlagewerk für 970 Sachgruppen, ergänzt um neue Themen, beispielsweise aus den Bereichen Börse, Computer, Medien, Medizin, Naturwissenschaften und Sport.

Duden. Bildwörterbuch der deutschen Sprache. Bearb. von Mayers Lexikonredaktion in Zusammenarbeit mit der Dudenredaktion. 5., neu bearb. u. aktual. Aufl. Mannheim 1999.
Im Kap. Semantik zur Veranschaulichung des onomasiologischen Prinzips verwendet.

Duden. Das Bedeutungswörterbuch. Hrsg. von der Dudenredaktion. 3., neu bearb. u. erw. Aufl. Mannheim 2002.
Empfiehlt sich – wie Wahrig – zum Nachschlagen von Bedeutungsangaben.

Duden. Das große Wörterbuch in zehn Bänden. Hrsg. vom Wissenschaftlichen Rat der Dudenradaktion. 3., völlig neu bearb. u. erw. Aufl. Mannheim 1999.
Nachschlagewerk.

Duden. Sinn- und sachverwandte Wörter. Synonymenwörterbuch der deutschen Sprache. Hrsg. u. bearb. v. Wolfgang Müller. Mannheim 1997.

Heusinger, Siegfried: Die Lexik der deutschen Gegenwartssprache. Eine Einführung. Paderborn 2004.
In dieser Einführung werden Themen wie Bedeutungswandel, Mehrdeutigkeit und lexikalische Teilsysteme der Sprache (z. B. auf der Ebene der Subsysteme: Regionalismen, Lexik der Umgangssprache usw.) behandelt. Es gibt nur wenig didaktische Hilfen, die Zusammenfassungen sind jedoch sehr brauchbar.

Keller, Rudi/Kirschbaum, Ilja: Bedeutungswandel. Eine Einführung. Berlin, New York 2003.
An der sich besonders dafür eignenden Wortart der Adjektive zeigen die Autoren in verständlicher Weise die Möglichkeiten des Bedeutungswandels auf und liefern dafür interessante und aus dem Alltag bekannte Beispiele (z. B. die Bedeutungsveränderung von geil). Ein kurzweiliges und gut lesbares Buch!

Kleiber, Georges: Prototypensemantik. Eine Einführung. 2. Aufl. Tübingen 1998.
Wer sich besonders für das Thema interessiert, wird in diesem Buch umfassend über die Theorie informiert. Außerdem werden Leistungen und Grenzen der Prototypensemantik diskutiert.

Linke, Angelika/Nussbaumer, Markus/Portmann, Paul R.: Studienbuch Linguistik. 5., erw. Aufl. Tübingen 2004. Kap. Semantik, S. 149–192.
Das Buch erweitert und vertieft in idealer Weise einige von uns thematisierte Bereiche der Semantik auf rund 30 Seiten und wird als knappe Ergänzung empfohlen.

Löbner, Sebastian: Semantik. Eine Einführung. Berlin 2003.
Es werden viele Bereiche behandelt, die für eine Einführung in die Gegenwartssprache noch nicht so geeignet sind. Zum gezielten Nachschlagen unseres Stoffes und der Erweiterung des Gelernten bietet es sich jedoch in Teilen an.

Lühr, Rosemarie: Neuhochdeutsch. 6. Aufl. München 2000. Kap. VI. Semantik, S. 247–264.
Das knappe Semantik-Kapitel ist leicht zu lesen und entspricht inhaltlich in etwa unseren Ausführungen.

Nübling, Damaris (in Zusammenarbeit mit Dammel, Antje/Duke, Janet/Szczepaniak, Renata): Historische Sprachwissenschaft des Deutschen. Eine Einführung in die Prinzipien des Sprachwandels. Tübingen 2006. Kap. Semantischer Wandel, S. 106–130.
Zur Beschäftigung mit dem angegebenen Thema geeignet.

Pfeifer, Wolfgang: Etymologisches Wörterbuch des Deutschen. Ungekürzte, durchges. Ausg., 8. Aufl., München 2005.
Bestens geeignet, um Bedeutungswandel nachzuschlagen.

Pörings, Ralf/Schmitz, Ulrich (Hrsg.): Sprache und Sprachwissenschaft. Eine kognitiv orientierte Einführung. 2. Aufl. Tübingen 2003. Kap. 2 Wofür stehen Wörter? Lexikologie, S. 27–52.
Das Kapitel Lexikologie ist als Ergänzung zu empfehlen. Behandelt werden auch in unserem Buch nicht thematisierte Bereiche der Semantik, z. B. „Sternförmige Netzwerke" (Bedeutungsbeziehungen). Es gibt Zusammenfassungen, Leseempfehlungen und Aufgaben (leider ohne Lösungen).

Polenz, Peter von: Deutsche Satzsemantik. 2. Aufl. Berlin, New York 1988.
Das Buch führt thematisch über die von uns besprochenen Inhalte hinaus.

Römer, Christine/Matzke, Brigitte: Lexikologie des Deutschen. Eine Einführung. 2., aktual. u. erg. Aufl. Tübingen 2005.
Das Buch ist gut didaktisiert und hat nach jedem Kapitel (z. B. Methoden der Wortbedeutungsbeschreibung oder Beziehungen zwischen Wörtern: Wortfamilie, Wortfelder) Übungsaufgaben mit Lösungen.

Rosch, Eleanor: On the Internal Structure of Perceptual and Semantic Categories. In: Moore, Timothy E. (Hrsg): Cognitive Development and the Acquisition of Language. New York 1973, S. 111–144.
In einem gut verständlichen Englisch stellt Rosch Experimente und Forschungsergebnisse vor und leitet daraus ihre Theorie der Prototypensemantik ab. Sie verwendet u. a. die Beispiele Farbe und Form („natürliche Prototypen") außerdem Vögel, Fahrzeug, Straftat.

Schwarz, Monika/Chur, Jeanette: Semantik. Ein Arbeitsbuch. 5., aktualisierte Aufl. Tübingen 2007.
Das Arbeitsbuch ist in Teilen zur Vertiefung und Erweiterung (z. B. Satz- und Textsemantik) geeignet, beinhaltet jedoch auch völlig neue Bereiche, wie die formale Semantik. Schön ist die Aufnahme von Aufgaben mit Lösungen am Ende des Buchs.

Trier, Jost: Der deutsche Wortschatz im Sinnbezirk des Verstandes. Die Geschichte eines sprachlichen Feldes. Band I: Von den Anfängen bis zum Beginn des 13. Jahrhunderts. 2. Aufl. Heidelberg 1973. Erstauflage 1931.
Es handelt sich um eine wichtige Primärliteratur zum Wortfeld. Untersuchungsgegenstand sind alt- und mittelhochdeutsche Texte.

Wahrig, Gerhard: Deutsches Wörterbuch. Hrsg. von Renate Wahrig-Burfeind. Mit einem „Lexikon der deutschen Sprachlehre". *8., vollst. neu bearb. und aktualisierte Aufl.* Gütersloh u. a. 2006.
Zum Nachschlagen von Bedeutungsangaben geeignet.

VII. Phonologie und Phonetik

Wenn wir sprachliche Zeichen weiter zerlegen, dann gelangen wir schließlich auf die Ebene der Laute. Sie sind das Grundgerüst der Sprache. Hier bewegen wir uns auf der Ausdrucksseite und nicht mehr auf der Inhaltsseite. Nur manche Laute haben auch eine Bedeutung, wie die Interjektionen *Oh!* oder *Ah!*. Normalerweise ergibt sich eine Wortbedeutung aber erst durch eine Verknüpfung von Lauten zu einer Lautkette.

Laute sind auch charakteristisch für eine Sprache.

Wenn wir eine fremde Sprache hören und nicht verstehen können, was gesagt wird, so können wir dennoch in vielen Fällen erkennen, ob jemand Französisch, Italienisch, Russisch oder eine asiatische Sprache spricht. Auch imitieren wir manchmal zum Spaß andere Sprachen, ohne sinnvolle Wörter zu produzieren.

Welche Laute sind für das Deutsche typisch? Ganz charakteristisch deutsch ist der *ich*-Laut [ç] und die Affrikate [p͡f]. Deutsch klingende Wörter sind also beispielsweise *Pfeffer* und *Pflicht*.

Die sprachwissenschaftlichen Teilgebiete, die sich mit der lautlichen Seite der Sprache beschäftigen, heißen Phonologie und Phonetik.

1. Phonologie

Die Phonologie, auch Phonemik genannt, ist die Lehre von der funktionellen Analyse der Laute; sie interessiert sich dafür, welche Rolle Laute bei der Unterscheidung von Bedeutungen spielen.

1.1 Grundbegriffe: Phon – Phonem – Allophon

a) Phon und Phonem

Ähnlich wie bei der Unterscheidung zwischen Morph und Morphem unterscheiden wir zwischen Phon (auf der Ebene der Parole) und Phonem (auf der Ebene der Langue). So werden Lautketten (Wörter) zunächst in Phone (Laute) zerlegt; ein Phon ist demnach eine noch unklassifizierte kleinste Lauteinheit; nach einer Klassifikation liegen Phoneme vor. Sie sind die kleinsten bedeutungsunterscheidenden Lauteinheiten (vgl. dagegen: Morpheme sind bedeutungstragend). Ein Phonem kann laut dieser Definition immer nur durch den Vergleich zweier Wörter gewonnen werden, denn nur dann kann man erkennen, ob sich die Bedeutung ändert. Das Wort *Kern* etwa besteht aus vier Lauten. Wenn wir nun testen wollen, ob *e* ein Phonem des Deutschen ist, so müssen wir ein Wort finden, das unter Austausch nur dieses Lautes an genau dieser Stelle des Wortes zu einem Wort mit einer anderen Bedeutung führt. Wenn wir *e* gegen *o* austauschen, erhalten wir *Korn*, ein Wort mit einer anderen Bedeutung. Wir haben damit nachgewiesen, dass *e* und auch *o* – der Test funktioniert ja auch andersherum – Phoneme des Deutschen sind, d. h. eine bedeutungsunterscheidende Funktion haben. Ein derartiges Wortpaar (z. B. *Kern – Korn*) nennt man ein **Minimalpaar**.

! Zum Auffinden von Minimalpaaren dürfen Sie nur einen einzigen Laut austauschen. Achten Sie dabei nur auf die Lautung der Wörter (die Schreibung kann manchmal irreführend sein), damit Sie sicher gehen können, dass die lautliche Umgebung gleich bleibt. Wortartengrenzen spielen übrigens keine Rolle; allerdings dürfen Sie für Minimalpaare nur deutsche Wörter verwenden!

Wird ein Minimalpaar gefunden, handelt es sich also bei dem entsprechenden Phon immer um ein Phonem. Um nachzuweisen, dass ein Phon ein Phonem des Deutschen ist, ist es ausreichend, wenn ein einziges Minimalpaar gefunden werden kann. Bei unserem Beispielwort *Kern* findet man z. B. für *k* relativ einfach ein Minimalpaar: *Kern – gern*; für die restlichen Phone ist das nicht so einfach. Ihr Phonemstatus kann aber in Minimalpaaren wie *nennen* und *rennen* oder *Nasen* und *Rasen* nachgewiesen werden.

Folgende Beispiele sind Minimalpaare:

Kiel – Kohl zum Nachweis des Phonemstatus von langem *i* und langem *o*
Fülle – fühle zum Nachweis des Phonemstatus von kurzem und langem *ü*
viel – voll zum Nachweis des Phonemstatus von langem *i* und kurzem *o*
reisen – reißen zum Nachweis des Phonemstatus von stimmhaftem und stimmlosem *s* (zur Verteilung von stimmhaftem und stimmlosem *s* im Deutschen siehe unten)
Pferd – Herd zum Nachweis des Phonemstatus von /pf/ und /h/. Dass die Laute der Affrikate (vgl. Kap. VII. 2.4 Bildung der Konsonanten) zusammen nur ein Phonem sind, beruht auf Konvention.

✎ Phoneme werden folgendermaßen gekennzeichnet: /g/, /k/, /n/, /r/, /ei/, /p͡f/, /ʃ/ etc. Man kann für die Phoneme die Zeichen der Lautschrift (vgl. Kap. VII. 2.1 Die Lautschrift) oder die Buchstaben verwenden, mit denen das Phonem meist verschriftlicht wird. Eine einheitliche Regelung hat sich in der Forschung noch nicht durchgesetzt.

Folgende Beispiele sind <u>keine</u> Minimalpaare:

Schal – Stahl: Es findet ein Austausch von einem Laut [ʃ] gegen zwei Laute [ʃ] und [t] statt.
Straße – Trasse: Es ändern sich zwei Laute: das anlautende *s* fällt weg und das lange *a* wird durch ein kurzes ersetzt.
Stadt – statt: kein lautlicher Unterschied
Schorf – schroff: Die Positionen zweier Laute werden vertauscht.

Unterscheiden zwei Laute in derselben Position Wortbedeutungen, so sagt man auch, dass sie dort in **Opposition** zueinander stehen.

b) Freie und komplementär verteilte Allophone

Wir wissen bereits, dass wir neben Morph und Morphem das Allomorph als Variante eines Morphems unterscheiden. Parallel dazu gibt es das Allophon, welches eine Variante ein und desselben Phonems ist. Es gibt freie oder komplementär verteilte Allophone.

✎ Allophone werden in eckige Klammern gesetzt, z. B. [ʀ] und [r].

Ob jemand z. B. das Wort *rot* mit einem Zungenspitzen-[r] oder mit einem Zäpfchen-[ʀ] ausspricht, ist für die Bedeutung dieses Wortes nicht wichtig. Obwohl die beiden Laute sehr unterschiedlich sind – sie werden gänzlich anders gebildet – haben sie keine bedeutungsunterscheidende Funktion; es handelt sich also nicht um zwei Phoneme des Deutschen, sondern um Varianten ein und desselben Phonems /r/, die der Sprecher beliebig wählen kann und die damit **freie Allophone** sind. Ebenso verhält es sich z. B. mit einem bairischen [a:], welches sehr dunkel, fast wie ein [o:] ausgesprochen wird.

Komplementär verteilte Allophone sind nie frei, sondern treten in einer bestimmten lautlichen Umgebung auf. Das ist der Fall beim so genannten *ich*- und *ach*-Laut. Nach hellen Vokalen (*e, i, ä, ö, ü*) wird der *ich*-Laut gesprochen – in der Lautschrift als [ç] dargestellt: z. B. in *Recht, ich, Fächer, Köche, nüchtern*; nach dunklen Vokalen (*a, o, u*) wird der weiter hinten am Gaumen gebildete *ach*-Laut gesprochen – in der Lautschrift als [x] dargestellt: z. B. in *ach, Loch, Buch.* Diese stellungsbedingten Allophone sprechen wir automatisch aus. Sie heißen komplementär verteilte Allophone, weil sie sich keine gemeinsamen Positionen in einem Wort teilen und sie auch nicht gegeneinander austauschbar sind; wo [ç] vorkommt, kommt nie [x] vor und umgekehrt.

1.2 Distribution von Phonemen

Das Phänomen, dass Laute an eine bestimmte Umgebung gebunden sind, kennt man nicht nur bei den Allophonen. Auch Phoneme unterliegen einer bestimmten Distribution (Verteilung). Hier ein paar Beispiele:

a) Auslautverhärtung

Die Phoneme /d/, /b/ und /g/ können nie im Silben- oder Wortauslaut vorkommen, da hier das Gesetz der Auslautverhärtung greift und die Laute an diesen Positionen stets „hart" ausgesprochen werden, also zu den Phonemen /p/, /t/ und /k/ gehören. Vergleichen Sie den Phonemstatus von *d* und *t* in den Wortpaaren *Dorf – Torf* und *Rat – Rad.* Nur das erste Wortpaar ist ein Minimalpaar, *d* und *t* sind hier also Phoneme. In den Wortpaaren *Rat – Rad* liegt aufgrund der Auslautverhärtung kein lautlicher Unterschied vor; wir haben kein Minimalpaar und damit auch keinen Phonemnachweis für /d/ und /t/ an dieser Position. Vielmehr handelt es sich beide Male um das Phonem /t/.

b) Verteilung von stimmhaftem und stimmlosem *s*

Wir haben bereits oben nachgewiesen, dass es sich bei den beiden *s*-Lauten um eigenständige Phoneme des Deutschen handelt (vgl. *reisen – reißen*). Ihre Distribution ist jedoch nicht beliebig. Stimmhaftes *s* finden wir im Wort- oder Silbenanlaut vor Vokal (*Sonne, sagenhaft, verseuchen, besuchen*); stimmloses *s* an allen anderen Positionen (also im In- oder Auslaut: *Hass, Haus, vergessen,* außerdem im Anlaut vor Konsonant: *Skelett*); eine Ausnahme bildet die Position nach Diphthong oder Langvokal: Sie kann sowohl durch stimmhaftes als auch stimmloses *s* besetzt werden. In der süddeutschen Standardlautung gibt es die Unterscheidung stimmhaft – stimmlos nicht, denn das stimmhafte *s* wird normalerweise nicht verwendet. Streng genommen, gibt es also in Süddeutschland nur ein S-Phonem: das stimmlose. Darüber hinaus wird in weiten Teilen des deutschen Sprachgebietes das stimmhafte *s* am Wortanfang nur noch stimmlos ausgesprochen.

c) Verteilung von /ŋ/ und /n/

Mit dem Minimalpaar *Spanne – Spange* ist nachgewiesen, dass /n/ und /ŋ/ zwei Phoneme des Deutschen sind. Ihre Distribution ist allerdings begrenzt. So kommt /ŋ/ nie im Anlaut vor, /n/ dagegen nie vor /k/ (vgl. *Enkel* oder *schenken*).

Im Gegensatz zur komplementären (sich gegenseitig immer ausschließenden) Distribution spricht man in den hier genannten Fällen auch von **teilkomplementärer Distribution**, da sich der gegenseitige Ausschluss nur auf bestimmte Positionen im Wort beschränkt.

Ein weiteres Beispiel dafür ist die Verteilung von /sch/ (und nie /s/) vor *t* und *p* im Anlaut, z. B. in *Stuhl, spinnen,* /s/ dagegen im Inlaut z. B. bei *Wurst* und *Kunst*.

2. Phonetik

Gegenstand der Phonetik sind die konkreten artikulatorischen und akustischen Merkmale einer Sprache, also die physikalischen Schallsignale, so wie sie ein Sprecher erzeugt bzw. ein Hörer versteht. Die Phonetik wird in drei Bereiche unterteilt:

a) artikulatorische Phonetik

Hier wird die Erzeugung von Sprachlauten mit Hilfe von Artikulation, Atmung und Phonation (Stimmtonerzeugung) beschrieben. Im Vordergrund steht dabei die Artikulation, die sich auf die Lautbildung im Nasen-, Mund- und Rachenraum bezieht. Die Beschreibung erfolgt nach Ort und Art der Lautbildung sowie nach dem Artikulationsorgan.

b) akustische Phonetik

Mit Hilfe von Messinstrumenten ermittelt man Intensität, Quantität (Dauer) und Frequenz (Tonhöhe) der Laute. Man untersucht, wie der Laut klingt.

c) auditive Phonetik

Überprüft werden Aufnahme und Identifizierung von Lauten, d. h., man widmet sich den Vorgängen bei der Verarbeitung von Lauten durch Ohr, Gehörnerven und Gehirnzentrum.

Wir beschäftigen uns nur mit der artikulatorischen Phonetik.

2.1 Die Lautschrift

IPA-Zeichen	Beispielwörter laut deutscher Standardaussprache	IPA-Zeichen	Beispielwörter laut deutscher Standardaussprache
a	Kampf, fallen	n	nett, können, Bann
aː	Zahn, baden, Atem	ŋ	lang, Wange, Enkel
ɐ	Vater, vergessen, erzählen	o	Moral, Monarchie
ɐ̯	Uhr	oː	Mohn, Moos, Ohr
aɪ̯	Freiheit, Kaiser, Kirchweih, Meyer	ɔ	Post, kommen, Ochse
aʊ̯	Haus, Auto	ø	Ökologie, Zölibat
b	Besen, Gabel, Krabbe	øː	Öl, König, föhnen
ç	ich, frech, spitzig	œ	öffnen, können
x	Bach, Buch, lochen	ɔɪ̯/ɔy̯	heute, Eule, Bräute
d	danke, edel, knuddeln	p	Pleite, scheppern, grub
e	Detail, erotisch	pf	Pfeffer, stopfen
eː	Besen, Beet, Mehl	r	rot, berechnen, zerren
ɛ	hätte, Ärger, essen, entsprechen, Rest	s	heiß, Reis, vergessen
ɛː	Ähre, schälen, Väter	z	Sonne, besuchen
ə	Hiebe, besuchen	ʃ	schwierig, Stuhl, sparen
f	fressen, Vogel, Strafe, Frevel, Philosophie	t	Tau, retten, Start, Wald
g	gehen, vergessen, Egge	ts	zwei, reizen, Katze, Platz
h	Haus, Uhu, verheiratet	tʃ	Matsch, latschen, Tschüs
i	ideal, Kritik	u	Urin, Instrument
ɪ	irren, Mittwoch	uː	Mut, Stuhl, Uhr
iː	Igel, besiegen, Bibel	ʊ	Butter, umher, Wurm
j	ja, Yacht, Subjekt	y	Physik, Büro
k	Kuchen, zwicken, Fuchs, Tag, Qualle	yː	büßen, rühren, Psyche, üben
l	lachen, Stall, also	ʏ	Hütte, Ypsilon, füllen
m	Maus, kommen, kam	ʋ	Wasser, Gewinn, Quark, Vase

Die Phonetik untersucht gesprochene Sprache. Da nicht immer aus der Schreibung
eines Wortes auf die Lautung geschlossen werden kann (siehe Kap. VIII. Graphemik), wurden verschiedene Lautschriften entwickelt, die die genaue Beschreibung

lautlicher Äußerungen ermöglichen und dem Kundigen nach einer Transkription (Übertragung) in diese Schrift eine korrekte Aussprache garantieren sollen. Mehrdeutigkeiten in der Zuordnung von Zeichen und Laut – eines der großen Probleme der natürlichen Schreibsysteme – werden hier ausgeschlossen. Die bekannteste Lautschrift ist die der International Phonetic Association (IPA). Sie wird vor allem für europäische Sprachen verwendet. In der Tabelle auf Seite 184 sehen Sie die für das Deutsche relevanten Zeichen.

✎ Lange Vokale werden durch [ː] gekennzeichnet (*Boot* – [boːt]). Bei Doppellauten (Diphthongen und Affrikaten s. u.) wird durch ein verbindendes Häkchen unter den Lauten angezeigt, dass es sich um <u>einen</u> Laut handelt, der durch Zusammenschluss von zwei kurz hintereinander geäußerten Lauten entstanden ist (*Haut* – [haʊt], *Pfiff* – [p͡fɪf]). Die Betonung eines Wortes wird durch ' vor der betonten Silbe gekennzeichnet (*besuchen* – [bəˈzuːxən]).

Eine Erweiterung dieser Liste ist dann notwendig, wenn es um Fremdwörter geht. Einige Fremdwörter sind mittlerweile entweder „lautlich eingedeutscht" (*Parfum* – *Parfüm*) oder werden so häufig verwendet, dass sie von den Sprechern gar nicht mehr als Fremdwörter erkannt werden (z. B. *Garage, Studie*). Eine vollständige Liste aller IPA-Zeichen findet sich z. B. im Duden-Aussprachewörterbuch.

2.2 Aussprachevarietäten

Man kann zwischen verschiedenen Aussprachevarietäten unterscheiden.

a) Explizitlautung

Die Explizitlautung ist wortphonologisch bestimmt: Jeder Laut wird so (mit all seinen funktionalen artikulatorischen Merkmalen) ausgesprochen, als hätte er keinen Nachbarn davor oder dahinter. Jeder Silbenkern ist ein Vokal, so handelt es sich bei [reːdən] z. B. um Explizitlautung, die Standardlautung dagegen ist [reːdn̩]. Außerdem werden alle Laute normal (gleich) betont.

b) Überlautung

Bei der Überlautung handelt es sich um eine übertriebene Aussprache, z. B. aufgrund von Lärm oder beim Diktieren. Ein Beispiel dafür ist die Dehnung unbetonter Vokale, z. B. *Historiker* – [hiːsˈtoːriːkɐ] statt [hɪsˈtoːrikɐ].

c) Standardlautung

Die Standardlautung gilt als Norm, wobei es jedoch – im Gegensatz zur Schreibnorm – bisher nicht gelungen ist, eine allgemein verbindliche Aussprachenorm zu schaffen. Stattdessen gibt es landschaftlich bedingte Unterschiede in der Aussprache (z. B. fehlendes stimmhaftes *s* in Süddeutschland). Die bekannteste Standardisierung ist die „Bühnenaussprache" von Theodor Siebs (1898). Sie sollte vor allem für eine einheitliche Aussprache auf der Bühne sorgen, wurde dann aber weit darüber hinaus bekannt. Die Aussprache der deutschen Schriftsprache hat sich immer wieder verändert – auch vor dem Hintergrund der gestiegenen Popularität von Fernsehen und Hörfunk im Vergleich zum Theater. Im Duden-Aussprachewörterbuch hat man Veränderungen festgehalten. Dazu gehören folgende Punkte: Die Standardlautung soll die Sprechwirklichkeit repräsentieren, ohne jedoch alle Nuancen der gesprochenen Sprache aufnehmen zu können. Sie ist einheitlich, schriftnah und überregional. Beispiele: Der Silbenkern im Auslaut wird nicht gesprochen [geːn̩], [maːln̩], <ig> wird im Wortauslaut als [ɪç] (z. B. in *König*) ausgesprochen.

d) Umgangslautung

Hierher gehören Merkmale der im Alltag gesprochenen Sprache, z. B. Nachlässigkeiten wie Kontraktionen (*ham* für *haben*) bzw. regionale Merkmale (z. B. Entrundung von [ʏ] zu [ɪ] in Fremdwörtern: *hysterisch, System*).

2.3 Sprechwerkzeuge

Zu den Sprechwerkzeugen (s. Abb. 10) gehören der Nasenraum, die Lippen (Labia), die Zähne (Dentes), der Zahndamm (Alveolen), der harte Gaumen (Vordergaumen/Palatum), der weiche Gaumen (Hintergaumen/Gaumensegel/Velum), das Zäpfchen (Uvula), der Mundraum, die Zungenspitze, der Zungenrücken, der Rachen und die Stimmlippen im Kehlkopf. Dazu kommt die Glottis, das ist der von den Stimmritzen zwischen den beiden Stimmbändern gebildete Stimmapparat im Kehlkopf.

Wenn wir ein Wort aussprechen, kommt der Luftstrom aus der Lunge und wird durch den Mund und/oder die Nase herausgedrückt. Wird der Luftstrom nicht behindert, so ergeben sich Vokale, wird er durch Verengung oder Verschluss teilweise oder vollständig behindert, entstehen Konsonanten.

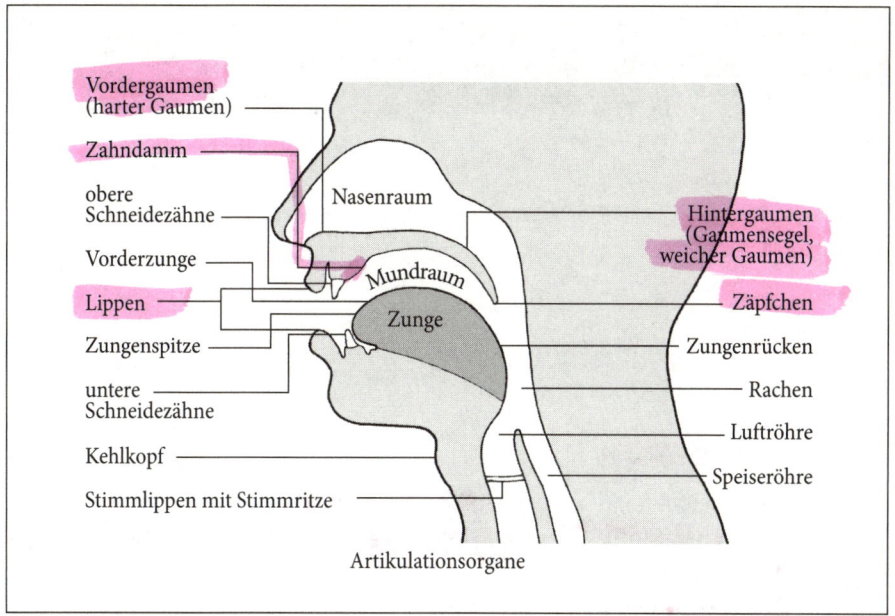

Abb. 10: Artikulationsorgane

2.4 Bildung der Konsonanten

Konsonanten werden nach der Artikulationsart und dem Artikulationsort unterschieden. Die Lage der Hindernisse im Mundraum – wir haben dies bei den Sprechwerkzeugen angesprochen – legt den Artikulationsort fest (labial, dental, velar, uvular, glottal). Nach der Artikulationsart erhalten wir Explosiva, Frikativa, Affrikata, Nasale und Liquida. Die Explosiva zeichnen sich durch plötzliches Öffnen des Verschlusses aus, die Frikativa (Reibelaute) entstehen durch Reiben des Luftstroms an einer Verengung. Affrikata ergeben sich durch das Zusammentreten von stimmlosem Explosiv mit stimmlosem Frikativ, Nasale erhält man durch Ausströmen der Luft durch die Nase bei geschlossenem Mund, Liquida (Fließlaute) sind in Lateral und Vibrant zu differenzieren, wobei der Lateral durch seitliches Ausströmen der Luft bei Verschluss der Zungenspitze entsteht (= der Laut *l*), der Vibrant ist ein durch Schwingung unterbrochener Luftstrom (= Zungenspitzen- und Zäpfchen-*r*). Zusätzlich trennt man – nach der Stimmbeteiligung – in stimmlose und stimmhafte Konsonanten.

Artikulationsort →	labial		dental	velar		uvular	glottal
Artikulationsart ↓	bilabial	labio-dental	dental/alveolar	palatal	velar		
Explosiva stl.	/p/		/t/		/k/		
sth.	/b/		/d/		/g/		
Frikativa stl.		/f/	/s/	/ʃ/ /[ç]/	[x]/		/h/
sth.		/v/	/z/	/j/			
Affrikata		/pf/	/ts/	/tʃ/			
Nasale	/m/		/n/		/ŋ/		
Liquida			/l/ /[r]/			[ʀ]/	

2.5 Bildung der Vokale

Vokale unterscheidet man nach der Zungenstellung (der Artikulationsstelle im Rachenraum: vorne, hinten), der Lippenstellung (ungerundet, gerundet), der Zungenhöhe (hoch, mittel – hier kann sich außerdem der Kieferwinkel ändern –, tief) und der Quantität (kurz, lang). Eine Sonderstellung hat der Schwa-Laut /ə/, weil er der einzige unbetonte Vokal ist, weder ein vorderer noch ein hinterer Vokal, weder gerundet noch ungerundet und die Zunge nicht abgeflacht ist wie bei /a/. Diphthonge bestehen aus zwei Vokalen mit deren spezifischen Eigenschaften. In der folgenden Tabelle werden der besseren Lesbarkeit wegen die Phoneme nicht in Lautschrift angegeben.

		Zungenstellung: vorne		hinten	
Lippenstellung →		ungerundet		gerundet	
Zungenhöhe ↓					
hoch		/i/ /i:/		/ü/ /ü:/	/u/ /u:/
mittel	(Kieferwinkel)	(geschl.) /e//e:/ (offen) /ä//ä:/		/ö/ /ö:/	/o/ /o:/
tief			/a/ /a:/		
Diphthonge			/ei/ /eu/ /au/		

Sprechen Sie zur persönlichen Erprobung der unterschiedlichen Artikulationsweisen folgende Wörter aus. Der Unterschied besonders in der Zungenstellung und -höhe ist oft nicht sehr groß, aber wenn man etwas „überlautet", kann man die Veränderungen bemerken.

Zur Zungenstellung vorne – hinten: *Frist – Frust*
Zur Zungenhöhe hoch – mittel – tief: *Bus – Boss – Bass*
Zur Lippenstellung ungerundet – gerundet: *Kissen – küssen*
Zum Kieferwinkel offen – geschlossen: *Bären – Beeren*
Zur Quantität lang – kurz: *Väter – Vetter*

2.6 Suprasegmentalia

Manche lautlichen Erscheinungen sind an größere Äußerungseinheiten (Silben, Wörter, Sätze) gebunden und können nicht durch Segmentieren gewonnen werden. Allerdings können sie zur Bedeutungsunterscheidung beitragen. Dazu gehören z. B.

- der Wortakzent (*mo'dern* vs. *'modern, 'übersetzen* vs. *über'setzen*),
- die Intonation (z. B. zur Unterscheidung von Aussage- und Fragesätzen),
- die Tonhöhe (v. a. in so genannten Tonsprachen wie etwa dem Chinesischen und Schwedischen phonologisch relevant) und
- die Junktur (markiert die Grenze zwischen Morphemen oder Wörtern; vor Vokalen wird sie durch einen Knacklaut repräsentiert, z. B. *be-obachten* (Süddeutschland), *be-ob-achten* (Norddeutschland), *be-arbeiten*).

Diese Phänomene werden unter dem Terminus Suprasegmentalität oder Prosodie zusammengefasst.

Auf eine praktische Anwendung von Phonetik und Phonologie in der Logopädie wollen wir abschließend noch hinweisen: Phonetische Störungen sind z. B. als Lispeln (θ*usi* θ*agte* θ*üße* θ*ahne*) bekannt. Bei diesem Phänomen wird ein Laut falsch gebildet, d. h., es entsteht ein Laut, der in der Sprache gar nicht vorkommt. Bei phonologischen Störungen dagegen werden Laute ausgelassen, verdreht oder ersetzt. Der Patient kann zwar jeden Laut bilden, setzt ihn aber an die falsche Stelle.

3. Übungen

1 Handelt es sich bei den folgenden Wortpaaren um Minimalpaare? Begründen Sie Ihre Entscheidung!
   a) *Schau – Stau*
   b) *schrill – still*
   c) *Feld – Welt*
   d) *fällt – Feld*
   e) *Rauch – Rausch*

f) *klein – fein*

g) *bieten – bitten*

h) *Rumäne – Muräne*

2 Weisen Sie nach, dass das Wort *Fass* aus drei Phonemen besteht!

3 Welches sind die gemeinsamen, welches die unterscheidenden artikulatorischen Merkmale der Phoneme /d/ und /t/?

4 Welcher Laut passt nicht in die jeweilige Reihe? Geben Sie eine kurze Begründung!

a) [m – l – p – b̥]

b) [p͡f – t͡s – ç – t͡ʃ]

c) [h – m – n – ŋ]

d) [d – g – t͡s – s]

5 Nennen Sie Artikulationsart und -ort aller Konsonanten im Wort *Genesung*.

6 Transkribieren Sie die folgenden Wörter nach IPA: *Häufchen, Stickerei, versprechen, Wirsing, ziemlich.*

4. Quellen und weiterführende Literatur

Altmann, Hans/Ziegenhain, Ute: Phonetik, Phonologie und Graphemik fürs Examen. 2., überarb. u. erg. Aufl. Göttingen 2007.
Dieses Buch eignet sich gut zur Prüfungsvorbereitung: Es enthält in kompakter Form die wichtigsten Inhalte zu Phonetik, Phonologie und Graphemik. Jedes Kapitel enthält Übungen mit Lösungen sowie Literaturhinweise.

Becker, Thomas: Das Vokalsystem der deutschen Standardsprache. Frankfurt am Main 1998.
Zur Vertiefung der Kenntnisse über einzelne Vokale, den Schwa-Laut und die Diphthonge geeignet.

Bergmann, Rolf/Pauly, Peter: Neuhochdeutsch. Arbeitsbuch zur Grammatik der deutschen Gegenwartssprache. 4., erw. Aufl. bearb. von Rolf Bergmann und Claudine Moulin-Fankhänel. Göttingen 1992, Kap. I. Phonologie und Orthographie, S. 15–35.
Kurzes, übersichtliches Kapitel, das auch knapp sprachgeschichtliche Hintergründe zur Entwicklung der Orthografie gibt.

Duden. Aussprachewörterbuch. Wörterbuch der deutschen Standardaussprache. Bearbeitet von May Mangold in Zusammenarbeit mit der Dudenredaktion. 4., neu bearb. u. aktual. Aufl. Mannheim 2000.
Empfehlenswertes Nachschlagewerk.

Duden. Die Grammatik. Unentbehrlich für richtiges Deutsch. 7., völlig neu erarb. u. erw. Aufl. Hrsg. von der Dudenredaktion. Mannheim 2005. Kap. Der Laut und die Lautstruktur des Wortes, S. 19–60.
Zur Anschaffung und kritischen Durchsicht empfohlen.

Eisenberg, Peter: Grundriss der deutschen Grammatik. Band 1: Das Wort. 3., durchges. Aufl. Stuttgart 2006. Kap. 2. Die phonetische Basis und Kap. 3. Segmentale Phonologie: Phoneme, S. 40–99.
Zur ersten Beschäftigung mit den ausgewählten Themen geeignet. Verständliche Darstellung.

Lühr, Rosemarie: Neuhochdeutsch. Eine Einführung in die Sprachwissenschaft. 6. Aufl. München 2000. Kap. IV Phonetik, Phonemik, Graphemik, S. 202–231.
Ein übersichtliches Kapitel mit vielen Beispielen für Minimalpaare und einer Auflistung aller Phoneme des Deutschen.

Maas, Utz: Phonologie. Einführung in die funktionale Phonetik des Deutschen. 2., überarb. Aufl. Göttingen 2006.
Das Buch ist bestens zur Vertiefung der Thematik geeignet. Lobenswert sind die Übungsteile und dazugehörige Lösungsvorschläge am Ende des Buchs. Außerdem werden Probleme am Ende jedes Kapitels erläutert.

Pompino-Marschall, Bernd: Einführung in die Phonetik. 2., erw. Aufl. Berlin, New York 2003.
Das Buch beschäftigt sich eingehend auch mit den physikalischen (körperlich-biologischen) Vorgängen der Kommunikation. Es werden also natur- und sprachwissenschaftliche Methoden gleichermaßen berücksichtigt.

Rues, Beate/Redecker, Beate/Koch, Evelyn/Wallraff, Uta/Simpson, Adrian: Phonetische Transkription des Deutschen. Ein Arbeitsbuch mit CD. Tübingen 2007.
Zur vertiefenden Beschäftigung mit der phonetischen Transkription verwendbar. Auch das Verhältnis Lautung – Schreibung wird angesprochen. Übungen mit Lösungen sind vorhanden.

Schunk, Gunther: Studienbuch zur Einführung in die deutsche Sprachwissenschaft. Vom Laut zum Wort. 2., überarb. und erw. Aufl. Würzburg 2002. Kap. III. Phonetik, IV. Phonologie und Graphemik, S. 48–95.
Das Buch enthält zwei ausführliche Kapitel zu den Themen „Phonetik" (48–71) einerseits und „Phonologie und Graphematik" (72–109) andererseits. Übersichtlich, verständlich und anschaulich vermittelt das Buch die Grundlagen der sprachwissenschaftlichen Teilbereiche. Es ist gerade für Einsteiger sehr zu empfehlen.

Siebs, Theodor: Deutsche Hochsprache. Bühnenaussprache. Hrsg. von Helmut de Boor, Hugo Moser und Christian Winkler. 19., umgearb. Aufl. Wiesbaden 2000 (Nachdruck von 1969). Erstauflage 1898.
Das Wörterbuch ist 1898 erstmals erschienen und hält die Bühnenaussprache dieser Zeit als eine Anleitung für die Schauspieler fest. Theodor Siebs zielte damit jedoch auf jede öffentliche Rede, sei es die eines Rundfunksprechers oder eines Predigers. Ihm war an der Einheitlichkeit einer mustergültigen Aussprache als Richtschnur gelegen. Die Bühnenaussprache/Deutsche Hochsprache, die sich an der Schriftform bzw. einer literarischen Sprachform orientiert, wurde jedoch von einer Gebrauchsnorm (Standardaussprache/-lautung) abgelöst.

Phoneme = Laute

VIII. Graphemik

Die Wissenschaft von den Graphemen, den graphischen Vertretern der Phoneme, nennt man Graphemik. Werden Phoneme in der gesprochenen Sprache durch Laute/Phone realisiert, so werden Grapheme in (geschriebenen) Texten durch Graphe, d. h. Buchstaben oder Buchstabenverbindungen verkörpert. Im Deutschen gibt es aus sprachhistorischen Gründen keine Eins-zu-Eins-Entsprechung von Lauten und Buchstaben/Schreibung (vgl. Kap. VIII. 2. Das Verhältnis von Lautung und Schreibung).

1. Grundbegriffe: Graph – Graphem – Allograph – Buchstabe

a) Graph

Das Graph ist eine noch nicht klassifizierte Schreibeinheit, dessen Zugehörigkeit zu einem bestimmten Graphem noch nicht entschieden ist. Vergleichen Sie die Differenzierung von Phon und Phonem, Morph und Morphem.

b) Graphem

Ein Graphem ist ein Buchstabe oder eine Buchstabenverbindung, die sich auf ein und dasselbe Phonem bezieht. Es handelt sich um eine distinktive Einheit des Schriftsystems.

c) Allograph

Allographe sind Schreibvarianten, verschiedene Schreibungen für ein und dasselbe Phonem. Ein Beispiel ist „Corpus" neben „Korpus" oder *„Korpus"*. Das heißt, dass sowohl eine andere Schriftart (z. B. kursiv) als auch ein anderer Buchstabe/eine andere Buchstabenverbindung (bei übereinstimmender Aussprache) als Allographie zählen. Betrachten Sie beispielsweise die Wörter *Schere* und *Spalt*: In beiden Fällen beginnen sie mit dem Phonem /ʃ/, das einmal durch die Buchstabenverbindung <sch>, einmal durch <s> wiedergegeben wird; es sind also auch

Varianten ein und desselben Graphems. Man kann hier zusätzlich von stellungsbedingten Allographen sprechen, da es sich um unterschiedliche Bedingungen
(nachfolgender Vokal bzw. *t/p*) im Anlaut handelt. Ein weiteres Beispiel dafür, dass
das Auftreten eines Allographs durch die Stellung im Wort bedingt sein kann, ist
<ß>, das nur nach Langvokal und Diphthong (nach der neuen Rechtschreibung)
auftritt. Historisch bedingt ist die unterschiedliche Schreibung <f> und <v> für /f/
in *Vogel* und *fliegen*.

✎ Graphe, Allographe, Grapheme und Buchstaben (s. u.) stellen wir in spitze Klammern ‹ ›.

d) Buchstabe

Ein Buchstabe (Schriftzeichen) ist nicht immer mit einem Graphem identisch,
da ein Graphem auch eine Buchstabenverbindung sein kann. Bsp.: *sch* in *Schal* ist
zunächst Graph, besteht aber aus drei Buchstaben. Da sich <sch> auf das Phonem
/ʃ/ bezieht, handelt es sich um ein Graphem. Der Buchstabe ist also die kleinere
Einheit.

Zur Verdeutlichung noch zwei Beispiele:

Betrachten Sie das Minimalpaar *Mal – Tal*: /m/ und /t/ sind Phoneme in der
gesprochenen Sprache. Schreiben wir die Wörter auf, so haben wir zunächst die
Graphe *m* und *t*. Da wir wissen, dass sich ein Graphem immer auf ein Phonem
bezieht, können wir die Graphe den Graphemen <m> und <t> zuordnen.

Wie wir gesehen haben, ist *Stadt* und *statt* kein Minimalpaar, da kein lautlicher
Unterschied vorhanden ist. Deshalb handelt es sich bei den Zeichenverbindungen
<dt> und <tt> auch nicht um verschiedene Grapheme, sondern um Allographe
für ein und dasselbe Phonem /t/. Dieses Graphem kann man in der Form <dt, tt>
wiedergeben. Die Allographe <dt> und <tt> wiederum bestehen jeweils aus zwei
Buchstaben.

2. Das Verhältnis von Lautung und Schreibung

2.1 Allgemeines

Aufgrund der historischen Entwicklung der deutschen Schriftsprache gibt es keine
Eins-zu-Eins-Entsprechungen von Lauten und Buchstaben. Zwar ist die Ableitung
der Aussprache aus der Schrift nicht ganz so kompliziert wie etwa im Englischen,
aber auch nicht so konsequent wie im Lateinischen. Das hat zum einen damit

zu tun, dass für das Deutsche zunächst das lateinische Alphabet benutzt wurde und man dann erst feststellte, dass es einige Laute des Deutschen gar nicht fassen konnte. So „erfand" man neue Zeichen, z. B. aus *v+v* unser <w>, aus *å, ȍ, ů* unsere Umlaute <ä>, <ö>, <ü> und aus einem Zusammenschluss von langem und kurzem *s* der Frakturschrift entstand – übrigens erst relativ spät – unser <ß>. Zum anderen schrieb lange Zeit jeder so, wie er es für richtig hielt, denn die erste verbindliche Rechtschreibung gab es trotz einiger Voranstrengungen erst zu Beginn des 20. Jahrhunderts und zu diesem Zeitpunkt hatten sich schon einige Schreibtraditionen entwickelt, die in die Rechtschreibnorm eingingen.

Eine ideale Schrift wäre eine phonetische, eine, in der jeder einzelne Buchstabe genau einem Phonem entspricht. Dass das im Deutschen nicht der Fall ist, sollen die nächsten Beispiele verdeutlichen:

- Verschiedene Buchstaben können ein und dasselbe Phonem verschriftlichen (<v> und <f> für das Phonem /f/ z. B. in *Vogel* und *Feder*) = Allographie,
- manche Phoneme werden durch Buchstabengruppen realisiert (<sch> für /ʃ/ oder die Doppelschreibungen <nn>, <ll> etc. für /n/ bzw. /l/),
- einfache Zeichen können dagegen auch für Lautverbindungen stehen (<x> in *Hexe* für /k/ und /s/ [hɛksə]),
- derselbe Buchstabe kann unterschiedliche Phoneme verschriftlichen (vgl. dazu <e>- oder <s>-Graphe unten).

Ein weiteres orthografisches Problem stellt die Auslautverhärtung dar: Die Schreibung berücksichtigt nicht das Phänomen, dass am Wort- oder Silbenende Explosiva immer stimmlos sind. Im Mittelhochdeutschen war das dagegen noch der Fall; dort schrieb man *der tac*, aber *des tages*. Die Schreibung richtet sich heute also nicht nach der Aussprache, sondern folgt dem morphologischen Prinzip (vgl. Kap. VIII. 3. Rechtschreibprinzipien).

Im Folgenden sind einige komplexere Beispiele in der Zuordnung von Lautung und Schreibung noch einmal gesondert dargestellt.

2.2 Kennzeichnung der Langvokale

Ein Problem, das sich aus der Zuordnung von Zeichen zu Lauten ergibt, ist die unterschiedliche Kennzeichnung von Langvokalen im Deutschen:

- keine Kennzeichnung in der Schrift
  Das ist vor allem in so genannten offenen Tonsilben der Fall, das sind Silben, die auf einen Vokal enden.
  sagen, Igel

- Kennzeichnung durch Dehnungs-*e* (-*ie*)
  Lied, fies, viel

- Kennzeichnung durch Dehnungs-*h*
  ihm, Kehle, kahl, Huhn

- Kennzeichnung durch Kombination von -*ie* und -*h*
  sieht, stiehlt

- Kennzeichnung durch Vokal-Verdoppelung
  Saat, See, Moor

2.3 Das Phonem /s/

Das Phonem /s/ kann durch verschiedene Allographe verschriftlicht werden:

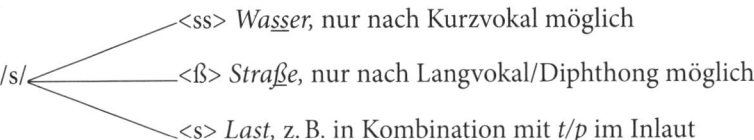

/s/ — <ss> *Wasser*, nur nach Kurzvokal möglich
<ß> *Straße*, nur nach Langvokal/Diphthong möglich
<s> *Last*, z. B. in Kombination mit *t/p* im Inlaut

2.4 Das Graph <s>

Das Graph <s> ist verschiedenen Graphemen zuzuordnen, je nachdem, auf welches Phonem es sich bezieht.

<s>$_1$: /ʃ/ *Spiel, Straße*, nur vor *t, p* im Anlaut
<s>$_2$: /z/ *Sonne, Vase*, nur im Wort- oder Silbenanlaut vor Vokal
<s>$_3$: /s/ *fast, Sklave*, nach *t/p* im Inlaut, im Anlaut vor Konsonant

2.5 Das Graph <e>

Auch das Graph <e> kann sich auf verschiedene Phoneme beziehen:

<e>$_1$: /e/ *Methan*
<e>$_2$: /e:/ *Eber*
<e>$_3$: /ə/ *lachen*
<e>$_4$: /ɛ/ *Enkel*

Exkurs

Fremdwortschreibung und -lautung

Unsere bisherigen Ausführungen haben sich immer auf Wörter bezogen, die durch das deutsche Sprachsystem in Lautung und Schreibung geregelt sind. Dass das nicht immer „urdeutsche" Wörter sind, zeigt uns die Sprachgeschichte. Sprachhistorisch gesehen gibt es zunächst einen **Erbwortschatz**, einen im Umfang eher geringen Basiswortschatz, der auf die Vorläufer unserer Sprache zurückgeht und den alle germanischen Sprachen gemeinsam besitzen. Im Laufe der Zeit hat sich unsere Sprache nicht nur lautlich stark verändert, sondern sie hat viele Wörter aus anderen Sprachen aufgenommen, die, je nach Zeitpunkt der Entlehnung, ebenfalls lautliche Veränderungen mitmachten. Dieser **Lehnwortschatz** ist heute so gut an das Deutsche angepasst, dass wir ihn nicht mehr als fremdsprachlich erkennen und zum so genannten Kernwortschatz zählen: z. B. *die Mauer* (aus lat. *murus*), *schreiben* (aus lat. *scribere*) oder *Bluse* (aus frz. *blouse*). Im Gegensatz zum Lehnwort ist ein **Fremdwort** in seiner Lautung und/oder Schreibung und/oder Flexion (z. B. Pluralbildung) nicht oder nur teilweise in das deutsche Sprachsystem integriert. Es ist jedoch nicht einfach, eine klare Grenze zwischen Fremd- und Lehnwort zu ziehen; man muss sich die Möglichkeiten der Integration fremdsprachlichen Wortgutes vielmehr als eine Skala vorstellen mit dem Fremdwort auf der einen, dem Lehnwort auf der anderen Seite und einem breiten Übergangsbereich dazwischen. Im Laufe der Sprachentwicklung kann ein fremdsprachliches Wort immer weiter an das deutsche Sprachsystem angepasst werden, so dass es von einem Fremdwort zu einem Lehnwort und damit Teil des Kernwortschatzes werden kann.

Wir können zunächst zwei Hauptgruppen von Fremdwörtern unterscheiden:

- Wörter, die **als Ganzes** aus einer anderen Sprache entlehnt wurden (*Shampoo, Bluff, Garage, Creme*).
- Fremdwörter, deren **einzelne Elemente aus anderen Sprachen** entlehnt sind. Diese Fremdelemente werden dann innerhalb des Deutschen, nach den Regeln der deutschen Wortbildung, zu Wörtern kombiniert. Solche Bildungen bestehen überwiegend aus Elementen aus dem Griechischen oder Lateinischen und sind typisch für Fachwortschatz (*Polykondensat, bilateral, Hypotonie*), aber auch in der Gemeinsprache nicht selten (*multikulturell, Television, Teleskop*). Hierzu zählen auch **Pseudoanglizismen**. Das sind Wörter, die im Englischen nicht existieren, aber aus englischem Wortmaterial bestehen, z. B. *Showmaster*.

Innerhalb der Regeln der deutschen Wortbildung können auch **Mischwörter** gebildet werden, die aus deutschem und fremdsprachlichem Wortmaterial bestehen (*Haarspray, Wellness-Hotel, neongelb*).

Für Fremdwörter gelten andere Regeln der Phonem-Graphem-Korrespondenzen als für die deutschen Wörter des Kernwortschatzes. Fremdes Wortmaterial kann unterschiedlich stark in das deutsche Sprachsystem integriert sein. Es gibt folgende Möglichkeiten:

a) **Keinerlei Veränderungen in Lautung und Schreibung**

Die einfachste Art, Fremdwörter in eine andere Sprache aufzunehmen, ist, sie in Lautung und Schreibung aus ihrer Herkunftssprache zu übernehmen (*Computer, Makeup*). Das ist besonders dann unproblematisch, wenn die Fremdwörter keine fremden Laute besitzen (*Chef, Christ, Shampoo*). Mit dieser Art der Entlehnung kann das Deutsche aber auch Laute übernehmen, die es selbst nicht hat. Diese Laute werden in der Regel so geschrieben wie in der Herkunftssprache (z. B. *Garage, Loge*).

b) **Ersetzung fremder Lautung durch Lautung, die der Schreibung entspricht**

Bei der Aussprache eines Wortes kann auch eine Angleichung an die Lautstruktur des Deutschen stattfinden und zwar dann, wenn die fremdsprachlichen Grapheme deutschen Phonemen zugeordnet werden können. Man spricht in diesen Fällen von einer so genannten Leseaussprache, z. B. kein nasaler Laut bei *Balkon* oder Akzentverschiebung bei frz. *praliné* – dt. *Pralíne*.

c) **Ersetzung fremder Schreibung nach den Regeln des Kernwortschatzes**

Vor allem in den Fällen, in denen die Fremdwörter Laute besitzen, die es auch im Kernwortschatz gibt, findet oft eine Angleichung an die im deutschen übliche Schreibung für diese Laute statt: *Schikane* (frz. *chicane*), *Karosse* (frz. *carrosse*), *Maus* (engl. *mouse* ‚Computerzubehör‘).

In Entlehnungen aus dem Griechischen werden die Phoneme nicht durch die nächstliegenden Entsprechungen des lateinischen Alphabets, sondern durch besondere Buchstaben und Buchstabenverbindungen dargestellt, z. B. <y> nicht <ü> in *System*; <th> nicht <t> in *Theater*, <ph> nicht <f> in *Philosophie*, <ch> nicht <k> in *synchron*. Die neue Rechtschreibung lässt hier in vielen Fällen eine „eingedeutschte" Kann-Schreibung zu, z. B. *Tunfisch/Thunfisch, Delfin/Delphin*.

d) **Ersetzung fremder Lautung und Schreibung**

Noch eine Stufe weiter geht die Anpassung des Fremdwortes an das deutsche Sprachsystem, wenn sowohl die Lautung als auch die Schreibung angepasst werden, z. B. *Parfum > Parfüm, Sauce > Soße*.

Fremdwörter haben außerdem häufig andere Silbenstrukturen als Wörter im Kernwortschatz und werden nach anderen Regeln betont. Typisch für das Deutsche ist ein fester Wortakzent, der auf der Stammsilbe liegt (normalerweise ist das die erste Silbe, bei Präfixen die zweite): *Blú-men-kás-ten* aber: *be-sú-chen*. Fremdsprachliche Wörter können auch auf anderen Silben betont werden: vgl. *Se-més-ter* oder *Ze-re-mo-ni-éll*.

3. Rechtschreibprinzipien

Die Rechtschreibung ist kein vollkommen beliebiges System zur Umsetzung von Lauten in eine Schrift; sie folgt bestimmten Prinzipien, die unterschiedlich gewichtet sind und die sich in einigen Fällen auch widersprechen können. Als sekundäres, konstruiertes System kann die Rechtschreibung aber jederzeit verändert werden (vgl. Rechtschreibreform).

a) Phonetisches Prinzip

Das Ideal einer Schriftsprache wäre es, wenn jedem Laut genau ein Buchstabe zugeordnet würde. In der deutschen Sprache ist das am ehesten bei den Konsonanten gegeben, wie etwa bei /j/.

b) Phonologisches Prinzip

Hier sollte jedem Phonem genau ein Schriftzeichen (Graphem) entsprechen. Das ist gegeben bei den Allophonen [r] und [ʀ], die beide durch <r> in der Schrift repräsentiert werden. In den meisten Fällen ist dieses Prinzip aber im Deutschen nicht eingehalten; so kann z.B. das Phonem /f/ durch die Schriftzeichen <v> oder <f> repräsentiert werden (vgl. Kap. VIII. 1. c Allograph).

c) Stammprinzip/Morphologisches Prinzip

Dieses Prinzip besagt, dass man die Zusammengehörigkeit von Wörtern auch in der Schrift erkennen soll. Deshalb wird z.B. *älter* (zu *alt*) mit <ä> und nicht mit <e> geschrieben, *Tag* mit <g> (vgl. Flexionsform *Tages*), obwohl das Wort [taːk] ausgesprochen wird, und *sechzehn* wie *sechs*, obwohl zwei unterschiedliche Laute ([ç] und [k]) vorliegen. Die neue Rechtschreibung hat versucht, dieses Prinzip stärker zu berücksichtigen (heute *Stängel* zu *Stange* oder *aufwändig* zu *Aufwand*).

d) Grammatisches und syntaktisches Prinzip

Im Deutschen schreibt man wie in den meisten anderen Sprachen Wörter am Satzanfang groß (= syntaktisches Prinzip). Ungewöhnlich ist es dagegen, dass wir auch alle Substantive groß schreiben und nicht nur die Eigennamen. Hinter diesem Phänomen steckt ein grammatisches Prinzip, welches sich auf die Klassifikation der Wortarten bezieht.

e) Lexikalisch-semantisches Prinzip: Homonymenscheidung

Um Verwechslungen von Wörtern mit gleicher Lautgestalt, aber unterschiedlichen Bedeutungen wenigstens in der Schrift zu vermeiden, werden verschiedene Allographe verwendet. So entstehen homophone, aber nicht homographe Homonyme (zur Unterscheidung vgl. Kap. VI. 7.2 Homonymie): *Moor – Mohr, Lid – Lied, Lärche – Lerche* etc.

f) Ästhetisches Prinzip

Dieses Schreibprinzip berücksichtigt die „schöne Gestalt" eines Wortes. Verdoppelungen von Umlauten werden deshalb vermieden: *Haar – Härchen, Boot – Bötchen*.

In der alten Rechtschreibung spielte auch das ökonomische Prinzip (ebenfalls ein ästhetisches Prinzip?) eine Rolle, welches zu Einsparung von Buchstaben führte. Nach der neuen Rechtschreibung sind aber Schreibungen wie *Schifffahrt* oder *selbstständig* normgerecht.

g) Historisches Prinzip

Bestimmte alte Schreibweisen, die vor der Normierung der Rechtschreibung verwendet wurden, wurden zu Schreibgewohnheiten und blieben erhalten. Dazu gehören vor allem Schreibungen von Vor- und Familiennamen (z. B. *Maier, Mayer, Meyer*) und Ortsnamen (z. B. *Duisburg, Reydt, Soest*), aber auch einige Einzelschreibungen wie *Mai, Kaiser, Thron* und *Eltern* (gegen das Stammprinzip, da *Eltern* eigentlich zu *alt* gehört).

h) Herkunftsprinzip

Fremdwörter werden in vielen Fällen gemäß ihrer fremdsprachlichen Schreibung in die deutsche Rechtschreibung (bei den Substantiven unter Anpassung der Großschreibung) übernommen, z. B. *Showdown, Chauffeur, Pizza, Chor*.

In der neuen Rechtschreibung gibt es einige eingedeutschte Kann-Schreibungen, z. B. *Delphin – Delfin, Thunfisch – Tunfisch, Photo – Foto*. Hier wird dem Herkunftsprinzip ein Angleichungsprinzip an das deutsche Schreibsystem entgegengestellt (vgl. Exkurs Fremdwortschreibung und -lautung oben).

4. Übungen

1   Erläutern Sie die Besonderheiten im Verhältnis von Lautung und Schreibung der Wörter *eine wissenschaftliche Empfehlung;* stellen Sie dazu die Phonem- und Graphemstruktur dar!

2 Kommentieren Sie den Grad der Integration folgender Fremdwörter in das deutsche Sprachsystem: *Chor, Fotografie, Sabotage, Intrige* (aus frz. *intrigue).*

3 In welchen Fällen im folgenden Satz haben *e* und *h* nur einen grafischen, in welchen einen phonematischen Charakter? Geben Sie eine kurze Begründung! *Die Hochwasserlage hat sich heute glücklicherweise wieder sehr schnell entspannt.*

4 Zeigen Sie anhand des folgenden chinesischen Sprichwortes, welche Laute durch das Graph <e> wiedergegeben werden! *Der Mensch lebt nur eine Generation, die Blume nur einen Frühling.*

5 Zeigen Sie anhand des folgenden deutschen Sprichwortes, durch welche Allographe das Phonem /s/ wiedergegeben wird! Nennen Sie auch die entsprechenden Regeln! *Wer den Boden im Wasser nicht sieht, der lasse den Fuß heraus.*

6 Auf welche Rechtschreibprinzipien lassen sich folgende Schreibungen zurückführen?
a) *saufen – Säufer*
b) *Saite – Seite*
c) *Spaghetti – Spagetti*
d) *Schmid – Schmidt*

5. Quellen und weiterführende Literatur

Altmann, Hans/Ziegenhain, Ute: Phonetik, Phonologie und Graphemik fürs Examen. 2., überarb. u. erg. Aufl. Göttingen 2007.
Dieses Buch eignet sich gut zur Prüfungsvorbereitung: Es enthält in kompakter Form die wichtigsten Inhalte zu Phonetik, Phonologie und Graphemik. Jedes Kapitel enthält Übungen mit Lösungen sowie Literaturhinweise.

Bergmann, Rolf/Pauly, Peter: Neuhochdeutsch. Arbeitsbuch zur Grammatik der deutschen Gegenwartssprache. 4., erw. Aufl. bearb. von Rolf Bergmann und Claudine Moulin-Fankhänel. Göttingen 1992, Kap. I. Phonologie und Orthographie, S. 15–35.
Kurzes, übersichtliches Kapitel, das auch knapp sprachgeschichtliche Hintergründe zur Entwicklung der Orthografie gibt.

Duden. Die Grammatik. Unentbehrlich für richtiges Deutsch. 7., völlig neu erarb. u. erw. Aufl. Hrsg. von der Dudenredaktion. Mannheim 2005. Kap. Der Buchstabe und die Schriftstruktur des Wortes, S. 61–94.
Zur Anschaffung und kritischen Durchsicht empfohlen.

Duden. Die deutsche Rechtschreibung. 24. völlig neu bearb. u. erw. Aufl. Hrsg. von der Dudenredaktion. Mannheim 2006.
Ein Muss für das eigene Bücherregal.

Lühr, Rosemarie: Neuhochdeutsch. Eine Einführung in die Sprachwissenschaft. 6. Aufl. München 2000. Kap. IV Phonetik, Phonemik, Graphemik, S. 202–231.
Ein knappes Kapitel mit mehreren Übungen zum Verhältnis von Lautung und Schreibung.
Schunk, Gunther: Studienbuch zur Einführung in die deutsche Sprachwissenschaft. Vom Laut zum Wort. 2., überarb. und erw. Aufl. Würzburg 2002. Kap. IV. Phonologie und Graphemik, S. 96–109.
Das Buch enthält zwei ausführliche Kapitel zu den Themen „Phonetik" (48–71) einerseits und „Phonologie und Graphematik" (72–109) andererseits. Übersichtlich, verständlich und anschaulich vermittelt das Buch die Grundlagen der sprachwissenschaftlichen Teilbereiche. Es ist gerade für Einsteiger sehr zu empfehlen.

IX. Textgrammatik

Die Säulen der Textlinguistik sind die Textpragmatik, die Textsemantik, die Textstilistik und die Textgrammatik. Im Mittelpunkt dieses Kapitels steht die Textgrammatik, die wir in Fortführung der übrigen Kapitel (insbesondere der Syntax) als Basis der Textanalyse in einem Einführungsbuch für besonders wichtig halten. Auf die anderen Bereiche gehen wir insofern ein, als sie für eine aussagekräftige Analyse notwendig sind.

1. Was ist ein Text? Zur Textdefinition

Textlinguistische Untersuchungen gehen vom Text, nicht vom Satz, als oberster sprachlicher Einheit aus. Vor der Beschäftigung mit textlinguistischen Fragen muss geklärt werden, was man unter einem Text versteht. Ist die Länge wichtig oder kann z. B. auch eine SMS als Text aufgefasst werden? Geht es eher um einen inhaltlichen oder syntaktischen Zusammenhang zwischen den Sätzen, der einen Text ausmacht? Kann nur geschriebene Sprache Text sein?

Mittlerweile gibt es eine große Anzahl an Definitionen von „Text", die jedoch mehrheitlich darin übereinstimmen, dass der Text eine irgendwie zusammen-hängende (kohärente) Folge von Sätzen ist. Wir lehnen uns an eine weitgehend akzeptierte Textdefinition an, nämlich die von Klaus Brinker (2005, S. 17). Sein „integrativer Textbegriff" lautet:

> „Der Terminus ‚Text' bezeichnet eine begrenzte Folge von sprachlichen Zei-chen, die in sich kohärent ist und die als Ganzes eine erkennbare kommunika-tive Funktion signalisiert."

Eine „Folge von sprachlichen Zeichen" sind Sätze, in die Texte zerlegt werden können. Ein sprachliches Zeichen ist bilateral, d. h., es hat eine Inhalts- und eine Ausdrucksseite (vgl. Kap. V. 3. Zeichenmodelle sprachlicher Zeichen). Brinker trennt diese beiden Seiten nicht. Er spricht von verbaler Kohärenz, welche die semantische Kohärenz (Textbedeutung, Inhalt, Thema, Sinnzusammenhang) und die grammatische Kohärenz (auch Kohäsion genannt) umfasst. Die grammatische Kohärenz bezieht sich auf die grammatischen (Verknüpfungs-)Mittel zur Herstellung von Textkohärenz. Brinkers Textdefinition schließt also den grammatischen, den semantisch-thematischen und den pragmatischen Aspekt (kommunikative Funktion) der Kohärenz mit ein. Die vielfältigen Möglichkeiten zur Herstellung von Kohärenz werden in den folgenden Kapiteln erläutert.

Innerhalb der Textlinguistik standen von Beginn an textgrammatische Fragen im Mittelpunkt des Interesses. Schließlich folgte die semantische Textauffassung (vgl. Untersuchung der Isotopie, Kap. IX. 3.4 Rekurrenz) aus dem Wissen darum, dass nicht alle Zusammenhänge grammatisch erklärt werden können. Durch die Pragmalinguistik Anfang der 70er Jahre beeinflusst, wurde der Zuständigkeitsbereich der Textlinguistik wiederum ausgeweitet: Berücksichtigt werden nicht mehr nur die interne Struktur, sondern auch die Textfunktion, der Kommunikationsprozess, die -intention und die -situation, d.h., die kommunikative Einordnung von Texten. Text wird als (sprachliches) Handeln aufgefasst. Dieses neue Konzept geht maßgeblich auf die Sprechakttheorie von John R. Searle und John L. Austin zurück. Ein Text ist demnach eine Verknüpfung von Sprechakten und hat eine kommunikative (Gesamt-)Funktion: Was will der Sprecher oder Schreiber (der Emittent) mit dem Text dem Hörer oder Leser (dem Adressaten) mitteilen?

Um einen Text zu erfassen, wird die verbale Kohärenz vor dem Hintergrund der kommunikativen Gesamtfunktion untersucht.

Textgrammatik ist zwar ursprünglich auf den geschriebenen Text bezogen – die textlinguistische Forschung konzentriert sich nach derzeitigem Stand auch noch darauf –, jedoch soll erwähnt sein, dass sich der Terminus „Text" sowohl auf mündliche als auch auf schriftliche Sprache beziehen kann. Dieser Hinweis erscheint notwendig, da Texte häufig, vor allem im alltagssprachlichen Verständnis, nur als geschriebene Sprache verstanden werden. Allerdings wird dialogische mündliche Sprache, also das Gespräch, eher im Rahmen der linguistischen Teildisziplin Gesprächs- oder Dialoganalyse untersucht, da mit dem Sprecherwechsel und durch die Merkmale gesprochener Sprache grundsätzliche Unterschiede zum monologischen Text einhergehen.

2. Textsorten

Ein wichtiger Untersuchungsbereich der Textlinguistik ist die Klassifizierung von Texten nach verschiedenen Textsorten. Wir produzieren und rezipieren konkrete Texte immer als Beispiele einer bestimmten Textsorte. So handelt es sich beispielsweise bei einer Packungsbeilage zu einem Medikament, einem Backrezept, einem Wetterbericht, einer E-Mail, einem Gesetz, einer Todes- sowie einer Werbeanzeige um ganz unterschiedliche Textsorten. Sie haben sich aus den verschiedenen kommunikativen Bedürfnissen heraus entwickelt. Aufgabe der Textlinguistik ist es auch, sich mit Fragen und Problemen der Abgrenzung von Textsorten auseinander zu setzen. Jeder Text ist einer Textsorte zuzuordnen, die bestimmte Charakteristika – ein Textmuster – aufweist; sie ist mit einer bestimmten Funktion verknüpft und soll eine bestimmte Wirkung erzielen. Zu beachten ist, dass sich das alltagssprachliche intuitive Textsortenwissen – hierbei wird kaum auf sprachliche Charakteristika geachtet, sondern vor allem auf funktionale, situative und inhaltliche – vom linguistischen Textsortenbegriff unterscheidet. In der Forschung gibt es jedoch bis heute keine einheitliche Definition von „Textsorte". Ebenso besteht Uneinigkeit, welche Merkmale zur Einordnung in eine bestimmte Textsorte herangezogen werden müssen.

Bei der Untersuchung von Textsorten sind textinterne sowie textexterne Merkmale einzubeziehen.

a) Textinterne Kriterien sind z. B.

- paraverbale oder grafische Merkmale: monotone Sprechweise bei einer Nachricht, Handschrift beim Brief, Hervorhebung einer Überschrift durch variierte Schriftgröße und -stärke,
- Stil (vgl. Kap. X. Stilistik): Auffälligkeiten hinsichtlich
  a) Lexik (z. B. jugendsprachlicher Wortschatz/Varietäten, vgl. Kap. V. 6.),
  b) Grammatik (Satzbaumuster, z. B. Nominalstil bei Gesetzestexten: *Das Bundesverfassungsgericht entscheidet 1. über die Verwirkung von Grundrechten* … oder Häufung von Infinitiven beim Backrezept zur Aufforderung: *Dotter vom Eiweiß trennen und hinzufügen*) oder
  c) Textstruktur (z. B. Verse und Strophen beim Gedicht, Datum – Anrede – Briefschluss – Unterschrift beim Brief, Headline – Fließtext – Slogan als klassische Anzeigenstruktur; Form des Textanfangs oder -endes: *Es war einmal* … im Märchen, *Liebe Lisa* im Brief, *Amen* beim Gebet),
- Texte verschiedener Wissenschaftsbereiche: fachsprachliche Varietäten/Fachwortschatz der Politik, der Verwaltung, der Religion,
- Textinhalte:
  a) Textthema (als Kerngedanke des Textinhalts, z. B. als Überschrift einer Zeitungsmeldung hervorgehoben),
  b) Arten der Themenentfaltung (Verknüpfung der Teilinhalte eines Textes): deskriptiv, narrativ, explikativ, argumentativ.

Exkurs

Themenentfaltung

Bei der **deskriptiven** (‚beschreibenden') Themenentfaltung geht es vor allem um Spezifizierung und situative Einordnung. Dies trifft zum Beispiel auf die Textsorte „Nachricht" zu. Die **narrative** (‚erzählende') Themenentfaltung finden wir unter anderem in Alltagserzählungen, in Schilderungen von Ereignissen. Eine **explikative** (‚erklärende') Themenentfaltung zeigt sich zum Beispiel in Gebrauchsanleitungen. Bei der **argumentativen** (‚begründenden') Themenentfaltung wird folgendermaßen vorgegangen: Eine These/Behauptung wird mit Hilfe von Argumenten begründet. Die Richtigkeit der Schlussregel (wenn die Argumente zutreffen, dann stimmt auch die These) wird durch eine stützende Aussage (z. B. Verweis auf Verhaltensregeln, Naturgesetze usw.) gefestigt. Argumentative Themenentfaltung ist für appellierende Texte von Bedeutung, die überzeugen wollen, z. B. Zeitungskommentar.

In Zusammenhang mit der Art der Themenentfaltung steht die Textfunktion (siehe unten).

b) Textexterne Kriterien sind z. B.:

- Textfunktion – Brinker unterscheidet fünf Funktionen: Informationsfunktion (z. B. Nachricht), Appellfunktion (‚zu etwas auffordern', z. B. Werbeanzeige), Obligationsfunktion (‚eine Verpflichtung eingehen', z. B. Vertrag), Kontaktfunktion (z. B. Geburtstagskarte), Deklarationsfunktion (‚etwas bewirken', z. B. Ernennungsurkunde)
- Kommunikationssituation: öffentlich – offiziell – privat, schriftlich – mündlich, Face-to-face-Situation – mediale Individualkommunikation, nicht einseitig (Telefonat, Chat) – mediale Massenkommunikation, einseitig (Radio-, Fernsehsendung).

Das Textmuster, das einer Textsorte zugrunde liegt, kann auch als komplexer Sprechakt mit unterschiedlichen Teilakten verstanden werden. Dazu gehören die Textproposition (Textreferenz und Textprädikation, d. h. das Verweisen auf etwas/einen Gegenstand, über das/den dann eine Aussage gemacht wird), die Textillokution (die dominierende Sprechhandlung des Textes) und die Textperlokution (Wirkung).

Eine Werbeanzeige ist demnach ein Gegenstand, der zum Werben eingesetzt wird (Proposition) mit der dominierenden Illokution APPELLIEREN, INFORMIEREN und der Perlokution, zum Kauf zu überreden.

✎ Sprechakte werden in Großbuchstaben (Majuskeln) angegeben.

Abb. 11: Werbeanzeige von SieMatic

Beispiel:

Mit der Anzeige wird für die Küchen der Marke *SieMatic* geworben (Proposition). Die Illokution APPELLIEREN wird beispielsweise durch den Imperativsatz/die Aufforderung in der Headline *Räumen Sie ab.* oder das Versprechen im Slogan *Am liebsten das Beste.* ausgedrückt. Die Illokution INFORMIEREN findet sich unter anderem im Fließtext: *Die beste Zeit für eine neue Küche: der SieMatic Musterküchenverkauf. Wo, erfahren Sie unter www.siematic.com.* Die Anzeige soll bewirken, dass der Leser eine solche Küche kauft (Perlokution).

3. Grundbegriffe

3.1 Kohärenz

Die Beschreibung der verbalen Kohärenz (lat. *cohaerēre* ‚zusammenhängen‘) von Texten ist, neben der Bestimmung der Textsorte, eine wichtige Aufgabe der Textlinguistik. Die Aufdeckung der verbalen Kohärenz bedeutet, die Beziehungen zwischen den Sprachzeichen eines Textes zu erfassen. Die Analyse der verbalen Kohärenz, d. h. die Erfassung und Kategorisierung der dafür eingesetzten Mittel, ist wichtig, weil sie Träger der thematischen Textstruktur, der Tiefenstruktur des Textes, ist. Aufschluss darüber geben Referenzketten und Isotopieebenen, mit deren Hilfe schließlich das Thema des Textes zusammengefasst und auf den Punkt gebracht werden kann. Das Textthema wird beispielsweise durch die Überschrift in einem Zeitungsartikel komprimiert zum Ausdruck gebracht.

3.2 Referenz

Referenz bedeutet, dass ein Sprecher oder Schreiber mittels eines oder mehrerer sprachlicher Ausdrücke auf einen bestimmten Gegenstand oder eine Handlung Bezug nimmt. Im semiotischen Dreieck von Ogden und Richards (vgl. Kap. V. 3. Zeichenmodelle sprachlicher Zeichen) handelt es sich um die Beziehung zwischen einem (aus Inhalt und Ausdruck bestehenden) Sprachzeichen (= Referenzmittel) und einem außersprachlichen Bezugsobjekt (= Referenzobjekt). Von **Referenzidentität** (**Koreferenz**) spricht man, wenn sich zwei Referenzmittel auf dasselbe Referenzobjekt beziehen (vgl. unten Referenz-Rekurrenz).

3.3 Transphrastisches Prinzip

Ein noch heute gültiger Grundsatz der frühesten textgrammatischen Forschung ist die Satzverflechtung durch transphrastische Referenz (= satzübergreifend). Sie besagt, dass verbale Kohärenz oberhalb der Satzebene zu untersuchen ist. Das bedeutet: Wird innerhalb eines Satzes zweimal auf ein und dasselbe Bezugsobjekt referiert, handelt es sich noch nicht um ein textgrammatisches, sondern um ein syntaktisches Phänomen, Bsp.: _Theresa geht mit ihrem Hund spazieren._ Dagegen: _Theresa hat einen Hund. Sie geht mit ihm spazieren._ Daraus folgt, dass vor der Analyse eine Einteilung in textgrammatische Einheiten erfolgen muss.

> Vollständige Hauptsätze, die mit Konjunktionen, z. B. _und, aber, oder_, Komma, Doppelpunkt oder Semikolon verbunden sind (= Parataxen), zählen als zwei eigenständige Sätze und fallen somit unter das transphrastische Prinzip.

3.4 Rekurrenz

Unter der Rekurrenz (lat. _recurrere_ ‚zurücklaufen‘) ist das wiederholte Vorkommen eines Elements oder einer Relation im Text zu verstehen. Darunter fällt auch die Wiederholung ein und derselben Referenz bzw. die Wiederholung syntaktischer Kategorien. Wir wollen drei Arten unterscheiden:

a) Referenz-Rekurrenz
b) Rekurrenz auf wortsemantischer Ebene (Isotopie)
c) Strukturrekurrenz

a) Referenz-Rekurrenz bedeutet, dass wiederholt auf ein und dasselbe Bezugsobjekt referiert wird. Zu den dafür zur Verfügung stehenden Mitteln wird im Kapitel zu den Beschreibungskriterien des Topiks (IX. 4.) mehr gesagt.

Meine Katze hat ein eitriges Auge. Ich war schon mit ihr beim Tierarzt. Er hat dem tierischen Patienten Medikamente verschrieben und mir gesagt, ich solle mit dem Vierbeiner in einigen Tagen noch einmal vorbeikommen. Ich bin froh, dass die Katze bald wieder gesund sein wird.

Beziehen sich zwei Ausdrücke auf dasselbe Referenzobjekt, nennt man dieses Phänomen **Koreferenz**. Dabei ist (bei der häufigen anaphorischen Verflechtung, vgl. Kap. IX. 4.6 Verflechtungsrichtung und -abstand) der erste autosemantische Ausdruck – ein Pronomen beispielsweise scheidet hier aus – der **Bezugsausdruck (BA)**, den man oft am unbestimmten Artikel erkennen kann. Einen später folgenden dazu koreferenten Ausdruck bezeichnet man als **Verweisausdruck (VA)**. Letzterer kann auch synsemantisch sein, häufig handelt es sich um Pronomina (*ich, er, sie*). Bezugs- und Verweisausdruck nennt man zusammen ein **Topik**. Er ist die Grundform der Satzverflechtung (Kohärenz). Liegen mehrere Verweisausdrücke vor, wie im obigen Beispiel, so handelt es sich um eine **(Ko)Referenzkette**. BA und VA müssen aber nicht koreferent sein (vgl. Kap. 4.2). Wichtig ist dabei immer, dass die Verweisausdrücke in unterschiedlichen Sätzen, also transphrastisch, vorkommen. Der Bezugsausdruck in unserem Beispiel ist *Meine Katze*, die Verweisausdrücke *ihr, dem tierischen Patienten, dem Vierbeiner, die Katze* (zur Klassifikation vgl. Kap. IX. 4. Beschreibungskriterien des Topiks). Referenzketten können als roter Faden im Text Orientierungspunkte für den Leser/Hörer sein. Sie zeigen, wie ausführlich ein Teilthema erläutert wird.

b) Rekurrenz auf wortsemantischer Ebene (Isotopie) kommt dadurch zustande, dass ein semantisches Merkmal in verschiedenen Lexemen (Wörtern) im Text wiederkehrt. Diese Herangehensweise ist mitunter problematisch, da die Entscheidung für ein semantisches Merkmal subjektiv ist. Innerhalb eines Textes können verschiedene Isotopieebenen vorhanden sein. Je mehr es sind, desto inhaltsreicher und komplexer ist der Text. Die Untersuchung der Isotopie (griech. *isos* ‚gleich‘, *topos* ‚Ort‘) stützt sich auf die Semanalyse (vgl. Kap. VI. 4. Die Semanalyse), bei der die Bedeutung eines Wortes in einzelne semantische Merkmale zerlegt wird. Die Wiederholung (Rekurrenz) bezieht sich hier also nicht auf Gesamtbedeutungen von Wörtern, sondern auf einzelne dominante semantische Merkmale. Das wiederholt auftretende gemeinsame semantische Merkmal wird gemeinhin **Klassem** genannt.

Starke Raucher haben ein erhöhtes Risiko an Lungenkrebs zu erkranken. Der leichtsinnige Umgang mit der Gesundheit kostet langfristig vielen Menschen das Leben. Der Verzicht auf den Glimmstengel kommt für Abhängige oft nicht in Frage, da hilft auch die warnende Aufschrift auf jeder Zigarettenpackung nichts. Rauchen ist für sie ein wichtiger Bestandteil des Lebens geworden.

Eine Isotopieebene ist hier ‚gesundheitsschädigend‘. Dazu gehören *starke Raucher, Lungenkrebs, leichtsinnige, Glimmstengel, Abhängige, rauchen*. Es handelt sich also um unterschiedliche Wortarten, die zu einer Isotopieebene gerechnet werden können.

! Alle Sprachzeichen, die zu einer Isotopieebene gehören, müssen das semantische Merkmal tragen. Daher dürfen Sie komplexe Ausdrücke/Syntagmen nicht angeben, um Details aus dem Kontext unterzubringen. Häufig sind weitere Isotopieebenen und Referenzketten nötig, um die semantischen und grammatischen Zusammenhänge des Textes zu erfassen. Bsp.: *Viele Menschen sind dem Erdbeben zum Opfer gefallen.* Zum Klassem ‚umkommen‘ gehört nur *zum Opfer gefallen*, nicht *viele Menschen*.

c) Bei der **Strukturrekurrenz** bezieht sich die Wiederholung auf syntaktische Kategorien. Beispielsweise besteht ein Text nur oder wiederholt aus einfachen Sätzen oder es liegt die Stilfigur Parallelismus in aufeinander folgenden Sätzen vor (vgl. Kap. X. 6. Stilfiguren). Weitere Bereiche der Strukturrekurrenz sind die Untersuchung von Tempus, Modus und Modalität. Ein Tempuswechsel etwa ermöglicht, einen Text in mehrere Textteile zu untergliedern. Ein verwendetes Tempus kann charakteristisch für eine Textsorte sein, zum Beispiel Präteritum für Erzählungen (vgl. Kap. III. 5. Tempus). Modusgleiche Sätze haben ebenfalls verknüpfende Wirkung. Ein Textteil im Konjunktiv (indirekte Rede) beispielsweise kann als Subtext eingeordnet werden, da er syntaktisch abhängig ist. Ein Text wird auch deshalb als Einheit empfunden, weil er die Sprechereinstellung des Verfassers (mehr oder weniger deutlich) zeigt. Dies nennt man die Modalität eines Textes. Sie kann durch den Modus (z. B. Konjunktiv), Modalverben (*Er kann mitgehen*: Sprechhandlung der Erlaubnis), Modaladverbien (*hoffentlich, vermutlich*) oder Partikeln (*Das ist halt/eben so.*) ausgedrückt werden (vgl. Kap. III. 6. Modus).

3.5 Konnexion

Mit dem textgrammatisch wichtigen Prinzip der Konnexion (lat. *connexio* ‚Verbindung‘) wird das Augenmerk auf den Bezug von Sätzen durch Konnektoren gerichtet. Der Analyse voraus geht methodisch die Zerlegung des Textes in Sätze. Die beiden aufeinander zu beziehenden Sätze kann man Konnekt I und Konnekt II nennen. Mit Hilfe des Konnektors wird deutlich, was Konnekt II im Hinblick auf Konnekt I bedeutet. Bsp.: *Morgen habe ich mündliche Prüfung in Sprachwissenschaft* (= Konnekt I). *Deshalb* (= Konnektor) *kann ich heute nicht mit euch ins Kino gehen* (= Konnekt II). In Konnekt I wird der Grund genannt, warum der Kinobesuch nicht stattfinden kann. Im Vergleich dazu befinden wir uns mit dem inhaltlich gleichbedeutenden Satz *Weil ich morgen mündliche Prüfung in Sprachwissenschaft habe, kann ich heute nicht mit euch ins Kino gehen.* auf der syntaktischen Ebene. Es handelt sich nicht um eine textgrammatische (transphrastische), sondern um eine intraphrastische Relation. Die Teilsätze sind durch die Subjunktion *weil* aufeinander bezogen.

Bezüglich der Stellung der Konnektoren unterscheidet man zwei Arten von Konnektoren: **syntaktisch integrierte** und **syntaktisch isolierte mit/ohne Staupause**.

Syntaktisch integrierte Konnektoren stehen innerhalb des zweiten Konnekts – häufig am Beginn des Satzes, wie unser Beispiel zeigt. Hier kann Inversion eintreten, d. h., die Wortstellung im Satz ändert sich aufgrund des Konnektors (Nominativ-Ergänzung jetzt nach Prädikat): *Deshalb kann ich heute nicht mit euch ins Kino gehen.* Steht der Konnektor innerhalb des Satzes, bleibt die gewöhnliche Wortstellung erhalten (die Nominativ-Ergänzung steht an erster Stelle vor dem Finitum): *Ich kann deshalb heute nicht mit euch ins Kino gehen.* Hinsichtlich der Wortart handelt es sich bei dem Beispiel *deshalb* um ein Konjunktionaladverb: Es hat eine ähnliche Funktion wie eine Konjunktion, hat aber Satzgliedstatus (vgl. Kap. I. 8.1 Konjunktionen und Subjunktionen). Im Bereich der Textgrammatik bezeichnet man derartige satzverbindende Elemente, gleich welcher Wortart, als Konnektoren.

Syntaktisch isolierte Konnektoren ohne Staupause stehen zwischen den Konnekten (= Ø-Position) und die Satzgliedstellung des zweiten Konnekts wird nicht verändert. Das trifft zum Beispiel für Konjunktionen zu: *Lisa möchte ins Schwimmbad gehen. Aber ihre Mutter hat keine Zeit.*

Bei den syntaktisch isolierten Konnektoren mit Staupause (auch: syntaktisch hervorgehoben genannt) folgt eine kurze Sprechpause oder grafisch ein Komma, Bindestrich oder Doppelpunkt: *Heute können wir endlich mal wieder zusammen ausgehen, es sei denn, der Babysitter lässt uns im Stich.* Die Satzstellung ändert sich im zweiten (vollständigen) Teilsatz nicht. Wir könnten uns hier ebenso einen Punkt denken, um zwei völlig separate Sätze zu erhalten (vgl. Kap. IX. 3.3 Transphrastisches Prinzip).

Semantisch können wir Konnektoren beispielsweise wie folgendermaßen einteilen:

a) Konnektoren, die eine Paraphrase, Einschränkung, Erweiterung, Exemplifizierung oder Konkretisierung ankündigen

nochmals, noch einmal, wie gesagt, kurzum, oder anders ausgedrückt, zusammengefasst, mit anderen Worten, besser, genauer, richtiger gesagt, allgemein, mehr noch, etwa, konkret gesagt

b) Konnektoren, die eine Aneinanderreihung, Aufzählung oder Hervorhebung ausdrücken

erstens/zweitens, und, dann, schließlich, vor allem, außerdem, übrigens, ferner

c) Konnektoren, die eine Disjunktion (,Ausschluss') ankündigen

oder

d) Adversative (,gegensätzlich') und konzessive (,einräumend') Konnektoren

aber, dennoch, trotzdem, jedoch, es sei denn

e) Kausale Konnektoren

denn, nämlich, weil (+ Hauptsatz in der gesprochenen Sprache: Konnektor mit Staupause)

Als Fazit lässt sich festhalten: Konnektoren sind eine Funktionsklasse und können daher durch verschiedene Wortarten, komplexe Ausdrücke oder sogar grafische Mittel (Spiegelstrich, Doppelpunkt etc.) realisiert werden.

4. Beschreibungskriterien des Topiks

4.1 Lexikalische Verweisausdrücke mit Referenzidentität

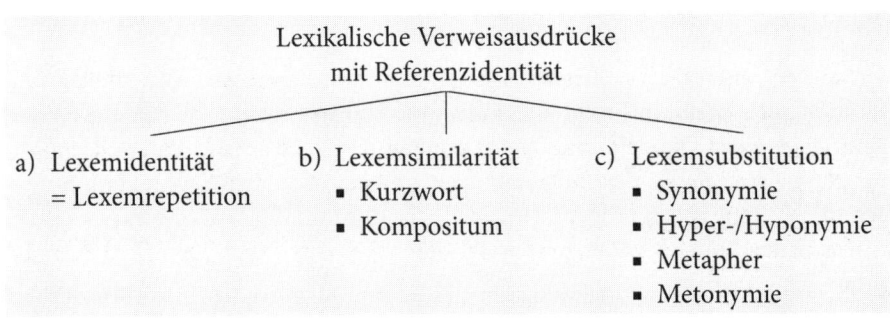

a) Lexemidentität (= Lexemrepetition)

Hierbei werden Inhalts- und Ausdrucksseite wiederholt. Man nennt dies deshalb auch Lexemrepetition (es wird immer dasselbe Wort benutzt).

Die _Katze_ frisst seit einigen Tagen kaum mehr. Ich werde mit der _Katze_ zum Tierarzt gehen.

b) Lexemsimilarität

Von Lexemsimilarität sprechen wir bei Kurzwörtern oder Komposita, es liegt in Teilen Lexemidentität vor.

- *Die _Neuere deutsche Literaturwissenschaft_ ist ein beliebtes Teilfach der Germanistik. Deshalb schreiben viele Studierende ihre Zulassungsarbeit in der _NdL_.* (Kurzwort)
- *Die _Vorbereitung auf die Klausur_ wird mich einige Tage kosten. Wichtig ist, dass man die _Klausurvorbereitung_ motiviert und konzentriert angeht.* (Kompositum)

c) Lexemsubstitution

Dazu gehören alle Verweisformen mit Referenzidentität, die (jedoch) keine identischen Lexeme haben. Die Verwendung nicht-identischer Sprachzeichen kann aus stilistischen Gründen erfolgen.

Nicht-identische Sprachzeichen sind häufig bedeutungsgleich (Synonymie), stehen in einem über- oder untergeordneten Verhältnis zueinander (Hyper-/Hyponymie) oder es handelt sich um eine Bedeutungsübertragung (Metapher oder Metonymie) (vgl. auch Kap. VI. 7. Bedeutungsrelationen).

- *Peter hasst _Spinat_. Er könnte auf _das Gemüse_ gut verzichten.* (Hyponym – Hyperonym)
- *Ich bin froh über mein _Auto_. Durch den _PKW_ bin ich total flexibel geworden.* (Synonymie)

Zur Synoymie zählen auch Fälle, die nicht im Wörterbuch verzeichnet sind und aus dem Textzusammenhang erklärbares (= kotextuelles) oder Weltwissen voraussetzen. Dazu zählen auch Eigennamen, Berufs-, Funktions- und Rangbezeichnungen (z. B. *Schreiner, Verwalter, König*).

- *_Karl der Große_ trieb im 9. Jahrhundert die Christianisierung voran. Der _Herrscher_ brauchte dazu die Volkssprache.* (Eigenname)

- *In diesem Jahr möchte ich unbedingt nach <u>New York</u>. Die <u>Weltstadt</u> ist absolut sehenswert.* (Eigenname)
- *Die <u>Frau</u> wird in wenigen Wochen entbinden. Überlassen Sie der <u>Schwangeren</u> doch bitte Ihren Sitzplatz!* (kotextuell begründet)
- *Mein <u>Mann</u> ist viel unterwegs. Als <u>Schauspieler</u> kommt er manchmal wochenlang nicht nach Hause.* (kotextuell begründet, Berufsbezeichnung)
- *Welches <u>Buch</u> ich zurzeit mag? Ich lese zur Entspannung gerne <u>Wolf Haas</u>.* (Metonymie)
- *Du hast ja ein <u>blaues Auge</u>! Woher kommt denn das <u>Veilchen</u>?* (Metapher)
- *Ich habe einen <u>Enzian</u> entdeckt. <u>Die kostbare Pflanze</u> darf man aber nicht pflücken.* (Beziehung wird durch Weltwissen hergestellt)

4.2 Lexikalische Verweisausdrücke ohne Referenzidentität

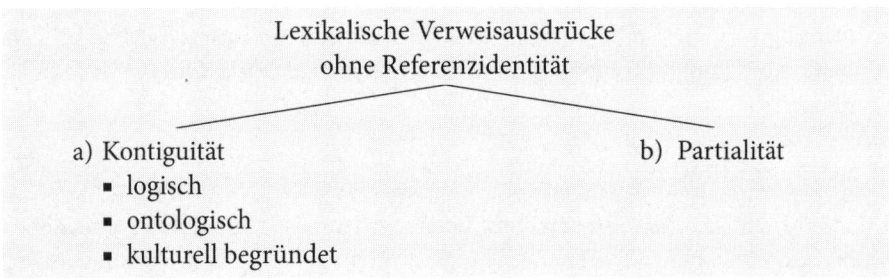

Liegt keine Referenzidentität vor, spricht man auch von **impliziter Wiederaufnahme.**

a) Kontiguität

Bei der Kontiguität liegt keine Identität zwischen Bezugs- und Verweisausdruck vor, jedoch eine semantische Nähe. Man kann **logisch, ontologisch und kulturell begründete Kontiguität** unterscheiden.

Logisch begründete Kontiguität sind u. a. folgende Relationen:

- Antonymie: *Die <u>Freude</u> über die Geburt ist groß. Das <u>Leid</u> beginnt aber schon in der ersten Nacht. – Diese <u>Frage</u> ist interessant. Leider habe ich darauf keine <u>Antwort</u>.*
- Actio (,Handlung') – Agens (,Handelnder'): *Das <u>Werk</u> beeindruckte selbst Reich-Ranicki. Der <u>Autor</u> freut sich über das Lob.*
- Actio – Instrumentum: *Der Vater <u>sägt</u> Bretter für die Gartenhütte. Die <u>Säge</u> funktioniert leider nicht mehr so gut.*

Ontologisch begründete Kontiguität bedeutet, dass ein natürlich begründetes Verknüpfungsverhältnis vorliegt, z. B.:

- *Bei <u>Ebbe</u> kann man eine Wattwanderung machen. Man muss sich jedoch vor der <u>Flut</u> hüten.*
- *Ein <u>Brand</u> ist im Schulhaus ausgebrochen. <u>Feuer und Rauch</u> steigen aus den Fenstern.*
- *Der <u>Vater</u> war bei der Geburt dabei. Er hält das <u>Kind</u> stolz im Arm.*

Unter die **kulturell begründete Kontiguität** fällt der Gesamtbereich menschlicher Produkte bzw. Hervorbringungen, soweit sie überindividuell von Bedeutung sind, z. B.:

- *Das <u>Flugzeug</u> kann noch nicht starten. Die <u>Passagiere</u> sind noch nicht alle an Bord.*
- *Im Sommer gehe ich gerne ins <u>Schwimmbad</u>. Leider ist an heißen Tagen das <u>Becken</u> überfüllt.*
- *Das <u>Tennismatch</u> hat vor zehn Minuten begonnen. Gerade hängt der <u>Ball</u> im Netz.*

b) Partialität

Bei der Partialität handelt es sich um eine **Teil-Ganzes-Referenz**. Der Verweisausdruck bezieht sich auf einen Teil des Bezugsausdrucks (pars pro toto) und umgekehrt (totum pro parte), z. B.:

- *Die Mutter freut sich über ihren <u>Garten</u>. In den <u>Beeten</u> wächst viel verschiedenes Gemüse.*
- *Der <u>Hund</u> muss mal wieder gebürstet werden. Das <u>Fell</u> ist ja ganz struppig!*
- *Die <u>Tür</u> klemmt. Ich komme nicht ins <u>Haus</u>.*

Exkurs

Kombinierte Verweisausdrücke

Verweisausdrücke, die sowohl ein referenzidentisches als auch ein nicht referenzidentisches Element enthalten, bezeichnet man als kombinierte Verweisausdrücke.

> *Gestern brachte ich mein <u>Auto</u> in die Werkstatt. Ich lasse <u>seine Reifen</u> wechseln.*

Referenzidentität besteht zwischen *Auto* und *seine* (vgl. Kap. IX. 4.3 Grammatische Verweisausdrücke (Proformen)). Nichtreferenzidentität herrscht zwischen *Auto* und *Reifen* (Partialität).

4.3 Grammatische Verweisausdrücke (Proformen)

Eine **Proform** hat die Eigenschaft, dass sie sich auf etwas, was im Text vorher (= Prätext) schon genannt wurde, bezieht und gegebenenfalls Genus und Numerus des Bezugsausdrucks trägt. Den Ersatz durch eine Proform nennt man **Pronominalisierung.**

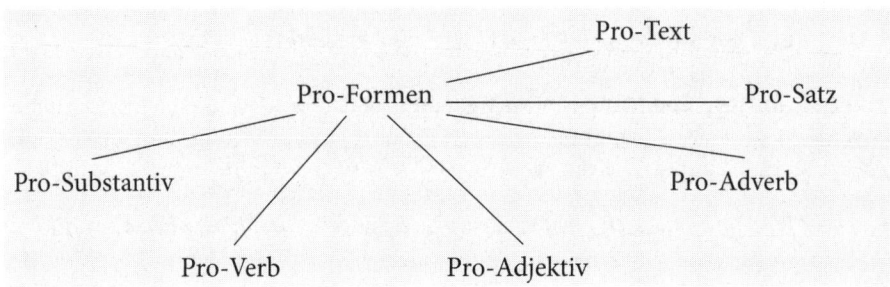

Die Einteilung der Proformen erfolgt nach dem jeweiligen Bezugsausdruck. Ein **Pro-Substantiv** bezieht sich also auf ein vorausgehendes Substantiv: *Der Bäcker muss früh aufstehen. Er backt unsere Frühstücksbrötchen.* Das Pro-Substantiv ist hinsichtlich der Wortart ein Personalpronomen. Ein **Pro-Adverb** deutet auf ein Adverb im vorhergehenden Satz: *Hier könnte ich es länger aushalten. Es ist wunderbar.* Der Bezugsausdruck ist das Temporaladverb *hier*, das Pro-Adverb ist das Personalpronomen *es*. Ein **Pro-Verb** liegt in folgendem Beispiel vor: *Paul geht täglich joggen. Leo ist dazu zu faul.* Das Pro-Verb ist ein Pronominaladverb und bezieht sich auf einen verbalen Bezugsausdruck (Prädikat). Um ein **Pro-Adjektiv** handelt es sich in diesem Beispiel: *In Norddeutschland ist es zurzeit nur regnerisch. So ist es momentan auch bei uns.* Der Verweisausdruck, das Pro-Adjektiv, ist bezüglich der Wortart ein Adverb. Auch der Bezug auf einen ganzen Satz oder Text ist möglich: *Es hört nicht mehr auf zu schneien. Das beunruhigt mich aber nicht.* (**Pro-Satz**).

Eine Proform muss nicht immer ein eigenes Satzglied sein, sondern kann zum Beispiel auch als Attribut oder Artikelersatz auftreten: *Unser Kater ist ein echtes Prachtexemplar. Sein Fell ist ganz buschig.* Das Possessivpronomen (Artikelwort) ist der Verweisausdruck zu *Kater*.

Es gibt auch kataphorische Proformen, d. h., der Verweisausdruck geht voraus.

Woraus schließt du, dass Tom heute nicht zur Vorlesung erscheinen wird? Aus der arbeitsreichen Nacht, die er hinter sich hat.

Exkurs

Deixis als Sonderfall der Referenz

Das Referenzobjekt der Deixis (griech. ‚das Zeigen') ist eine Grundgröße jeder Kommunikationssituation. Mit deiktischen Ausdrücken kann auf Personen, Raum und Zeit referiert werden. Man spricht von „ego-hic-nunc-origo".

Zu unterscheiden sind **Personaldeixis** (der Sprecher referiert auf sich selbst oder den Empfänger: *ich, du, wir, ihr, Sie*), **Lokaldeixis** (der Sprecher referiert auf einen Ort und verstärkt dies häufig durch eine Zeigegeste: *dort, hier*) und **Temporaldeixis** (der Sprecher referiert auf einen Zeitpunkt: *jetzt, gestern, heute*). Deiktika können auch mit Lexemen verbunden werden, zum Beispiel: *Der Hund da drüben siebt gefährlich aus.*

Bezüglich der Wortart handelt es sich vor allem um Pronomen (z. B. Personal-, Possessiv-, Demonstrativpronomen) und Adverbien.

Im Hinblick auf die Textkohärenz sind Deiktika nur relevant, wenn sie satzübergreifend vorkommen. Dies zeigt der folgende Textausschnitt:

> *Hier sitzen wir gerade beim Frühstücken. Das ist nicht unser Campingtisch, den haben wir ausgeliehen. Da vorne liegt der schlafende Bello, daneben hat sich kurz ein Eichhörnchen gezeigt.*

In Analogie zur Koreferenz bzw. den Koreferenzketten spricht man in solchen Fällen auch von **Kodeixis** oder **Multideixis**.

4.4 Referenzrelationen

An dieser Stelle betrachten wir Menge-Element-Verhältnisse; die Verweisausdrücke können lexikalisch oder grammatisch sein.

a) Referenzvereinigung

Bei der Referenzvereinigung liegt eine Koreferenz zwischen Menge- und Elementbezeichnung vor, Referenzidentität ist gewährleistet.

- *Klaus und Klaudia sind Zwillinge. Sie sehen sich aber nicht sehr ähnlich.*
- *PKWs und LKWs sind von der Mautpflicht betroffen. Die Kraftfahrzeuge müssen eine Plakette an der Windschutzscheibe vorweisen.*
- *Lisa und Marie tanzen gerne. Die beiden Ballettratten verbringen viele Stunden im Tanzsaal.*
- *Du und ich verstehen uns. Wir haben einfach dieselbe Wellenlänge.*

b) Referenzauflösung

Der Verweisausdruck weist gegenüber dem Bezugsausdruck Referenzauflösung auf. Eine Mengenangabe wird in ihre einzelnen Elemente aufgelöst, doch Referenzidentität bleibt gewährleistet.

- _Sie_ kennen sich schon seit Jahren. Heute heiraten _Janine und Andreas._
- _Die Kinder_ fahren ins Zeltlager. _Mädchen und Jungen_ übernachten in getrennten Zelten.
- _Meine Eltern_ vertragen sich nicht mehr. _Vater und Mutter_ werden sich scheiden lassen.
- _Wir_ müssen noch einen Berg an Aufgaben erledigen. _Du und ich_ stehen das gemeinsam durch.

c) Referenzerweiterung

Mindestens zwei Elemente einer Menge werden durch die Bezeichnung für die gesamte Menge wieder aufgenommen. Die erste Erwähnung, der Bezugsausdruck, enthält demnach nur Teile der Gesamtmenge, welche stellvertretend für alle Elemente stehen. Im Gegensatz zur Referenzvereinigung besteht also keine Referenzidentität. Dieser Referenztyp wird angewendet, wenn man – mit dem Verweisausdruck – die Gesamtmenge, zu der der Bezugsausdruck gehört, bezeichnen möchte.

- _Laura und Lena_ gehen auf einen Kindergeburtstag. _Alle Mädchen_ dort lieben die Schokoladentorte.
- _Gabel und Löffel_ bewahre ich in der obersten Schublade auf. Dort findest du übrigens das ganze _Besteck._
- _Rosen, Tulpen und Nelken_ wachsen in Mamas Garten. Sie liebt aber _alle Blumen._

d) Referenzverkürzung

Bei der Referenzverkürzung werden Elemente aus einer Menge herausgenommen. Es ist keine Referenzidentität gegeben, da nicht alle Bestandteile der Menge wieder aufgegriffen werden (vgl. dagegen Referenzauflösung).

- _Viele Vasen_ sind mir schon kaputt gegangen. _Eine Vase_ hatte ich besonders gerne.
- Ich bin verrückt nach _Taschen_. In diesem Jahr habe ich allein schon _zehn Handtaschen_ gekauft.
- _Die Jungs_ spielen Fußball. _Jakob_ steht im Tor.

4.5 Syntaktische Typen

Bei den **homosyntaktischen** Topiks haben Bezugsausdruck (BA) und Verweisausdruck (VA) in ihren Sätzen die gleiche syntaktische Funktion.

- *Eine Frau geht über die Straße. Diese Frau wohnt nebenan.* Es handelt sich in beiden Fällen um den Nominativ Singular.
- *Ich habe nicht geweint. Gelacht habe ich.* Es liegt jeweils ein Prädikatsteil (Partizip II) vor (logisch begründete Kontiguität, Antonymie).
- *Der Arzt untersucht den Fuß des Mannes. Die Schmerzen des Mannes waren groß.* In beiden Fällen liegt ein Genitivattribut vor.

Bei den **heterosyntaktischen** Topiks haben BA und VA unterschiedliche syntaktische Funktionen.

- *Die Erinnerung an diesen Menschen wird nicht verblassen. Dieser Mensch hat nämlich einen Nobelpreis bekommen.* BA ist ein Attribut, VA ist Nom-E.
- *Meine Frau hat mich verlassen. Diese Frau habe ich mal geliebt.* BA ist Nom-E, VA ist Akk-E.
- *Eine Stadt gefällt mir besonders gut. In dieser Stadt war ich zum ersten Mal verliebt.* BA ist Nom-E, VA ist Lokalangabe.
- *Peter kommt heute nicht mit ins Kino. Der Grund dafür ist, dass er noch eine Arbeit schreiben muss.* Der Bezugsausdruck ist ein ganzer Satz, der Verweisausdruck ein Attribut.

Es gibt auch heterosyntaktische Topiks mit Referenzverschiedenheit, z. B. aufgrund kultureller oder ontologischer Kontiguität:

Paul durfte nun springen. Der Anlauf gelang ihm ganz gut. Der Bezugsausdruck ist ein Prädikatsteil, der Verweisausdruck eine Nom-E.

Innerhalb eines Topiks kann **syntaktische Transposition** auftreten.

Der Bezugsausdruck ist ein Verb, der Verweisausdruck ein Substantiv: *Susi lachte. Dieses Lachen konnte man im ganzen Hörsaal hören.*

Möglichkeiten, um die syntaktische Transposition (vgl. Kap. IV. 9. Wortbildungstypen) zum Ausdruck zu bringen, sind

- Verbstammkonversion: *schlafen – der Schlaf*
- Infinitivkonversion: *lachen – das Lachen*
- Explizite Ableitung: *verwirren – die Verwirrung*
- Implizite Ableitung: *fliegen – der Flug*

4.6 Verflechtungsrichtung und -abstand

Man kann zwischen anaphorischer (rückverweisender/links verweisender) und kataphorischer (vorverweisender/rechts verweisender) Verflechtungsrichtung unterscheiden.

Häufiger kommt die **anaphorische Verflechtung** vor: Der autosemantische Bezugsausdruck geht dem Verweisausdruck, der eine so genannte **Proform** sein kann, voraus; der Verweisausdruck ist damit synsemantisch/grammatisch und enthält wenige Informationen. Proformen sind deshalb möglich, weil durch den Bezugsausdruck das Referenzobjekt bereits bekannt ist.

> *Es war einmal <u>eine Prinzessin</u>. <u>Sie</u> ...*

Der autosemantische Bezugsausdruck (Erstreferenz) ist *eine Prinzessin*. Der synsemantische Verweisausdruck (Zweitreferenz) lautet *Sie*. Dabei handelt es sich um eine Proform, und zwar um ein Personalpronomen.

Die **kataphorische Verflechtung** ist eher die Ausnahme.

> *Auf <u>ihn</u> haben alle gewartet: <u>Der Präsident der Vereinigten Staaten</u> kommt nach Deutschland.*

Der Verweisausdruck (Erstreferenz) ist die synsemantische Proform *ihn*. Der Bezugsausdruck (Zweitreferenz) ist autosemantisch und lautet *Der Präsident der Vereinigten Staaten*.

Beim Verflechtungsabstand unterscheidet man **Kontakt-** und **Distanzverflechtung**.

Eine **Kontaktverflechtung** liegt vor, wenn die Ausdrücke in unmittelbar aufeinander folgenden Sätzen stehen. Von **Distanzverflechtung** spricht man, wenn zwischen den Sätzen mit Bezugs- und Verweisausdruck mindestens ein Satz steht.

5. Zusammenfassung: Textgrammatik – Schritt für Schritt

1 Wagen Sie eine erste Einschätzung hinsichtlich der Textsorte, der Textfunktion und der kommunikativen Absicht des Textproduzenten.

2 Gehen Sie auf die Themenentfaltung ein. Das Textthema bzw. die Textthemen geben Sie am besten nach der Ermittlung der Referenzketten und Isotopieebenen an, die darüber Aufschluss geben können.

3 Ermitteln Sie, wie Kohärenz zustande kommt:

- <u>Für die Beschreibung eines Topiks:</u>
  a) Ermitteln Sie Bezugsausdrücke (BA) und Verweisausdrücke (VA).
  b) Geben Sie eine syntaktische Beschreibung der Bezugsausdrücke und der Verweisausdrücke. Berücksichtigen Sie, dass Verweisausdrücke lexikalisch oder grammatisch sein können.
  c) Ermitteln Sie, ob zwischen BA und VA Referenzidentität oder -verschiedenheit vorliegt, beschreiben Sie die Wahl der Referenzmittel (z. B. bei Referenzidentität Lexemsubstitution: Synonymie) und geben Sie gegebenenfalls die Referenzrelation (z. B. Referenzvereinigung) an.
  d) Bestimmen Sie das syntaktische Verhältnis von Bezugs- und Verweisausdruck.
  e) Ermitteln Sie den Verflechtungsabstand und die Verflechtungsrichtung.

- <u>Für die Ermittlung von Referenzketten:</u>
  a) Bestimmen Sie alle Wörter des Textes, die sich auf ein und dasselbe Referenzobjekt beziehen.
  b) Klassifizieren Sie Bezugsausdruck und alle Verweisausdrücke nach der Vorgehensweise für die Beschreibung eines Topiks.
  c) Welche Schlussfolgerungen lassen sich aus der Ermittlung von Referenzketten hinsichtlich des Textthemas ziehen?

- <u>Für die Bestimmung einer Isotopieebene:</u>
  a) Ermitteln Sie ein semantisches Merkmal, das sich transphrastisch mehrfach wiederholt.
  b) Geben Sie alle Wörter der Isotopieebene an.
  c) Welchen Wortarten gehören sie an?
  d) Welche Schlussfolgerungen lassen sich aus der Ermittlung einer oder mehrerer Isotopieebenen hinsichtlich des Textthemas und für die Textsorte ziehen?
  e) Wiederholen Sie das Vorgehen für etwaige weitere Isotopieebenen.

- <u>Für die Ermittlung von Struktur-Rekurrenz:</u>
  Ermitteln Sie, ob die Sätze eines Textes strukturelle Gemeinsamkeiten – zum Beispiel die Stilfigur Parallelismus – aufweisen.

- <u>Für die Verflechtung durch Konnexion:</u>
  a) Suchen Sie alle Konnektoren aus dem Text.
  b) Nennen Sie die Stellung der Konnektoren.
  c) Wie sind die Sätze durch Konnektoren semantisch aufeinander bezogen?

4 Ziehen Sie aus den gewonnenen Erkenntnissen – Art und Anzahl der Refe-
renzformen – Schlussfolgerungen hinsichtlich der Textsorte, der Textfunktion und der kommunikativen Absicht des Textproduzenten.

5 Formulieren Sie das Textthema bzw. die Textthemen.

6. Musteranalyse

Text:

1 **Polizei schnappt Gartenhauseinbrecher**
2 *Einen lange gesuchten Gartenhauseinbrecher hat die Polizei vorgestern auf*
3 *frischer Tat in Taufkirchen ertappt. Der 35-jährige Münchner ist bereits wegen*
4 *mehrerer Gartenhauseinbrüche vorbestraft. In seiner Wohnung fand die Polizei*
5 *mehrere Gegenstände, die aus einer Einbruchserie stammen könnten. Im Laufe*
6 *eines Jahres waren mehr als 400 Gartenhäuser in Unterschleißheim, Haar, Bo-*
7 *genhausen und Taufkirchen aufgebrochen und daraus Fernseher, Radios und*
8 *Gartenutensilien gestohlen worden. Der Münchner bestritt die Einbrüche zu-*
9 *nächst jedoch und wurde gestern dem Haftrichter vorgeführt.*

(aus: Süddeutsche Zeitung, 14./15./16. Mai 2005, S. 38)

Wir haben es hier mit einer (Lokal-)Nachricht aus München zu tun, die Funktion
des Textes und damit des Absenders ist es, den Leser zu informieren. Die Themenentfaltung ist deskriptiv, die Überschrift enthält das Textthema.

Die Überschrift kann eine Hilfestellung zu wichtigen Themen geben: Wir stellen zunächst eine Referenzkette zu *Gartenhauseinbrecher* (Z. 1) auf. Es muss sich
also in allen Fällen um Referenzidentität handeln.

Gartenhauseinbrecher (in der Überschrift) ist der Bezugsausdruck (artikellos,
syntaktisch: Akk-E). Es folgen vier Verweisausdrücke:

- *einen lange gesuchten Gartenhauseinbrecher* (Z. 2): lexikalischer VA, teilweise
  Lexemrepetition (Kern), Erweiterung durch vorangestelltes partizipiales Attribut (mit weiterem adjektivischem Attribut); syntaktisch: Akk-E; homosyntaktisch zum BA
- *der 35-jährige Münchner* (Z. 3): lexikalischer VA, Lexemsubstitution: kontextuell begründete Synonymie; syntaktisch: Nom-E; der Kern *der Münchner* wird
  durch das Adjektiv *35-jährige* attribuiert; heterosyntaktisch zum BA
- *in seiner Wohnung* (Z. 4.): teilweise Referenzidentität: grammatischer VA ist
  nur Teil eines Satzglieds: Proform (Possessivpronomen, Artikelwort); heterosyntaktisch zum BA

- *der Münchner* (Z. 8): lexikalischer VA: Lexemsubstitution: kontextuell begründete Synonymie; syntaktisch: Nom-E; heterosyntaktisch zum BA

Es handelt sich stets um eine anaphorische Verflechtungsrichtung und mit einer
Ausnahme immer um Kontaktverflechtung. Nur der vierte Satz des Fließtextes
(*Im Laufe ...*) enthält kein Sprachzeichen, das zur Referenzkette gehört.

Wir arbeiten nun eine Isotopieebene zu ‚Straftat' (= Klassem) heraus.

- *Gartenhauseinbrecher* (Z. 1 und Z. 2, jedoch hier intraphrastisch zu folgendem
  Syntagma *frischer Tat*)
- *frischer Tat* (Z. 3)
- *Gartenhauseinbrüche* (Z. 4)
- *vorbestraft* (Z. 4, intraphrastisch)
- *Einbruchserie* (Z. 5)
- *aufgebrochen und gestohlen worden* (intraphrastisch) (Z. 7f.)
- *Einbrüche* (Z. 8)

Die Isotopieebene besteht aus Substantiven und Verben, die alle das Klassem
‚Straftat' enthalten. Wie wichtig diese Isotopieebene ist, zeigt sich auch daran, dass
jeder Satz einen dazu gehörigen Ausdruck enthält, es also keine Lücke gibt.

Eine weitere thematisch wichtige Isotopieebene liegt zum Klassem ‚erfolgrei-
che Ermittlung' vor. Dazu gehören folgende Sprachzeichen:

- *schnappt* (Z. 1.)
- *ertappt* (Z. 3)
- *fand* (Z. 4)
- *vorgeführt* (Z. 9)

Nur der zweite Satz hat keinen Anteil an der Isotopieebene, die nur aus Verben
besteht.

Beispiele zur Satzverflechtung durch Konnexion finden sich überhaupt nicht.
In einem Fall liegt zwar als Konnektor *und* vor, jedoch ist die Nom-E hier elliptisch
und somit lässt sich nicht von zwei eigenständigen Sätzen sprechen. Die Folge ist,
dass die Sätze abgehackt aneinander gereiht wirken, was typisch ist für knappe
Nachrichtenmeldungen.

7. Übungen

1 Beschreiben Sie in den folgenden Sätzen die unterstrichenen Topiks (Referenzverhältnis, syntaktische Typen).

a) <u>Sarahs Sohn</u> hat gestern zum ersten Mal „Mama" gesagt. – <u>Sie</u> liebt ihren <u>Jun-
gen</u> sehr.

b) _Fabian und alle seine Freunde_ feierten Geburtstag. – _Die Kinder_ verbrachten einen schönen Nachmittag zusammen.
c) „Ist der _Liegestuhl_ noch frei?" – „Nein, dieser _Stuhl_ ist leider besetzt."
d) Ich mag gern ferne _Länder_. – Besonders hat es mir _Ägypten_ angetan.
e) _Erdbeeren, Äpfel, Pflaumen und Aprikosen_ gibt es heute im Angebot. – Ich kann mich nicht entscheiden, ich liebe alle diese _Obstsorten_.

Übungstext 1:

1 **Rote Liste**
2 **Gefährdete Tierarten in Bayern**
3 _Forscher haben 16 000 heimische Tierarten untersucht, das ist etwa die Hälfte_
4 _der bayerischen Fauna. Das Ergebnis ist dramatisch: 40 Prozent sind bereits_
5 _ausgestorben, verschollen oder gelten als bedroht. Und nicht einmal der Hälfte_
6 _der Tiere können Wissenschaftler derzeit ein Überleben garantieren. Die SZ-Se-_
7 _rie „Rote Liste" beschreibt den Arten- und Individuenschwund. Sie stellt jedoch_
8 _auch Tiere vor, die zurück oder neu im Freistaat sind. Und nicht zuletzt geht_
9 _es um Projekte, mit denen der Mensch die von ihm verschuldeten Probleme zu_
10 _lösen oder zumindest zu lindern versucht._

(aus: Süddeutsche Zeitung, Nr. 111, 17.05.2005, S. 44)

2 Äußern Sie sich zu Textsorte, Textfunktion/Absicht des Autors und zur Themenentfaltung.
3 Stellen Sie eine Isotopieebene zu _gefährdet_ (Z. 2) auf.
4 Geben Sie eine Referenzkette zu _gefährdete Tierarten_ (Z. 2) an.
5 Geben Sie Beispiele für Satzverflechtung durch Konnektoren an.

Übungstext 2:

1 **Wieder mal verwechselt**
2 **Erforscht und erfunden: „Spät gebären, länger leben", Zeit Nr. 7**
3 _Die Meldung ist ein Beispiel für die häufige Verwechslung von Korrelation, als_
4 _gemeinsames Auftreten von Tendenzen und Änderungen in zwei Messgrößen,_
5 _und Kausalzusammenhang. Die Studie zeigt eben nicht, dass der Abstand zwi-_
6 _schen den Geburten die Lebenserwartung „beeinflusste", sondern nur, dass die_
7 _spät oder in größeren Abständen gebärenden Frauen durchschnittlich länger_
8 _lebten. Was da was beeinflusst, ist eine ganz andere Frage. Meist sind in solchen_
9 _Fällen die beiden beobachteten Größen nicht Ursache und Folge, sondern beide_
10 _eine Folge einer dritten Ursache: hier vielleicht einfach des verschiedenen Le-_
11 _bensstandards der Frauen. (...)_

(aus: DIE ZEIT, Nr. 9, 24.02.2005, S. 22, Leserbriefe)

6   Ermitteln Sie Textsorte, Textfunktion und Absicht des Absenders.

7   Geben Sie eine Isotopieebene zu ‚falsche Darstellung‘ an.

8. Quellen und weiterführende Literatur

Adamzik, Kirsten: Textlinguistik. Eine einführende Darstellung. Tübingen 2004.

Im Mittelpunkt des Arbeitsbuchs stehen die Bereiche ‚situativer Kontext‘, ‚Thema‘ und ‚sprachliche Gestalt‘. Weniger ausführlich werden ‚Textfunktion‘ und ‚Kohäsion‘ behandelt. Das heißt, es ist eine andere Schwerpunktbildung als in unseren textgrammatischen Ausführungen. Angeregt wird auch zur Reflexion mit der eigenen Textproduktion. Die Gestaltung erinnert an ein Lesebuch, die einzelnen Kapitel sind wenig gegliedert. Aufgaben (ohne Lösungen) sind vorhanden.

Austin, John L.: Zur Theorie der Sprechakte. Dt. Bearbeitung von Eike von Savigny. 2., bibliogr. erg. Aufl. Stuttgart 2002.

Austin ist der Begründer der sprachphilosophischen Theorie der Sprechakte, die ein Pfeiler der Pragmatik ist. Das Buch beinhaltet Vorlesungen, die er 1955 an der Harvard Universität gehalten hat und ist eine deutsche Bearbeitung des Originals. Die Beispiele wurden nicht übersetzt, sondern es wurden deutsche Beispiele verwendet, die Austins Ausführungen sinngemäß am besten illustrieren sollten. Lesenswert ist das einleitende Kapitel der Bearbeiterin.

Beaugrande, de Robert-Alain/Dressler, Wolfgang U.: Einführung in die Textlinguistik. Tübingen 1981.

Ein Klassiker.

Bračič, Stojan/Fix, Ulla/Greule, Albrecht: Textgrammatik – Textsemantik – Textstilistik. Ein textlinguistisches Repetitorium. Ljubljana 2007.

Der übersichtliche Band ist zur Lektüre und Übung empfohlen. Im Rahmen der Textsemantik wird ein Schwerpunkt auf die Thema-Rhema-Gliederung gelegt. Verständlich und didaktisch gut aufbereitet. Mit Übungen und Lösungen.

Braunmüller, Kurt: Referenz und Pronominalisierung. Zu den Deiktika und Proformen des Deutschen. Tübingen 1977.

Für uns besonders interessant sind seine Ausführungen zu den Referenzrelationen.

Brinker, Klaus: Textlinguistik. Heidelberg 1993 (unveränderte Neuauflage 2006).

Das Buch liefert wichtige Grundlagen zum Thema, ist aber weniger didaktisch als Brinkers „Linguistische Textanalyse“.

Brinker, Klaus: Linguistische Textanalyse. Eine Einführung in die Grundbegriffe und Methoden. 6. überarb. u. erw. Aufl. Berlin 2005.

Das Buch liefert alle wichtigen Aspekte in relativ knapper Form, jedoch äußerst anschaulich, übersichtlich und anwendungsorientiert. Die Beispiele verdeutlichen die theoretischen Aspekte. Es ist für Einsteiger in die Textgrammatik sehr gut geeignet.

Duden. Die Grammatik. Unentbehrlich für richtiges Deutsch. 7., völlig neu erarb. u. erw. Aufl. Hrsg. von der Dudenredaktion. Mannheim 2005. Kap. Der Text, S. 1067–1174.

Zur Anschaffung und kritischen Durchsicht empfohlen.

Fix, Ulla/Poethe, Hannelore/Yos, Gabriele: Textlinguistik und Stilistik für Einsteiger. Ein Lehr- und Arbeitsbuch. 3., durchges. Aufl. Frankfurt a. M. u. a. 2003.
Das Buch geht auf die Verbindung von Textlinguistik und Stilistik ein, so dass textgrammatische Analysekriterien keine große Rolle spielen. Zur Erweiterung und Vertiefung des textlinguistischen Wissens ist das Buch geeignet.

Gansel, Christina/Jürgens, Frank: Textlinguistik und Textgrammatik. Eine Einführung. 2., überarb. und erg. Aufl. Göttingen 2007.
Das Buch ist zur Einführung wirklich empfehlenswert und gibt einen guten Überblick über wichtige textlinguistische Kriterien.

Greule, Albrecht: Möglichkeiten und Grenzen der textgrammatischen Analyse. In: InfoDaF 18, 1991, Heft 4, S. 384–392.
Der Aufsatz beschreibt kompakt, verständlich und anwendungsorientiert die wichtigsten textgrammatischen Termini und das Vorgehen bei einer Analyse.

Langer, Gudrun: Textkohärenz und Textspezifität. Textgrammatische Untersuchung zu den Gebrauchstextsorten Klappentext, Patienteninformation, Garantieerklärung und Kochrezept. Frankfurt am Main u. a. 1995.
Das Buch liefert umfassende Einzeluntersuchungen zu einem aufgestellten Analysemodell. Es ist gut lesbar und vertieft unsere Ausführungen.

Searle, John R.: Sprechakte. Ein sprachphilosophischer Essay. Übersetzt von R. und R. Wiggershaus. 7. Aufl. Frankfurt a. M. 1997. Originalausgabe 1969.
Searle war ein Schüler Austins und hat dessen Sprechakttheorie weiterentwickelt. Das Buch besteht aus zwei Teilen: I. Die Theorie der Sprechakte, II. Anwendung der Theorie. Es geht weit über das hinaus, was wir in diesem Kapitel anreißen konnten.

X. Stilistik

Dass wir die Stilistik als sprachwissenschaftliche Teildisziplin erst im letzten Kapitel behandeln, hat einen einfachen Grund: Fast alles, was wir bisher analysiert haben, können wir auch unter stilistischem Gesichtspunkt analysieren. Da die Stilistik auf unterschiedliche Traditionen zurückgeht (z. B. auf die antike Rhetorik) und vor allem in den Literaturwissenschaften verankert ist, gibt es keine einheitliche und allgemein akzeptierte sprachwissenschaftliche Stilistik als Wissenschaft vom Stil. Je nach theoretischem Ansatz, Methode und Erkenntnisziel unterscheiden sich auch die Definitionen von Stil (lat. *stilus* ‚Schreibstift‘). Wir wollen für unsere Analysen folgende Definition zu Grunde legen:

„Stil" ist ein charakteristischer, spezifischer Sprachgebrauch, d. h., er ist ein Phänomen der Parole (vgl. Kap. V. Sprache und Sprechen).

Stil definiert sich also durch die Wahl bestimmter Stilelemente (= Stilmittel), zu denen nicht nur die so genannten rhetorischen Figuren (vgl. Kap. X. 6. Stilfiguren) zählen. Vielmehr kann jedes sprachliche Mittel ein Stilelement sein, das in einem Text zur Ganzheitlichkeit des Stils beiträgt. Diese Mittel werden in Hinblick auf den Mitteilungszweck gewählt: Stil ist damit auch textsortenspezifisch. So sind in einem Telegramm elliptische Sätze (z. B. *Komme gegen 2 Uhr an – Warte am Bahnhof*) stiltypisch, in einem Gesetzestext etwa Substantivierungen (z. B. *Die Zustimmung des Erziehungsberechtigten ist einzuholen.*). Das Phänomen Stil ist aber nicht begrenzt auf die Schriftsprache, auch wenn wir im Folgenden nur diese analysieren. Es gibt auch Sprechstile: Ein Beratungsgespräch in einer Bank unterscheidet sich z. B. stark von einem Familiengespräch beim Abendessen.

Stil ist immer textbezogen. Zwar haben auch einzelne Wörter oder Phrasen eine bestimmte Stilhöhe (vgl. *Zahlungsmittel – Geld – Knete*, Kap. VI. 6. Dimensionen der Bedeutung eines Wortes) und die Verwendung vieler solcher Wörter kann den Text gehoben bzw. salopp oder veraltet wirken lassen, aber ein bestimmter Stil mit bestimmten Eigenarten kann nur innerhalb einer größeren Textmenge erkannt werden. Textanalysen auf der Grundlage der pragmatischen Stilistik verfolgen außerdem das Ziel, Stilabsichten auf der Senderseite und Stilwirkungen auf der Empfängerseite zu rekonstruieren und zu beschreiben.

1. Makro- und Mikrostilistik

Die Makrostilistik bezieht sich auf eine Analyse des Textes als Ganzes und ist damit oberhalb der Satzebene angesiedelt, während sich die Mikrostilistik einzelne Phänomene auf Satz-, Wort- oder Lautebene vornimmt. Im Bereich der Makrostilistik interessiert z. B., ob es sich um einen mündlichen oder schriftlichen Text handelt, welcher Textsorte (vgl. Kap. IX. 2. Textsorten) er zuzuordnen ist und ob er einem bestimmten Funktional-, Gruppen-, Individual- oder Zeitstil entspricht.

a) Funktionalstil

Ein Funktionalstil (auch: Bereichsstil) bezieht sich in charakterischer Weise auf einen bestimmten gesellschaftlichen Bereich. Man unterscheidet zwischen Alltags-, Presse-, Verwaltungs- und Wissenschaftsstil sowie dem Stil der „schönen Literatur". Demnach ist jeder dieser Stile durch die Verwendung typischer Stilmittel gekennzeichnet (z. B. indirekte Rede in Zeitungsberichten). Dass diese Einteilung ein relativ grobes Raster ist, wird deutlich, wenn man sich nur einmal vor Augen hält, wie viele unterschiedliche Textsorten es in einer Zeitung gibt: Ein Bericht etwa unterscheidet sich deutlich von einer Glosse. Entscheidend für die Einordnung von Texten zu einem bestimmten Funktionalstil ist also eher die gleichartige kommunikative Funktion (z. B. informieren oder unterhalten).

b) Gruppenstil

Die Sprache bestimmter Gruppen (z. B. Berufsgruppen oder Altersgruppen) zeichnet sich durch bestimmte Stilerscheinungen aus. So verwenden Jugendliche bewusst andere sprachliche Mittel (z. B. im Bereich der Lexik) als Erwachsene. Auf die unterschiedlichen Gruppen wurde bereits im Kap. V. 6. Varietäten hingewiesen.

c) Individualstil

Bei individuellen Texten, die von einem Einzelnen hergestellt wurden (z. B. Briefe, Tagebucheintragungen, Reden) kann man davon ausgehen, dass viele sprachliche Erscheinungen aus individuellen Gründen gewählt wurden (vgl. Lieblingswörter oder Lieblingsphrasen). Besonders in der Literaturwissenschaft hat man immer versucht, das Individuelle eines Schriftstellers aus seinen Texten herauszukristallisieren, dasjenige, was nicht durch Traditionen, Moden oder Gattungsvorgaben erklärt werden kann (vgl. Kap. V. 6.1 Idiolekt).

d) Zeitstil

Wenn wir heute einen historischen Text lesen, dann können wir ihn gewöhnlich auch dann einigermaßen zeitlich einordnen, wenn wir nicht wissen, wann er entstanden ist. Das liegt daran, dass jede Zeit einen typischen Stil hat. Ein Barocker Text fällt nicht nur durch die Verwendung von komplexen Satzstrukturen, sondern auch durch bestimmte lexikalische Mittel auf. Diese Elemente findet man nicht nur bei einzelnen Autoren. Sie sind also keine Elemente des Individualstils, sondern sind für diese Zeit übliche Ausdrucksformen. Heute wirken sie veraltet oder zumindest unüblich und können bewusst eingesetzt werden, um einen Text zu ironisieren oder zu persiflieren.

Auch der **Textaufbau**, seine Grobgliederung, wird in der Makrostilistik untersucht: Gibt es eine Einleitung und einen Schluss? Ist der Hauptteil in verschiedene Argumente/Szenen/Bilder etc. eingeteilt? Besonders für literarische Texte ist außerdem die **Erzählsituation** (auktoriale, personale oder *Ich*-Erzählsituation), die **Erzählweise** (berichtende oder szenische Darstellung) und die **Erzählhaltung** (engagiert, objektivierend, ablehnend) interessant.

    Mit unseren Kenntnissen aus den vorherigen Kapiteln können wir eine Mikroanalyse von Texten durchführen, auf die wir im Folgenden eingehen möchten. An einigen wenigen Stellen werden neue Aspekte eingeführt, wobei sich die Auswahl der Stilelemente vor allem auf die Analyse von Prosa bezieht.

2. Satzstilistik

In der stilistischen Analyse der Syntax achten Sie besonders darauf, ob bestimmte Satzarten (z. B. Fragesätze oder Ausrufesätze) vermehrt vorkommen oder ob es Auffälligkeiten hinsichtlich der Satzlänge und der Satzkomplexität gibt: Sind die Sätze eher kurz ("Stakkato-Stil") oder sind die Konstruktionen verschachtelt? In der gesprochenen Sprache sind Satzabbrüche und Ellipsen nichts Besonderes, in einem schriftlichen Text fallen sie jedoch auf. Ungewöhnliche Wortstellungen und Unterbrechungen der Satzkonstruktion, z. B. durch Parenthesen (vgl. Kap. I. 3.3 Satzform) sollten Sie ebenso kommentieren wie einen auffälligen Tempus- und Modusgebrauch (vgl. Kap. III. 5. Tempus und 6. Modus). Dabei sind besonders Tempuswechsel interessant oder der besondere Gebrauch eines Modus wie etwa in dem Text „Wenn die Menschen Haifische wären" von Bertolt Brecht, der durchgehend im Konjunktiv II verfasst ist. Auch die Ebene der Attribute sollten Sie berücksichtigen, denn die Komplexität eines Satzes wird nicht nur durch besonders viele Haupt- und Nebensätze (Infinitiv- und Partizipialkonstruktionen) erreicht, sondern auch durch eine hohe Anzahl an (komplexen) Attributen, die den Text zusätzlich „verdichten".

In praktischen Stillehren wird gerne geraten, dass man in Geschäftsbriefen etwa einen **Nominalstil** vermeiden und sich lieber eines verständlicheren **Verbalstils** bedienen soll. Vor allem bestimmten Fachsprachen wie der der Technik, Wissenschaft, Recht und Verwaltung wird ein unverständlicher Nominalstil vorgehalten. Charakteristisch für den Nominalstil ist nicht eine rein quantitative Überzahl an Substantiven, sondern eine Häufung von

- Substantivierungen (= Bildungen eines Substantivs aus einer anderen Wortart, z. B. *besuchen → der Besuch, blau → das Blau, zerstören → die Zerstörung*),
- Streckformen (z. B. *einen Besuch machen*) und Funktionsverbgefügen (z. B. *zur Durchführung bringen*), vgl. Kap. I. 4.1 Prädikatsteile,
- Substantivkomposita (z. B. *Wohnungsbauprämienzahlung*) und
- komplexen Attributen (z. B. *das vor vielen Jahren verabschiedete Gesetz zum privaten Wohnungsbau*).

Im Verbalstil dagegen werden vor allem Vollverben in den Prädikaten verwendet (vgl. Kap. I. 4.1 Prädikatsteile).

Nominalstil: *Um eine fristgerechte Zahlung wird gebeten. Die Bearbeitung ihres Antrags wird dann umgehend in die Wege geleitet.*
Verbalstil: *Bitte zahlen Sie fristgerecht. Wir bearbeiten Ihren Auftrag dann umgehend.*

3. Wortstilistik

Hier interessieren Auffälligkeiten hinsichtlich der Häufung bestimmter Wortarten (z. B. viele Adjektive), Wortbildungstypen (z. B. lange Komposita), Fremdwörter, Anachronismen (veraltete Wörter) oder Ad-hoc-Bildungen (Wortneuschöpfungen). Außerdem sollten Sie darauf achten, ob die lexikalischen Mittel bevorzugt aus einem bestimmten Wortfeld (vgl. Kap. VI. 3. Das Wortfeld) oder einer Wortfamilie – das sind Wörter derselben Wurzel – stammen. Vielleicht sind sie auch einer bestimmten Varietät des Deutschen zuzuordnen (z. B. Fachsprache, Dialekt, Umgangssprache usw., vgl. Kap. V. 6. Varietäten).

4. Laut- und Klangstilistik

Die Laut- und Klangstilistik spielt vor allem in Gedichten eine wichtige Rolle. Zu untersuchen sind Aspekte wie Onomatopoetika (Lautmalerei) oder die auffällige Verwendung von hohen hellen oder tiefen dunklen Vokalen, überhaupt die Häufung bestimmter Laute. Ein bekanntes Beispiel ist das Gedicht „Ottos Mops" von Ernst Jandl, in dem als einziger Vokal *o* vorkommt. Auch Reim, Metrum und Rhythmus gehören zur Klangstilistik. Da solche Phänomene in der Prosa eher selten sind – wenn ja, dann ist das schon sehr auffällig –, soll nicht im Detail darauf eingegangen werden.

5. Graphostilistik

Auch mit grafischen Mitteln kann man in einem geschriebenen Text eine stilistische Wirkung erzielen; Auffälligkeiten können hinsichtlich der Zeichensetzung (z. B. Vorliebe für Semikolon, Häufung von Ausrufezeichen etc.), der Groß- und Kleinschreibung (z. B. Text nur in Kleinbuchstaben verfasst, einzelne Buchstaben innerhalb eines Wortes groß geschrieben) und der Verdoppelung von Buchstaben (z. B. *Ich habe mich ja soooo gefreut über deinen Besuch.*) vorkommen. In den letzten beiden Punkten handelt es sich immer um Abweichungen von der orthografischen Norm. Auch andere typografische Elemente wie Schriftgröße, Schriftart(wechsel), Kursiv- und Fettdruck sowie farbige Schrift sind als bewusst gewählte Stilelemente zu berücksichtigen.

Besonders die Werbung verwendet gerne graphostilistische Elemente, z. B. *SchreIBMaschine* (Slogan für IBM-Computer).

6. Stilfiguren

Die Stilfiguren (rhetorische Figuren) sind hier in einem eigenen Kapitel zusammengefasst, weil dazu Phänomene gehören, die sich sowohl auf der Ebene der Wörter und Wortgruppen als auch auf der Ebene der Sätze oder noch größerer Texteinheiten manifestieren. Im Folgenden sollen nur die häufigsten Stilfiguren aufgelistet werden, besonders diejenigen, die für Prosa relevant sind.

6.1 Figuren des Ersatzes

Diese Figuren nennt man auch lexikalische Figuren, weil hier der eigentliche Ausdruck durch einen anderen ersetzt wird. Man unterscheidet je nach Art des Ersatzes:

a) Metapher

Die Metapher wird seit Aristoteles gerne als „verkürzter Vergleich" beschrieben, bei dem das Wort *wie* fehlt. Das ist insofern richtig, da es zwischen den beiden Begriffen oder Wortgruppen eine Vergleichsbasis gibt, die man tertium comparationis nennt. Dieses „dritte Element" haben beide gemeinsam: Es ist ein gemeinsames Sem (vgl. Kap. VI. 4. Die Semanalyse). Es gibt z. B. substantivische (*Fingerhut, Mauerblümchen*), adjektivische (*ein freches Lied*) oder verbale (*Dein neues Kleid haut mich um.*) Metaphern.

b) Allegorie

Der Begriff der Allegorie meint in diesem Zusammenhang eine erweiterte, fortgesetzte Metapher, d. h. eine Vorstellung, die in einem komplexen Bild verdeutlicht wird, z. B. der Staat als menschlicher Körper, der aus vielen Gliedern besteht und erst funktioniert, wenn diese koordiniert werden können.

c) Metonymie

Bei dieser Übertragungsart ist kein vergleichendes Element wie bei der Metapher von Bedeutung. Stattdessen bleibt man innerhalb desselben Begriffsfeldes und die beiden Bezeichnungen stehen z. B. in einem räumlichen, zeitlichen oder kausalen Verhältnis logisch zueinander.

Nürnberg lädt zum Christkindlmarkt (räumliches Verhältnis – eigentlich: *der Bürgermeister Nürnbergs*).
Der Sommer 2003 ließ uns schwitzen (zeitliches Verhältnis – eigentlich: *die Temperaturen im Sommer 2003*).
Grass lesen hilft bei Langeweile (kausales Verhältnis – eigentlich: *ein Buch von Grass*).

d) Synekdoche

Bei der **Synekdoche** geht es z. B. um das Verhältnis zwischen Teil und Ganzem.

Von dem bisschen Gehalt müssen fünf Mäuler satt werden (Teil steht für Ganzes/ pars pro toto – eigentlich: *fünf Menschen*).
Mein Kleiner hat gestern zum ersten Mal seinen ganzen Teller aufgegessen (Ganzes steht für Teil/totum pro parte – eigentlich: *die Speisen auf dem Teller*).

e) Hyperbel

Eine Übertreibung in Richtung „größer" oder „kleiner" als der eigentlich gemeinte Sachverhalt oder Gegenstand nennt man Hyperbel. Ihre sprachlichen Mittel sind vor allem übertreibende Maß- oder Mengenangaben.

> *Das habe ich dir schon <u>tausend Mal</u> gesagt.*
> *Ich habe einen <u>Bären</u>hunger.*
> *Nach dem Essen war <u>kein Krümel</u> mehr übrig.*

f) Ironie (im engeren Sinne)

Ironie im engeren Sinne wird verwendet, wenn man das Gemeinte durch das Gegenteil beschreibt.

> *Das hast du aber toll gemacht! Eine echte Spitzenleistung!* (eigentlich: *Ich habe etwas Besseres erwartet*).

g) Personifizierung

Wenn unbelebte Gegenstände verlebendigt werden, spricht man von Personifizierung.

> *Der Kuchen hat mich angelacht – ich musste ihn unbedingt probieren.*

6.2 Figuren der Auslassung

Die Figuren der Auslassung, ebenso wie die der Wiederholung und der Anordnung sind an den Satz als kleinste Texteinheit gebunden. Man nennt sie deshalb auch syntaktische Figuren.

Zu den Figuren der Auslassung gehört die bereits unter Kap. X. 2. Satzstilistik erwähnte **Ellipse** und der **Satzabbruch**, außerdem das **Zeugma,** welches ein Spezialfall des zusammengezogenen Satzes ist: Hier wird ein (polysemes) Verb mit nicht zueinander passenden Ergänzungen verbunden, wodurch ein semantischer Kontrast entsteht:

> *Mona hungerte nach Liebe und Apfelkuchen.*

6.3 Figuren der Wiederholung

a) Alliteration

Bei der Alliteration werden Anfangslaute bzw. -silben wiederholt.

> *<u>M</u>ilch <u>m</u>acht <u>m</u>üde <u>M</u>änner <u>m</u>unter.*
> *<u>G</u>eiz ist <u>g</u>eil.* (Slogan von Saturn)

b) Anapher

Beginnen zwei aufeinander folgende Sätze oder Syntagmen mit demselben Wort, spricht man von einer Anapher.

Mein Haus, mein Auto, meine Frau. (Werbung der Sparkasse)

c) Epipher

Das Gegenstück zur Anapher ist die Epipher, bei der zwei Sätze oder Syntagmen auf dasselbe Wort enden.

Mein Hund bellt auf Kommando, setzt sich auf Kommando, macht Männchen auf Kommando und holt Schuhe auf Kommando.

d) Gemination

Eine Gemination ist die wörtliche Wiederholung von Wörtern oder Wortgruppen an einer beliebigen Stelle innerhalb eines Satzes.

Ich freue mich auf ein langes, langes Wochenende.

Außerdem gehört zu den Figuren der Wiederholung auch der **Endreim**, bei dem sich die Endsilben zweier Wörter reimen.

Tolle Knolle. (Werbung für Kartoffeln)

6.4 Figuren der Anordnung

a) Antithese

Antonymische (gegensätzliche) Ausdrücke werden in einem Text häufig unter Verwendung adversativer Konjunktionen (vgl. Kap. I. 8.1 Konjunktionen und Subjunktionen) oder Adverbien gegenübergestellt.

Das Leben wird immer schneller, doch der Mensch altert immer langsamer.
Sie müssen nicht klein sein, um im Lupo groß rauszukommen. (VW-Werbeslogan)

b) Asyndeton und Polysyndeton

Aufzählungen können entweder ohne Konjunktionen (= Asyndeton) oder mit wiederkehrenden Konjunktionen (= Polysyndeton) verbunden sein.

Es regnet, regnet, regnet vs. Es regnet und regnet und regnet.

c) Chiasmus

Es liegt ein kreuzender Satzbau vor, d. h., syntaktisch gleichwertige Wörter, Wortgruppen oder Sätze kehren in Texten an entgegengesetzter Stelle wieder.

Erst bauen wir Räume, dann bauen die Räume uns. (Winston Churchill)

d) Klimax

Bei der Klimax werden mindestens drei bedeutungsähnliche Ausdrücke in steigender oder fallender Intensität oder Steigerungsformen desselben Wortes aneinander gereiht. Man unterscheidet zwischen

- steigender Klimax: *Gut, besser, Paulaner.* (Slogan für Paulaner Bier) und
- fallender Klimax (Antiklimax): *Eure Exzellenzen! Höchste, hohe und geehrte Herren!* (Heinrich Mann: Der Untertan)

e) Parallelismus

Eine Wiederholung im Satzbau zweier aufeinander folgender Sätze, häufig kombiniert mit wörtlicher Wiederholung, nennt man Parallelismus.

Zwei Frauen sitzen in der Küche. Zwei Kinder spielen im Wohnzimmer.

Stilistische Mittel sollen aber nicht nur aufgelistet, sondern auch hinsichtlich ihres funktionalen Wirkens untersucht werden. Mehrere Stilelemente mit derselben Funktion werden zu **Stilzügen** zusammengefasst. Stilzüge sind z. B. altmodisch, amtlich, angemessen, belletristisch, despektierlich, distanziert, emotional, ironisch, kindlich, salopp, subjektiv etc. Ein Text kann durchaus mehrere Stilzüge besitzen, die entweder textsorten-, bereichs-, gruppen-, autoren- oder zeitspezifisch sein können.

7. Zusammenfassung: Stilanalyse – Schritt für Schritt

Weil das Phänomen „Stil" komplex und unübersichtlich ist, gibt es keine strenge Anleitung für eine Stilanalyse. Die folgenden Analyseschritte sind deshalb eher als Orientierungshilfe gedacht und beziehen sich auf eine Analyse eines kurzen Textes, den man in etwa einer halben bis dreiviertel Stunde bearbeiten kann.

1 In einem ersten Schritt betrachten Sie den gesamten Text und machen Angaben zu dessen **Makrostilistik**. Bestimmen Sie die Kommunikationssituation, in der der Text entstanden ist, den Produzenten und Rezipienten sowie das Thema und die Textsortenzugehörigkeit. Wenn der Text länger ist, zer-

legen Sie ihn in seine Teiltexte und Teilthemen. Hier interessiert besonders die Gliederung (Komposition) des Gesamttextes.

2 Für die Analyse der **Mikrostilistik** lesen Sie den zu analysierenden Text nochmals genau durch und markieren Sie alle Auffälligkeiten in Bezug auf Satz-, Wort-, Lautebene oder grafische Ebene, z. B. eine besonders häufige Wahl von bestimmten sprachlichen Erscheinungen (Ellipsen, Passivkonstruktionen etc.), dann auch alle Abweichungen von der (erwarteten) sprachlichen Form der Textsorte.

3 Was nicht charakteristisch oder unerwartet ist, brauchen Sie nicht zu behandeln. Sie können notfalls einen kurzen Vermerk machen, in der Art „auf Lautebene gibt es keine besonderen Auffälligkeiten". Analysieren Sie dann zuerst, was besonders häufig vorkommt und deshalb den Text prägt. Beziehen Sie in Ihre Analyse der Stilmittel auch deren Funktion und die übergeordneten Stilzüge ein. Warum könnte ein Autor dieses Stilmittel gewählt haben? Über welche Alternativen hätte er verfügen können? Waren die ausgewählten Stilmittel angemessen?

4 Eine zusammenfassende Einschätzung, ob z. B. ein typischer Funktionalstil vorliegt, schließt eine gelungene Analyse ab. Auch den Rezipienten sollten Sie nicht vergessen: Hat der Autor bei ihm aller Wahrscheinlichkeit nach sein kommunikatives Ziel erreicht?

Für eine vollständige Stilanalyse sollten Sie zu jeder der folgenden Fragen Antworten gegeben haben: Wer – sagt was – mit welcher Art von Text – zu wem – zu welchem Zweck – mit welcher Wirkung – wie?

8. Musteranalyse

Im Frühjahr 2004 wurde im Bayerischen Staatsexamen für das Lehramt an Gymnasien (vertieft studiert) im ersten Nebengebiet folgende Aufgabe gestellt: Charakterisieren Sie die in dem Text verwendeten Stilmittel und deren Funktion!

Text:
... und dazu der passende Wein
ausgewählt von Paula Bosch

1 *Zugegeben: Ich gehörte lange Zeit zu jenen Weintrinkern, die dem Trollinger*
2 *als Rotwein, trotz meiner schwäbischen Herkunft, Jahr für Jahr mit Skepsis*
3 *begegnen. Die ehrgeizigen Schwaben in meinem Freundeskreis, deren Natio-*

4 *nalgetränk ich immer wieder zurückwies, ließen nicht locker, bis auch ich da-*
5 *von überzeugt war, dass es doch ganz gute Trollis gibt. Der trockene Stettener*
6 *Mönchberg >S< 1999 von Hans Haidle hat mir und meinen Kollegen sogar*
7 *so gut geschmeckt, dass ich Herrn Haidle seine letzten Flaschen abschwatz-*
8 *te. Jetzt gibt es den 2000er als Nachfolger. Sicher noch sehr jung und nicht*
9 *ganz vollmundig. Etwas kühler temperiert, 12 bis 14 Grad, lässt er sich sehr*
10 *angenehm trinken, besonders im Freien bei sommerlichen Temperaturen. Ich bin*
11 *versöhnt mit dem schwäbischen Nationalgetränk. Kein Rotwein, den man mit*
12 *den großen Roten vergleichen kann, aber er ist auch kein Wein, der nur zur*
13 *Vesper schmeckt. Kirsch und Mandelnoten im Vordergrund, leichte Struktur, reif,*
14 *saftig, umkompliziert.*

(Aus: Süddeutsche Zeitung: Magazin No. 19, 11.05.2001, S. 42)

Lösungsvorschlag

Die laut Aufgabenstellung zu untersuchenden Stilmittel betreffen zwar nur die Mikroebene, einleitend sollen aber trotzdem einige Bemerkungen zur Makrostilistik gemacht werden:

Es handelt sich bei dem Text um einen Sachtext, genauer um einen Zeitungstext mit dem Thema „Beurteilung der Trollinger Rotweine von Hans Haidle". Der Text ist in einer *Ich*-Perspektive (Stilzug ‚subjektiv') verfasst und gibt die persönliche Meinung der Autorin, einer Weinexpertin, wieder. Der kurze Text ist inhaltlich folgendermaßen gegliedert: 1. bisherige Einstellung zum Trollinger als Rotwein (Z. 1–3) 2. Weintest (Z. 3–8) 3. Beurteilung des Weins (Z. 8–14). Man kann einen bestimmten Funktionalstil, nämlich den der Presse erwarten. Da der Artikel in der Süddeutschen Zeitung veröffentlicht wurde, liegt es nahe, dass der Leser akademisch gebildet und selbst Weintrinker ist oder zumindest Interesse an Weinen hat.

Mikrostilistisch gibt es einige Auffälligkeiten: Der unvermittelte Einstieg durch die Gesprächspartikel *Zugegeben* (Z.1) soll den Leser unmittelbar ansprechen und sein Interesse wecken. Im Bereich der Syntax sind vor allem die komplexen Sätze (bes. Satz 1 und Satz 2) und ab Z. 8 die elliptischen Sätze auffällig – alle Sätze außer *Ich bin … Nationalgetränk* (Z. 10f.) sind elliptisch, z.B. *[Er ist] Sicher noch sehr jung und nicht ganz vollmundig* (Z. 8f.) oder *Kirsch und Mandelnoten [stehen] im Vordergrund, [er hat eine] leichte Struktur, [er ist] reif, saftig, umkompliziert* (Z. 13f.). Diese Ellipsen rücken den Text in die Nähe der gesprochenen Sprache. Im letzten Satz fallen die asyndetischen Verknüpfungen auf, die beim Leser das Bild eines Sommeliers wecken, der beim Probieren verschiedene Charakteristika des Weins herausschmeckt und nachdenklich stichpunktartig formuliert. Hier sind auch Anklänge an einen Weinführer als eigene Textsorte zu spüren.

Auf Wortebene kommt der Gegensatz zwischen seriös-gehobenem (z. B. *jemandem mit Skepsis begegnen*, Z. 2f., *etwas zurückweisen*, Z. 4, *etwas temperieren*, Z. 9, *versöhnt sein*, Z. 10f.) und umgangssprachlich-saloppem (z. b. *nicht locker lassen*, Z. 4, *jemandem etwas abschwatzen*, Z. 7f.) Stil zum Tragen. Ein süddeutsch-österreichischer Regionalismus ist *Vesper* (Z. 13), der dem Text etwas Lokalkolorit verleiht (die Autorin ist schwäbischer Herkunft, der Artikel erschien in der Süddeutschen Zeitung).

Die Autorin verwendet den typischen (Fach-)Wortschatz eines Sommeliers. So werden etwa neun Charakteristika des Weins beschrieben: *trocken(e)* (Z. 5), *sehr jung* (Z. 8), *nicht ganz vollmundig* (Z. 8f.), *lässt … sich sehr angenehm trinken* (Z. 9f.), *Kirsch und Mandelnoten im Vordergrund* (Z. 13), *leichte Struktur* (Z. 13), *reif* (Z. 13), *saftig* (Z. 14) und *unkompliziert* (Z. 14). Unklar ist, ob *Trollis* (Z. 5) als Kurzform von *Trollinger Rotweine* als eine Ad-hoc-Bildung (Kosename mit despektierlichem Anklang?) zu bewerten ist oder zum Fachwortschatz gehört.

Graphostilistisch fällt lediglich die Bezeichnung des Weines mit dem Buchstaben >S< (Z. 6) auf – eine Information für Weinkundige (S = Cuvée = Verschnitt junger Weine).

Im Bereich der Stilfiguren gibt es wenige Besonderheiten: Eine Gemination (genauer: eine phraseologische Paarformel, *Jahr für Jahr*, Z. 2), ein Parallelismus (*kein* + Substantiv + Relativsatz) im vorletzten und ein Asyndeton (*Kirsch und Mandelnoten im Vordergrund, leichte Struktur, reif, saftig, umkompliziert*) im letzten Satz. Der Name des Weingutbesitzers hat durch seine Alliteration (*Hans Haidle*, Z. 6), die auch bei Ersatz des Vornamens durch *Herr* erhalten bleibt, einen eigenen Stilwert, der aber zufällig ist.

Die Stilanalyse zeigt, dass es der Autorin durch die Wahl der sprachlichen Mittel gelingt, eine Brücke zu schlagen zwischen einerseits fachsprachlichem und umgangssprachlichem und andererseits geschriebenem und gesprochenem Text. Ihr Ziel, den Leser auf Trollinger Weine neugierig zu machen, hat sie aller Wahrscheinlichkeit nach erreicht.

9. Übungen

1 Welche rhetorischen Figuren finden Sie in den folgenden Zeitungsüberschriften (alle aus: Süddeutsche Zeitung, 03.–06.01.05)?

a) *Ein paar Kekse für tausend Hände*

In der indonesischen Bürgerkriegsprovinz Aceh läuft die Unterstützung der
Flutopfer besonders mühsam an

b) **Alles wächst: Blumen, Gebühren und Steuern**
   2005 werden Fernwärme, Müll, MVV teurer – Stadt hofft auf Imagegewinn
   durch die Bundesgartenschau

c) **Aufholjagd mit Atemnot**
   Das geplante Kulturzentrum in Hongkong stößt auf Widerstände

d) **Die Schiffe zerschmettert, die Häfen verschlungen**
   Die Fischer in Sri Lanka sind besonders hart von der Katastrophe getroffen,
   doch auch Hotelangestellte fürchten um ihre Arbeitsplätze

e) **Land für Land, Dorf für Dorf**

f) **Finnisches Luftschiff**
   Janne Ahonen lässt sich selbst vom Wind nicht irritieren und gewinnt auch
   das dritte Springen der Tournee

g) **Konfisziert, besetzt, zerstört**
   Israel vernichtet Palästinas Kultur, sagt Sa'd Nimr, Koordinator von Museum
   ohne Grenzen

h) **Uni Würzburg testet Diabetes-Medikament**

2 Geben Sie eine knappe stilistische Analyse des Textes (= Aufgabe aus dem
Bayerischen Staatsexamen Herbst 1998, deutsch vertieft studiert, Hauptge-
biet)!

Übungstext:

1 *Doch um es gleich zu sagen: Nicht das übliche schöne Neapel unter blauem Him-*
2 *mel hat sich mir als bedeutendstes Bild eingeprägt. Von diesem Theatervorhang*
3 *weiß ich nie, wieweit ich ihn in meiner Vorstellung wirklich aus Eigenem und*
4 *wieweit nur in Abhängigkeit von tausend geleckten Bildern reproduziere. Nein,*
5 *was ich immer noch sehe und höre, fühle und schmecke, ist der Sturm, der im*
6 *Februar pausenlos einundzwanzig Tage tobte. Es war ein solches Brausen und*
7 *Heulen, daß wir manchmal in die Innenstadt flüchteten, um den betäubten Oh-*
8 *ren Ruhe zu gönnen und den Salzgeschmack von den Lippen loszuwerden, es war*
9 *ein solcher Luftdruck, dass unsere Korridortür eines Morgens aus der Mauer ge-*
10 *stoßen wurde. Die Wogen schlugen über die hohe Uferbrüstung weg in die Straße*
11 *und das Largo hinein. Abends, wenn die Laternen brannten, schossen die Wellen*
12 *weißauffunkelnd nach den Glühstrümpfen. Hier und da klirrte eine Lampe aufs*
13 *Pflaster, aber noch unheimlicher war es, wenn die Strümpfe ohne Beschädigung*
14 *der Glaswand von unten her erreicht wurden und lautlos erloschen. Übrigens war*
15 *es nicht leicht, das Brechen des Glases, das Rollen des Donners, das Schlagen der*

16 *Türen und andere Einzelgeräusche aus dem ständigen Lärm des Wassers und der*
17 *Luft herauszulösen. Jeden Tag wurden die Laternen neu instand gesetzt, jeden*
18 *Abend von neuem zerschlagen oder erstickt.*

(Aus: Victor Klemperer: Curriculum Vitae. Erinnerungen 1881–1918. Bd. 2, Berlin: Aufbau-
Taschenbuch Verlag, S. 103)

10. Quellen und weiterführende Literatur

Fix, Ulla/Poethe, Hannelore/Yos, Gabriele: Textlinguistik und Stilistik für Einsteiger. Ein
Lehr- und Arbeitsbuch. 3., durchges. Aufl. Frankfurt a. M. u. a. 2003.
*Nach einer Zusammenfassung der wichtigsten Terminologie und Analysemittel werden vor
allem Musteranalysen unterschiedlichster Texte (politische Rede, Werbetext, literarischer
Text, Pressetext) gegeben. Es gibt ein eigenes Kapitel zu sprachlichen Normen.*
Göttert, Karl-Heinz: Einführung in die Stilistik. München 2004.
*Ausführliche Kapitel zur Geschichte der Stilistik. Der Schwerpunkt der Beispielanalysen liegt
auf literarischen Texten.*
Michel, Georg: Stilistische Textanalyse. Eine Einführung. Frankfurt a. M. u. a. 2001.
*Eine Darstellung unterschiedlicher methodischer Zugänge zur Stilanalyse sowie verschie-
dener Stilelemente; im Anhang gibt es ein Glossar mit Stilfiguren.*
Sandig, Barbara: Stilistik der deutschen Sprache. 2., völlig neu bearb. und erw. Aufl. Berlin
u. a. 2006.
Die Autorin ist eine Vertreterin der pragmalinguistischen Stilanalyse.
Sowinski, Bernhard: Stiltheorien und Stilanalysen. 2., überarb. und aktual. Aufl. Stuttgart/
Weimar 1999.
*Es werden z. B. folgende Themen behandelt: Geschichte der Stilistik und des Stilbegriffs,
Stilistik und ihre Nachbardisziplinen, verschiedene Stilelemente, unterschiedliche Ansätze zur
Stilanalyse. Zur Vertiefung der Thematik empfohlen.*

Lösungsvorschläge zu den Übungen

I. Syntax

1. Satzart, -typ, -form

a) Satzart: Aufforderungssatz;
   Satztyp: Stirnsätze in den Hauptsätzen, Spannsatz im Nebensatz;
   Satzform: Komplexer Satz (Hypotaxe): Zwei Hauptsätze sind parataktisch durch *und* verbunden; dem zweiten Hauptsatz ist ein Nebensatz untergeordnet.

$$HS_1 - und - HS_2$$

$$NS$$

b) Satzart: Fragesatz (Entscheidungsfrage);
   Satztyp: Stirnsatz im Hauptsatz; Spannsätze in den beiden Nebensätzen;
   Satzform: Komplexer Satz (Hypotaxe): Von einem Hauptsatz hängt ein durch *dass* eingeleiteter Nebensatz ab, von dem wiederum ein durch *wenn* eingeleiteter Nebensatz abhängt.

$$HS$$
$$|$$
$$NS_1$$
$$|$$
$$NS_2$$

2. Finite und infinite Verben

brachte: Finitum
entwickelten: Finitum
schockiert: Finitum
werden: Finitum
verschwunden: Infinitum, Partizip II

sein: Infinitum, Infinitiv
sprechen: Finitum
retten: Infinitum, Infinitiv
entsteht: Finitum
gesammelt: Infinitum, Partizip II
werden: Finitum

3. Prädikate

brachte zum Reden: komplex, heterogen, diskontinuierlich
entwickelten sich ‚entstehen': komplex, heterogen, kontinuierlich
schockiert: einfach, einteilig
werden verschwunden sein: komplex, homogen, diskontinuierlich
sprechen: einfach, einteilig
entsteht: einfach, einteilig
gesammelt werden: komplex, homogen, kontinuierlich

Anmerkung: Infinitive (in Infinitivkonstruktionen, z. B. *um den Sprachschatz …
zu retten*) sind keine Prädikate!

4. Valenzträger und Wertigkeiten

zum Reden bringen ‚jemanden veranlassen zu reden': wer/was? *bringt* wen/was?
   zum Reden: 2-wertig
°*sich entwickeln* ‚entstehen': wer/was?: 1-wertig
schockieren: wer/was? *schockiert* wen/was? womit?: 3-wertig, im vorliegenden Satz
   ist wen/was? (zu ergänzen etwa: *die Menschen/die Leser*) nicht realisiert;
verschwinden ‚untergehen': wer/was? *verschwindet*: 1-wertig
°*sprechen* ‚sich sprachlich in etw. ausdrücken': wer/was? *spricht* wen/was?: 2-wer-
   tig
°*entstehen* ‚anfangen zu sein': wer/was? *entsteht*: 1-wertig, evtl. 2-wertig: wer/was?
   entsteht wo?
°*sammeln* ‚zusammentragen': wer/was? *sammelt* wen/was?: 2-wertig

°vgl. Schumacher, Helmut u. a.: VALBU. Valenzwörterbuch deutscher Verben. Tübingen 2004.

5. Satzgliedtests

a) *Nach dem Unterricht sagte Peter zu seinem Professor, dass er nichts verstanden
   habe.*

- **Frageprobe**: _Wann_ sagte Peter zu seinem Professor, dass er nichts verstanden habe? – _Nach dem Unterricht_. _Wer_ sagte nach dem Unterricht zu seinem Professor, dass er nichts verstanden habe? – _Peter_. _Zu wem_ sagte Peter nach dem Unterricht, dass er nichts verstanden habe? – _Zu seinem Professor_. _Was_ sagte Peter nach dem Unterricht zu seinem Professor? – _Dass er nichts verstanden habe_.
- **Ersatzprobe**: _Danach sagte er das zu ihm._ (Es müssten nicht alle Satzglieder gleichzeitig ersetzt werden.)
- **Verschiebeprobe (Spitzenstellungstest):** _Peter_ sagte nach dem Unterricht zu seinem Professor, dass er nichts verstanden habe. _Zu seinem Professor_ sagte Peter nach dem Unterricht, dass er nichts verstanden habe. _Dass er nichts verstanden habe_, sagte Peter nach dem Unterricht zu seinem Professor. Spitzenstellungstest liegt für das Satzglied _Nach dem Unterricht_ bereits im Ausgangssatz vor.

  Der Satz besteht aus vier Satzgliedern (= Grobstruktur): _Nach dem Unterricht – Peter – zu seinem Professor_ und _dass er nichts verstanden habe_.

b) _Trotz ihres schlechten Gesundheitszustands besuchte Steffi Graf, deren Karriere vor vielen Jahren begann, ihre Eltern in Deutschland._
- **Frageprobe**: _Trotz welchen Umstandes_ besuchte Steffi Graf, deren Karriere vor vielen Jahren begann, ihre Eltern in Deutschland? – _Trotz ihres schlechten Gesundheitszustands_. _Wer_ besuchte trotz seines (muss in diesem Fall angepasst werden) schlechten Gesundheitszustands seine Eltern in Deutschland? – _Steffi Graf, deren Karriere vor vielen Jahren begann_.

  Wen besuchte Steffi Graf, deren Karriere vor vielen Jahren begann, trotz ihres schlechten Gesundheitszustands in Deutschland? – _Ihre Eltern_. _Wo_ besuchte Steffi Graf, deren Karriere vor vielen Jahren begann, trotz ihres schlechten Gesundheitszustands ihre Eltern? – _In Deutschland_. Durch die Frageprobe allein kann noch nicht geklärt werden, ob _ihre Eltern in Deutschland_ überhaupt zwei Satzglieder sind.
- **Ersatzprobe:** _Trotzdem besuchte sie sie dort._
- **Verschiebeprobe (Spitzenstellungstest):** _Steffi Graf, deren Karriere vor vielen Jahren begann_, besuchte trotz ihres schlechten Gesundheitszustands ihre Eltern in Deutschland. _Ihre Eltern_ besuchte Steffi Graf, deren Karriere vor vielen Jahren begann, trotz ihres schlechten Gesundheitszustands in Deutschland. _In Deutschland_ besuchte Steffi Graf, deren Karriere vor vielen Jahren begann, trotz ihres schlechten Gesundheitszustands ihre Eltern.

  Evtl. ist auch möglich: _Ihre Eltern in Deutschland_ besuchte Steffi Graf, deren Karriere vor vielen Jahren begann, trotz ihres schlechten Gesundheitszustands. In diesem Fall ist _in Deutschland_ nicht als eigenes Satzglied, sondern als Attribut zu _ihre Eltern_ zu werten. Auch diese Lösung ist denkbar.

Der Satz besteht, je nach Auswertung der Tests, aus drei (*Steffi Graf, deren Karriere vor vielen Jahren begann – trotz ihres schlechten Gesundheitszustands – ihre Eltern in Deutschland*) oder vier (*Steffi Graf, deren Karriere vor vielen Jahren begann – trotz ihres schlechten Gesundheitszustands – ihre Eltern – in Deutschland*) Satzgliedern (= Grobstruktur).

c) *Wer heute seine Tochter oder seinen Sohn an der Grundschule anmelden will, muss reichlich Zeit mitbringen.*

- **Frageprobe:** <u>Wer</u> *muss reichlich Zeit mitbringen? – Wer (= derjenige, der) heute seine Tochter oder seinen Sohn an der Grundschule anmelden will.* <u>Was</u> *muss (derjenige) mitbringen, der seine Tochter oder seinen Sohn an der Grundschule anmelden will? – Reichlich Zeit.*
- **Ersatzprobe:** *Er muss das mitbringen.*
- **Verschiebeprobe (Spitzenstellungstest):** <u>Reichlich Zeit</u> *muss mitbringen, wer heute seine Tochter oder seinen Sohn an der Grundschule anmelden will.* oder: <u>Reichlich Zeit</u> *muss derjenige, der heute seine Tochter oder seinen Sohn an der Grundschule anmelden will, mitbringen.* Spitzenstellungstest liegt für das Satzglied *wer ... will* bereits im Ausgangssatz vor.

Der Satz besteht aus zwei Satzgliedern (= Grobstruktur): *wer heute seine Tochter oder seinen Sohn an der Grundschule anmelden will* und *reichlich Zeit*.

6. Weglassprobe und Geschehenstest

a) Weglassprobe: *Maria brachte eine Schachtel Pralinen mit.* – Test positiv.
Geschehenstest: **Maria brachte eine Schachtel Pralinen mit und das geschah ihrer Mutter.* – Test negativ, d. h., *ihrer Mutter* ist eine fakultative Ergänzung.

b) Weglassprobe: *Hans geht zur Schule.* – Test positiv.
Geschehenstest: *Hans geht zur Schule und das geschieht immer sehr langsam.* – Test positiv, d. h., *immer sehr langsam* ist eine Angabe.

c) Weglassprobe: **Mein Vater lebt schon seit Jahrzehnten.* Test negativ für die gemeinte Bedeutung im Satz (*leben* im Sinne von ‚wohnen‘, ‚sich befinden‘ und nicht im Sinne von ‚am Leben sein‘), d. h., *in München* ist eine obligatorische Ergänzung. Der Geschehenstest braucht nicht mehr durchgeführt zu werden.

7. Ergänzungen

in die Kirche: fakultative Präpositional-Ergänzung mit unfester Präposition (vgl.
Peter geht zur Schule/auf die Post/hinter das Haus), präpositional
mir: fakultative Dativ-Ergänzung, pronominal
Wer nichts weiß: obligatorische Nominativ-Ergänzung, satzförmig

an seine Großmutter: obligatorische Präpositional-Ergänzung mit fester Präposition (vgl. wer/was? *denkt* woran?), präpositional

auf deine Party zu kommen: obligatorische Infinitivkonstruktion anstelle einer Akkusativ-Ergänzung (wer/was? *verspricht* wem? wen/was? vgl. *Ich verspreche dir ein angenehmes Leben/das.*).

8. Angaben

Nach dem Essen: Temporalangabe, präpositional

im Garten: Lokalangabe, präpositional

nie: Negationsangabe (evtl. auch Temporalangabe), adverbial

Wenn es schneit: Konditionalangabe, satzförmig

Nachdem Petra ihren Freund kennen gelernt hatte: Temporalangabe, satzförmig

lachend: Modalangabe, partizipial

um sich zu erholen: Finalangabe, Infinitivkonstruktion

weil Pisa eine interessante Stadt ist: Kausalangabe, satzförmig

9. Attribute

nach zähem Ringen um die ersten Worte

(nach) Ringen
Kern 1: substantivisch

zähem
Attribut: vorangestelltes, flektiertes Adjektiv

um die ersten Worte
Attribut: nachgestellte präpositionale Fügung
(um die) Worte
Kern 2: substantivisch

ersten
Attribut: vorangestelltes, flektiertes (Zahl-)Adjektiv

der Düsseldorfer Sprachforscher Dieter Wunderlich

(der) Sprachforscher
Kern 1: substantivisch

Düsseldorfer
Attribut: vorangestelltes
Adjektiv (Ortsname)

Dieter Wunderlich
Attribut: nachgestellte enge Apposition
Wunderlich
Kern 2: substantivisch
(Personenname)

Dieter
Attribut: vorangestellte enge Apposition
(Personenname)

Ein multimediales Archiv, in dem Bilder und Töne, Wörterbücher und Grammatiken gesammelt werden

(ein) Archiv
Kern: substantivisch

multimediales
Attribut: vorangestelltes,
flektiertes Adjektiv

in dem … werden
Attribut: nachgestellter
Attributsatz
(Relativsatz)

ein Nachfahre der kleinen Gemeinden in Ecuador

(ein) Nachfahre
Kern 1: substantivisch

der kleinen Gemeinden in Ecuador
Attribut: nachgestellte Genitivfügung
(der) Gemeinden
Kern 2: substantivisch

kleinen
Attribut: vorangestelltes,
flektiertes Adjektiv

in Ecuador
Attribut: nachgestellte
präpositionale Fügung

die dort konservierte Sprache

(die) Sprache
Kern 1: substantivisch

|

dort konservierte
Attribut: vorangestelltes flektiertes Adjektiv
konservierte
Kern 2: adjektivisch

|

dort
Attribut: vorangestelltes
Adverb

10. Reflexivpronomen

a) **Frageprobe**: * *Wen/was entschließt Peter Mathematik zu studieren? – Sich.* – Test negativ

Ersatzprobe: **Peter entschließt seinen Freund Mathematik zu studieren.* – Test negativ

Spitzenstellungstest: **Sich (und nicht seinen Freund) entschließt Peter Mathematik zu studieren.* – Test negativ

Intensivierungsprobe: **Peter entschließt sich selbst Mathematik zu studieren.* – Test negativ

Koordinierungsprobe: **Peter entschließt sich und seinen Freund Mathematik zu studieren.* – Test negativ

Alle Tests sind negativ, d. h., das Reflexivpronomen ist Teil des Prädikats.

b) **Frageprobe**: *Wen/was stellt der neue Mitarbeiter bei seinen Kollegen vor? – Sich.* – Test positiv

Ersatzprobe: *Der neue Mitarbeiter stellt Petra bei seinen Kollegen vor.* – Test positiv

Spitzenstellungstest: *Sich (und nicht Petra) stellt der neue Mitarbeiter bei seinen Kollegen vor.* – Test positiv

Intensivierungsprobe: *Der neue Mitarbeiter stellt sich selbst bei seinen Kollegen vor.* – Test positiv

Koordinierungsprobe: *Der neue Mitarbeiter stellt sich und Petra bei seinen Kollegen vor.* – Test positiv

Alle Tests sind positiv, d. h., das Reflexivpronomen ist ein eigenes Satzglied (hier: Akkusativ-Ergänzung).

c) **Frageprobe**: *Wen/was schämt Ute für ihr schlechtes Deutsch? – Sich.* – Test negativ
   Ersatzprobe: *Ute schämt ihre Schwester für ihr schlechtes Deutsch.* – Test negativ
   Spitzenstellungstest: *Sich (und nicht ihre Schwester) schämt Ute für ihr schlechtes Deutsch.* – Test negativ
   Intensivierungsprobe: *Ute schämt sich selbst für ihr schlechtes Deutsch.* – Test negativ
   Koordinierungsprobe: *Ute schämt sich und ihre Schwester für ihr schlechtes Deutsch.* – Test negativ
   Alle Tests sind negativ, d. h., das Reflexivpronomen ist Teil des Prädikats.

11. *es*

a) *Es* ist verschiebbar, fällt nicht weg (*Spät ist es schon.*) und ist nicht erfragbar (*Wer/was ist schon spät? – Es.*). Ein Problem ergibt sich bei der Ersetzbarkeit: vgl. *Es ist spät* vs. *Peter ist spät.* Hier liegt jedoch eine andere Bedeutung von *spät* vor (‚fortgeschrittene Zeit' vs. ‚nicht einhalten einer vereinbarten Zeit'). *Es* ist also Scheinsubjekt.

b) *Es* fällt beim Verschieben weg (*Viele Leute kamen.*), ist nicht erfragbar und nur durch andere Satzglieder auf der ersten Position ersetzbar (z. B. *Gestern kamen viele Leute.*). *Es* ist also ein Platzhalter.

c) *Es* ist verschiebbar (*So spannend ist es.*), erfragbar (*Wer ist so spannend? – Es.*) und durch das Neutrum im vorangehenden Satz ersetzbar (*Das Buch ist so spannend.*). *Es* ist also ein Prowort (Pronomen) und hat damit Satzgliedstatus (hier: Nominativ-Ergänzung).

d) *Es* ist verschiebbar und fällt nicht weg (*Schon donnert es.*), nicht erfragbar (*Wer/was donnert schon? – Es.*) und eigentlich auch nicht ersetzbar (zu diskutieren bleibt, ob etwa *Der Himmel donnert.* ein korrekter Ersatz wäre). *Es* ist ein Scheinsubjekt.

e) *Es* ist verschiebbar (*Kein Problem ist es, dass…*), fällt aber bei Voranstellung des Nebensatzes weg und kann durch *das* im Hauptsatz aufgegriffen werden (*Dass der Zug erst um 23 Uhr ankommt, (das) ist kein Problem.*). *Es* ist nicht erfragbar. Auf die Frage *wer/was ist kein Problem?* antwortet der Nebensatz, auf den sich *es* allerdings bezieht: *dass … ankommt. Es* ist also ein Korrelat.

12. **Dative**

… meiner Mutter …: obligatorische Dativ-Ergänzung vgl. Valenz *Sorgen machen*: wer/was? *macht* wem? *Sorgen*
Sei mir …: Dativus ethicus (innere Beteiligung), nicht valenzgefordert vgl. Valenz *sein*: wer/was? *ist* wer/was bzw. wie? (und nicht wem?)

... ist mir ... passiert: zwei Lösungen denkbar: fakultative Dativ-Ergänzung vgl. Valenz: wer/was *passiert* wem? oder Dativus incommodi (Der Person im Dativ geschieht etwas zum Nachteil); die problemlose Bestimmung des Dativs als valenzgebundenes Satzglied (vgl. Frageprobe) spricht jedoch für die erste Lösung.

... ist mir ... getreten: Pertinenzdativ, nicht valenzgebunden (vgl. *treten:* wer/was? *tritt* wohin?) kann durch *Eine Person ist auf meinen Fuß getreten.* ersetzt werden.

... hat mir ... gestohlen ...: zwei Lösungen denkbar: fakultative Dativ-Ergänzung vgl. Valenz: wer/was? *stiehlt* wem? wen/was?; oder Dativus incommodi (Der Person im Dativ geschieht etwas zum Nachteil); Wir müssen in diesem Fall allerdings beachten, dass eine rein semantische Argumentation über den entstandenen Nachteil nicht ohne Weiteres überzeugt: Durch Stehlen entsteht immer für den Bestohlenen ein Nachteil; diese Bedeutungskomponente ist also bereits im Verb angelegt. Deshalb ist die erste Lösung zu favorisieren.

... musste mir überlegen ...: Reflexivpronomen im Dativ als Teil des Prädikats (vgl. Infinitiv *sich etwas überlegen*).

... meiner Mutter beibringen konnte: obligatorische Dativ-Ergänzung vgl. Valenz *beibringen*: wer/was? *bringt* wem? wen/was? *bei*

... ich mache dir ...: Dativus commodi (Vorteil), Ersatz durch *für*-Phrase (*Ich mache für dich eine Tasse Tee.*), nicht valenzgebunden vgl. Valenz *machen* ‚zubereiten': wer/was? *macht* wen/was?

13. Satzanalysen

Wann das Schicksal der Sprache besiegelt sein wird, weiß niemand.
Satzart: Aussagesatz (mit indirektem Fragesatz)
Satztyp: Spannsatz im Nebensatz (*Wann ... wird*) und Kernsatz im Hauptsatz (*weiß niemand*); die erste Position nimmt der Nebensatz ein.

Satzform:　　　HS　　　komplexer Satz (Hypotaxe)
　　　　　　　　|
　　　　　　　　NS

　　　　　　　　　　HS
　　　　　　　　　　|
　　　　　　　　Prädikat: *weiß*
　　　　　　　einfach, einteilig
　　　Valenzträger: *wissen*: 2-wertig (wer/was? *weiß* wen/was?)

niemand　　　　　　　　　　　wann ... wird
obligatorische Nom-E　　　　　　obligatorische Akk-E
pronominal　　　　　　　　　　satzförmig

NS
|

Prädikat: *besiegelt sein wird*
komplex, homogen, kontinuierlich
Valenzträger: *besiegeln:* 2-wertig
(wer/was? *besiegelt* wen/was?)
unterwertiger Gebrauch wegen Passiv

|

das Schicksal der Sprache   *Wann*
obligatorische Nom-E   Temporal-A
substantivisch   adverbial (1)

(1) *Wann* ist ein eigenes Satzglied. Das wird deutlich, wenn man den indirekten
Fragesatz in einen Aussagesatz verwandelt (und *wann* entsprechend ersetzt):
Wann das Schicksal der Sprache besiegelt sein wird → *Wann wird das Schicksal
der Sprache besiegelt sein?* → *In wenigen Jahren wird das Schicksal der Sprache
besiegelt sein.*

Attribute im NS:
das Schicksal der Sprache:
(das) Schicksal
Kern: substantivisch
|
(der) Sprache
Attribut: nachgestellte Genitivfügung

*Und ob je ein Nachfahre der kleinen Gemeinden in Ecuador das Archiv in Nijme-
gen befragen wird, um die dort konservierte Sprache wiederzubeleben, bleibt fraglich.*
Satzart: Aussagesatz (mit indirektem Fragesatz)
Satztyp: Spannsatz im Nebensatz (*ob … wird*) und Kernsatz im Hauptsatz (*bleibt
fraglich*); die erste Position nimmt der Nebensatz (mit untergeordneter Infinitivkonstruktion) ein, der durch die Subjunktion *ob* eingeleitet wird. Die Konjunktion
und ist dem Hauptsatz zuzuordnen, da sie auch beim Verschieben des Nebensatzes
auf Position Ø erhalten bleibt: *Und fraglich bleibt, ob je …*

Satzform: HS   komplexer Satz (Hypotaxe)
             |
             NS

[*und*] HS
|
Prädikat: *bleibt* (1)
einfach, einteilig
Valenzträger: *bleiben:* 2-wertig (wer/was? *bleibt wie?*)

ob je … wiederzubeleben   *fraglich*
obligatorische Nom-E   obligatorische Präd-E
satzförmig   adjektivisch

(1) Das Prädikat ist *bleibt* und nicht *bleibt fraglich,* da die Satzgliedtests für *fraglich*
positiv sind, vgl. auch den Satz: *Ich bleibe dein Freund. Bleiben* hat dieselbe Valenz wie *sein.*

NS [*ob*]
|
Prädikat: *befragen wird*
komplex, homogen, kontinuierlich
Valenzträger: *befragen:* 2-wertig (wer/was? *befragt wen/was?*)

je(mals)   *ein Nachfahre … Ecuador*   *das Archiv in N.*   *um … beleben*
Temporal-A   obligatorische Nom-E   obligatorische Akk-E Final-A
adverbial   substantivisch   substantivisch   Infinitivk.

IK
|
um wiederzubeleben
Valenzträger: *wiederbeleben:* 2-wertig (wer/was? *belebt* wen/was? *wieder)*
unterwertiger Gebrauch wegen Infinitivkonstruktion

die dort konservierte Sprache
obligatorische Akk-E
substantivisch

Attribute im NS:
ein Nachfahre der kleinen Gemeinden in Ecuador: siehe Übung 9.

das Archiv in Nijmegen:
(das) Archiv
Kern: substantivisch
|

in Nijmegen
Attribut: nachgestellte präpositionale Fügung

Attribute in der Infinitivkonstruktion:
die dort konservierte Sprache: siehe Übung 9.

II. Wortarten

1. Wortartenbestimmung

wer: Relativpronomen (deklinierbar, kann Satzglied sein), syntaktische Funktion: Satzglied

schnell: Adjektiv (deklinierbar, komparierbar), syntaktische Funktion: Angabe

zu: Infinitivkonjunktion (nicht flektierbar, kann nicht Satzglied oder Attribut sein, Fügteil ohne Kasusforderung)

auch: Adverb (nicht flektierbar, kann Satzglied oder Attribut sein), syntaktische Funktion: Satzglied

nun: Adverb (nicht flektierbar, kann Satzglied oder Attribut sein), syntaktische Funktion: Satzglied

aus: Präposition (kann nicht Satzglied oder Attribut sein, Fügteil mit Kasusforderung: Dativ)

gezeigt: Verb (konjugierbar), Partizip II, syntaktische Funktion: Prädikatsteil

schlechter: Adjektiv (deklinierbar, komparierbar), syntaktische Funktion: Angabe

ihren: Possessivpronomen (deklinierbar, kann Satzglied sein), syntaktische Funktion: Artikelwort

weniger: Adjektiv (deklinierbar, komparierbar), syntaktische Funktion: Attribut

elf: Adjektiv (deklinierbar, Ausnahme: nicht komparierbar), syntaktische Funktion: Attribut

gleichzeitig: Adjektiv (deklinierbar, Ausnahme: nicht komparierbar), syntaktische Funktion: Angabe

besonders: Adverb (nicht flektierbar, kann Satzglied oder Attribut sein), syntaktische Funktion: Attribut *dreimal:* Adverb (nicht flektierbar, kann Satzglied oder Attribut sein), syntaktische Funktion: Attribut

so: erster Teil einer zweiteiligen Satzteilkonjunktion (siehe *wie*)

wie: zweiter Teil einer Satzteilkonjunktion (nicht flektierbar, kann nicht Satzglied oder Attribut sein, Fügteil ohne Kasusforderung)

obwohl: Subjunktion (nicht flektierbar, kann nicht Satzglied oder Attribut sein, Fügteil ohne Kasusforderung), syntaktische Funktion: leitet Nebensatz ein

2. Nicht flektierbare Wortarten

Adverb: Beispiele siehe oben;

Subjunktion: *dass* (Z. 6); weitere Beispiele siehe oben;

Präposition: *in* (Z. 7), *über* (Z. 10), *ohne* (Z. 12), *bei* (Z. 15)

3. *unsportliche Tiere – bei den geborenen Läufern*

In beiden Fällen handelt es sich um Attribute (syntaktische Funktion). Bezüglich der Wortart ist *unsportliche* ein Adjektiv (deklinierbar, komparierbar), *geborenen* ein Verb, nämlich die Verbform Partizip II (wird in attributiver Funktion dekliniert).

4. Homonymie

gut₁: Im Beispieltext liegt ein Adverb (nicht flektierbar, syntaktische Funktion: Attribut) vor mit der Bedeutung, ‚etwas mehr als, rund, reichlich, beträchtlich‘, also eine Mengen-/Maßangabe.

gut₂: Die geläufigere Verwendung ist das deklinierbare Adjektiv *gut* im Sinne von u. a. ‚geeignet, hochwertig, erfreulich, schön‘, z. B. *Im Restaurant nebenan gibt es gutes Essen.*

aber₁: Im Beispieltext handelt es sich um eine adversative (entgegensetzende) Konjunktion (nicht flektierbar, kein Satzglied oder Attribut, Fügteil ohne Kasusforderung), wobei diese nicht am Satzanfang steht, sondern nach der Nominativ-Ergänzung.

aber₂: Abtönungspartikel (nicht flektierbar, kann nicht Satzglied oder Attribut sein, keine verbindende Funktion im Gegensatz z. B. zu den Konjunktionen), z. B. *Das war aber ein schöner Abend!*

In beiden Fällen liegen homonyme Wörter vor, da wir sie unterschiedlichen Wortarten zuordnen können; außerdem haben sie unterschiedliche Bedeutungen.

III. Flexion

1. Flexion bestimmen

Gäbe: 3. Pers. Sg. Konj. II, Prät.
Literatur: Gen. Sg. Fem.
jede: Akk. Sg. Fem.
Bescheidenheit: Nom. Sg. Fem.
waren: 3. Pers. Pl. Ind. Prät.
amerikanischer: Nom. Sg. Mask.
seien: 3. Pers. Pl. Konj. I, Präs.
eines: Gen. Sg. Neutr.
manche: Nom. Pl. Mask. oder Fem. (je nachdem, ob Plural zu *manche* oder *mancher glaubt*)
glaubten: 3. Pers. Pl. Ind. Prät.
erfunden: Partizip II (Infinitum)
schöner: Dat. Sg. Fem.
Junggesellen: Dat. Pl. Mask.
seinem: Dat. Sg. Mask. (zu ergänzen: *Roman*)
Jahr: Dat. Sg. Neutr.
Zahlen: Nom. Pl. Fem.
entnehmen: Infinitiv (Infinitum)
verzeichnet: 3. Pers. Sg. Ind. Präs.
ihnen: Dat. Pl. Mask. (da Bezug auf *(der) Charakter*)

2. Pluralbildung

die PKW(s): Pluraltyp 5 oder 3, Regel g): Kurzwörter bilden ihren Plural auf *-s;* bei den Initialwörtern kann die Pluralkennzeichnung auch entfallen.
die Päuschen: Pluraltyp 3, Regel d): Neutra auf *-chen* und *-lein* haben endungslose Plurale.
die Kuchen: Pluraltyp 3, Regel d): Maskulina auf *-en* bilden endungslose Plurale. Es handelt sich bei *Kuchen* nicht um ein diminutives Neutrum auf *-chen.*
die Sonnen: Pluraltyp 2, Regel c): die meisten Feminina (und Maskulina) auf *-e* bilden den Plural auf *-n.*
die Kunden: Pluraltyp 2, Regel c): die meisten (Feminina und) Maskulina auf *-e* bilden den Plural auf *-n.*
die Kinos: Pluraltyp 5, Regel g): Wörter, die auf Vokal – außer *-e* – enden, bilden ihren Plural mit *-s.*

die Körner: Pluraltyp 4, Regel a): Umlautfähige Stammvokale (hier: *o*) werden in den Pluraltypen 1, 3 und 4 umgelautet. Regel e): Plurale auf *-er* finden sich vor allem bei einsilbigen Neutra (vgl. *das Korn*).

die Anfänge: Pluraltyp 1, Regel a): Umlautfähige Stammvokale (hier: *a*) werden in den Pluraltypen 1, 3 und 4 umgelautet. Ansonsten kann der *e*-Plural nicht erklärt werden (vgl. Regel b).

die Spieler: Pluraltyp 3, Regel d): Maskulina auf *-er* bilden endungslose Plurale.

3. Adjektivendungen

In Front <u>des</u> schon seit Kurfürst Georg Wilhelm von der Familie von Briest <u>bewohnten</u> (schwache Flexion, da definiter Artikel *des* vorangeht; Gen. Sg. Neutr.) *Herrenhauses zu Hohen-Cremmen fiel <u>heller</u>* (starke Flexion, da Nullartikel; Nom. Sg. Mask.) *Sonnenschein auf <u>die</u> <u>mittagsstille</u>* (schwache Flexion, da definiter Artikel *die* steht; Akk. Sg. Fem.) *Dorfstraße, während nach der Park- und Gartenseite hin <u>ein</u> rechtwinklig <u>angebauter</u>* (starke Flexion, da indefiniter Artikel *ein* endungslos ist; Nom. Sg. Mask.) *Seitenflügel <u>einen</u> <u>breiten</u>* (schwache Flexion, da hier der indefinite Artikel *einen* bereits die entsprechende Kasusendung trägt; Akk. Sg. Mask.) *Schatten erst auf <u>einen</u> weiß und grün <u>quadrierten</u>* (schwache Flexion, da hier der indefinite Artikel *einen* bereits die entsprechende Kasusendung trägt; Akk. Sg. Mask.) *Fliesengang und dann über diesen hinaus auf <u>ein großes</u>* (starke Flexion, da indefiniter Artikel *ein* endungslos ist; Akk. Sg. Neutr.) (…) *Rondell warf.*

4. Partizip-II-Bildung

angeklagt(er) Partizip II zu *anklagen:* schwaches Verb: Endung *-t*, trennbarer Verbzusatz: *-ge-* steht im Wortinneren

eingesperrt Partizip II zu *einsperren:* siehe *anklagen*

angestellt Partizip II zu *anstellen:* siehe *anklagen*

entfernt Partizip II zu *entfernen:* schwaches Verb: Endung *-t*, (nicht trennbares) Präfix: Verbzusatz *ge-* entfällt

befunden Partizip II zu *befinden:* starkes Verb: Endung *-en,* (nicht trennbares) Präfix: Verbzusatz *ge-* entfällt

gewarnt Partizip II zu *warnen:* schwaches Verb: Endung *-t*, kein Verbzusatz oder Präfix: *ge-* steht am Wortanfang

verraten Partizip II zu *verraten:* starkes Verb: Endung *-en,* (nicht trennbares) Präfix: Verbzusatz *ge-* entfällt

worden Partizp II zu *werden:* starkes Verb: Endung *-en, ge-* entfällt, wenn *werden* Hilfsverb ist (Ausnahme)

5. Akt- und Sprechzeit

a) *In zwei Tagen werden die Studenten ihr Examen schreiben.* Aktzeit nach Sprechzeit
b) *Vor zwei Tagen haben die Studenten ihr Examen geschrieben.* Aktzeit vor Sprechzeit
c) *Jetzt schreiben die Studenten ihr Examen.* Aktzeit = Sprechzeit
d) *Seit zwei Monaten lernen die Studenten auf ihr Examen.* Aktzeit vor, während (und wahrscheinlich auch nach) Sprechzeit.

6. Indirekte Rede

Der Bundesverkehrsminister sagt, dass sie stolz sein könnten auf ihren Erfolg. Das neue LKW-Mautsystem funktioniere in einem Probelauf reibungslos. Er sei froh, dass sich alle negativen Prognosen zu seinem Start nun doch nicht bewahrheitet hätten. Auch wenn es anfangs Probleme gegeben habe, würde er jederzeit wieder für ein solches elektronisches System stimmen. Die Bürger würden sehen, dass diese Neuerung viel Geld einbringen werde, das in eine Verbesserung der Infrastruktur investiert werden könne.

IV. Wortbildung

1. Morphemklassifikation

{das} freies grammatisches Morphem;
{zauber} freies (lexikalisches) Basismorphem;
{wort} freies (lexikalisches) Basismorphem;
{ab} freies grammatisches Morphem;
{ein-} gebundenes grammatisches Morphem, Wortbildungsmorphem (Präfixoid);
{führ-} gebundenes (lexikalisches) Basismorphem;
{-ung} gebundenes grammatisches Morphem, Wortbildungsmorphem (Suffix);
{des} freies grammatisches Morphem;
büch- Allomorph zu {buch} freies (lexikalisches) Basismorphem;
{-er} Fugenelement, entspricht dem gebundenen grammatischen Morphem, Flexionsmorphem (Pl. Neutr.);
{geld} freies (lexikalisches) Basismorphem;
{-es} gebundenes grammatisches Morphem, Flexionsmorphem (Gen. Sg. Neutr.);
{heiß-} gebundenes (lexikalisches) Basismorphem;
{-t} gebundenes grammatisches Morphem, Flexionsmorphem (3. Pers. Sg. Ind. Präs.);

{mit-} gebundenes grammatisches Morphem, Wortbildungsmorphem (Präfixoid);
{be-} gebundenes grammatisches Morphem, Wortbildungsmorphem (Präfix);
{stimm-} gebundenes (lexikalisches) Basismorphem (zum Verb *stimmen*, da *be*verbales Präfix);
{-ung} gebundenes grammatisches Morphem, Wortbildungsmorphem (Suffix).

2. Motivation

Fußnagel: teilmotiviert, metaphorisches Zweitglied
Schreibtisch: vollmotiviert
Damhirsch: teilmotiviert mit unikalem Erstglied
Ohrfeige: idiomatisiert

3. Segment -*er*

Beide -*er* in *Ermittler* sind Wortbildungsmorpheme (Präfix bzw. Suffix).

-*er* in *vier* ist auch kein Morphem; *e* ist ein grafisches Zeichen, das die Länge des vorangehenden Vokals anzeigt, *r* ist ein separater Laut.
-*er* in *Verletzungen* ist kein Morphem, sondern gehört zum Präfix *ver-*.
-*er* in *gestiefelter* ist ein Flexionsmorphem (Nom. Sg. Mask.).
-*er* in *erklärte* ist ein Präfix und somit ein Wortbildungsmorphem.
-*er* in *Polizeisprecher* ist ein Suffix und somit ein Wortbildungsmorphem.

4. Paraphrasen

Für die Paraphrase ist der Nominativ Singular bzw. der Infinitiv zu bilden, d. h., das Flexionsmorphem (z. B. Plural) muss zunächst abgetrennt werden.

- *Polizeihunde:* Paraphrase zu *Polizeihund:* ‚Hund für die Polizei‘
- *vermeiden:* intensiviertes, verstärktes *Meiden*
- *eingesetzt:* Paraphrase zu *einsetzen:* wörtlich ‚in etwas (hinein)setzen‘ (räumliche Differenzierung, Richtung)
- *Polizeisprecher:* ‚Sprecher der Polizei‘
- *häufig:* ‚Eigenschaft in Haufen vorhanden zu sein‘ (tendenziell demotiviert)
- *Tatort:* ‚Ort der Tat‘

5. Vollständige Wortbildungsanalyse

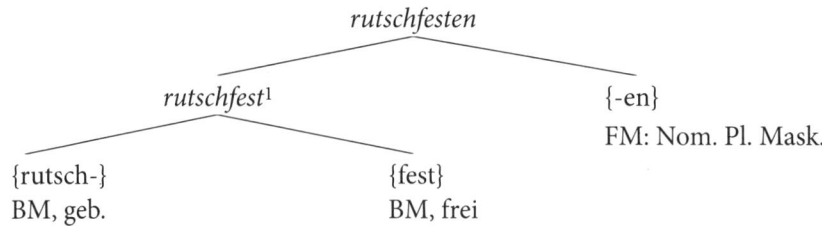

1) Paraphrase: ‚fest gegenüber dem Rutschen‘, ‚fest, um nicht zu rutschen‘, Adjektiv; Determinativ-kompositum aus einem Verbstamm und einem Adjektiv

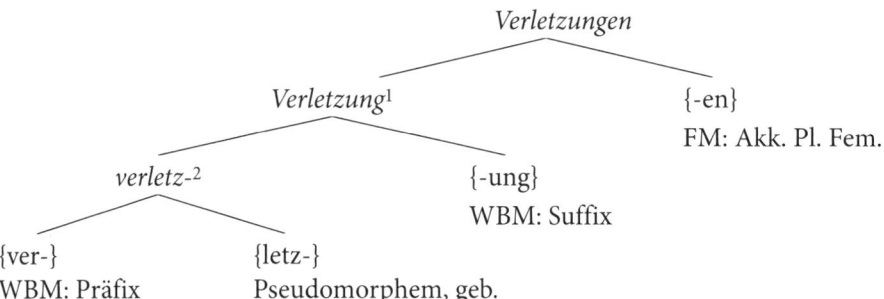

1) Paraphrase: ‚Ergebnis des Verletzens‘ (Nomen acti), Substantiv; deverbale Suffixbildung (explizite Ableitung)
2) Paraphrase: Hier ist nur noch eine formale Trennung möglich, da wir (oder die meisten von uns) das Wort *letz(en)* nicht mehr kennen (Pseudomorphem). Es bedeutet ‚(sich) erquicken, laben‘ und wird neuhochdeutsch nur noch literarisch verwendet. Verb; deverbale Präfixbildung (explizite Ableitung)

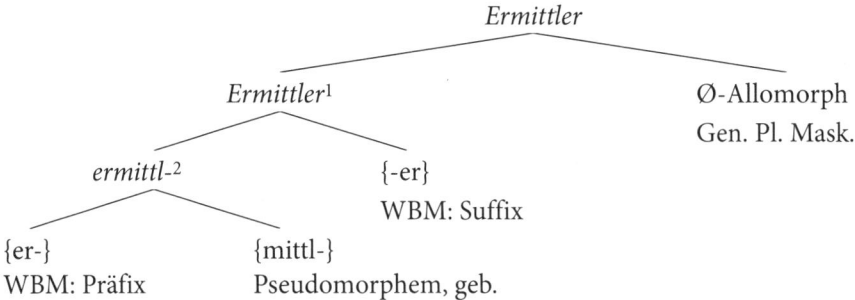

1) Paraphrase: ‚jemand, der ermittelt‘ (Nomen agentis), Substantiv; deverbale Suffixbildung (explizite Ableitung)
2) Paraphrase: Hier ist nur noch eine formale Trennung möglich, da das Verb *ermitteln* semantisch nicht mehr mit dem Wort *mittel(n)* ‚in zwei Hälften teilen‘ in Verbindung gebracht werden kann (Pseudomorphem). Verb; deverbale Präfixbildung (explizite Ableitung)

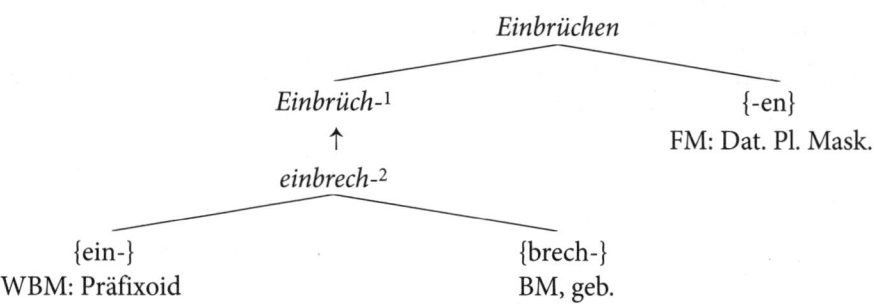

1) Paraphrase: ,Ergebnis des Einbrechens'
   Substantiv; deverbale implizite Ableitung
2) Paraphrase: ,nach innen brechen' – *ein* gibt eine Richtung an (lokal), Verb; Unfeste Verbbildung
   mit Präfixoid

6. Wortbildungsanalytische Besonderheiten von *gestiefelt(er)* und *vorgestellt*

gestiefelt(er): Zu beachten ist, dass es sich bei {ge-...-t} sowohl um ein Wortbildungsmorphem (Zirkumfix) als auch um ein Flexionsmorphem zur Bildung des Partizips II handeln kann. Für die zuletzt genannte Möglichkeit spricht, dass es das Verb *stiefeln* gibt. Bildet man jedoch eine Paraphrase, liegt die Lösung eines substantivischen Basismorphems näher: ,versehen mit Stiefeln' (vgl. parallele Bildungen wie *gestreift* ,versehen mit Streifen' oder *gerippt* ,versehen mit Rippen'). In unserem Fall ist {ge-...-t} also ein Wortbildungsmorphem.

vorgestellt: *vorgestellt* ist zunächst das Partizip II zum Verb *vorstellen.* {ge...t} ist also ein Flexionsmorphem. Die Bedeutung des Verbs *vorstellen* ist ,nach vorn stellen, bekannt machen' (Pfeifer, Etymologisches Wörterbuch des Deutschen). Die zuerst genannte, wörtliche Bedeutung entspricht der Wortbildungsparaphrase, stimmt aber nicht exakt mit dem Gemeinten überein (,bekannt machen'). Das heißt, die Paraphrase liefert semantisch nicht die hier vorliegende Bedeutung.

V. Sprache und Sprechen

1. Index, Ikon, Symbol

a) ,Rauchen verboten' (roter Kreis mit durchgestrichener Zigarette), vorwiegend ikonisch (Zigarette; rote Farbe hat die Bedeutung ,Vorsicht, Achtung' vgl. Blut/ Feuer), symbolisch ist der Kreis in der Bedeutung ,Gebot/Verbot'.
b) Symbol
c) Ikon
d) Index

2. Textproben

a) geschriebene Standardsprache (Zeitungsbericht); die standardsprachlichen Normen für Grammatik und Rechtschreibung sind eingehalten.

b) Dialekt: Mittelbairisch aus Ulbering, Krs. Pfarrkirchen; Besonderheiten hinsichtlich Phonetik/Phonologie (z. B. *l*-Vokalisierung: *Schui* ‚Schule'; *hoib* ‚halb', *èif* ‚elf'), Lexik (z. B. *Ruggngweh* ‚Rückenschmerzen'), Morphologie (z. B. *ham mer geschlågn worn* statt *sind wir geschlagen worden* für das Passiv) und Syntax (z. B. andere Präposition: *bei* *dereim Freilein gånge* statt *zu* *diesem Fräulein gegangen*).

c) Jugendsprache der 1980er Jahre. Heute findet man einige der Wörter/Formulierungen in der Umgangssprache, z. B. *vor der Glotze hocken.*

d) Fachsprache der Technik; Besonderheiten hinsichtlich Lexik (Fremdwörter und Fachwortschatz, z. B. *Gray Component Replacement, Unbuntanteile, Cyan, Magenta, Schwarzauszug*) und Syntax (wenige Satzmuster, z. B. viele Passivsätze mit demselben Verb *ersetzen*, Sätze mit Relativsätzen).

e) Sondersprache: Rotwelsch
„Auflösung": A: „Was überlegst du?" – B: „Ich habe mein Geld verputzt und der verdorbenen Frau kann man nicht genug zahlen" – A: „Dabei ist die Suppe ganz wässrig." – B: „Aber das Kirschwasser ist gut." – A: „Pass auf! Der Knecht kommt herein. Er hat uns schon bemerkt." – B: „Der Wirt hat keine Ahnung."

f) Ursprünglich Idiolekte der Komiker Erkan und Stefan; diese wurden von Jugendlichen imitiert und damit zu einer jugendsprachlichen Varietät.

3. Elemente gesprochener Sprache

gleichzeitig Elemente der Umgangssprache:

- Lexik: *Rotzern, „Negerkanal"* (als wörtliche, gesprochene Äußerung gekennzeichnet)
- Satzbau: unvollständige Sätze (*Daß du glaubst: Bombenentschärfung*), *weil* als Konjunktion (mit Verbzweitstellung) anstelle einer Subjunktion (mit Verbendstellung) verwendet (*weil, das ist ein altes Radio gewesen, Weil den hat er sich ...*), standardsprachlich stünde ein vorangestellter Genitiv anstelle des präpositionalen Attributs: *der kleine Finger vom Lift Lois – Lift Lois' kleiner Finger*
- Flexion: Verwendung des Perfekts (und nicht des Präteritums) als Erzähltempus (*... hat ... eingestellt, hat ... gesagt* usw.); oberdeutsch: *ist gestanden* statt: *hat gestanden: ... daß der kleine Finger vom Lift Lois wie ein dürrer Ast weggestanden ist.*
- außerdem: persönliche Ansprache des Lesers: *... findest du nicht leicht ...*
- Kommentare des Schreibers: *und natürlich* (Gesprächspartikel)

VI. Semantik

1. Wortfeld und Semanalyse zu „Gewässer"

Wortfeld: *Bach, Teich, Fluss, See, Kanal, Meer, Pfütze*
Das Wortfeld ist nicht vollständig, Sie können weitere Wörter dazu finden.

Semanalyse:

Seme → Gewässer ↓	‚enthält Wasser'	‚fließend'	‚schiffbar'	‚natürlich'	‚groß'	‚mit Süß- wasser'
Bach	+	+	–	+	–	+
Teich	+	–	–	–	–	+
Fluss	+	+	+	+	+	+
See	+	–	+	+	+	+
Kanal	+	+	+	–	–	–/+
Meer	+	–	+	+	+	–
Pfütze	+	–	–	+	–	+

Archisem: ‚enthält Wasser'

2. Bedeutungsrelationen

a) *Mehr – Meer:* Homonymie: Homophonie (‚Zuwachs' – ‚Gewässer'); die Wörter klingen gleich, werden aber unterschiedlich geschrieben und ihre Bedeutungen hängen nicht zusammen.

b) *Esel – Esel:* Polysemie (‚Idiot' – ‚Tier') durch metaphorische Übertragung (*wie ein Esel*). Es handelt sich um ein Wort mit mehreren Bedeutungen.

c) *Heirat – Eheschließung:* Synonymie: Die beiden Wörter haben dieselbe Bedeutung.

d) *Tor – Tor:* Homonymie (‚große Tür/Einfahrt' – ‚einfältiger Mensch'), die Wörter lauten gleich und werden gleich geschrieben, ihre Bedeutungen hängen jedoch nicht zusammen.

e) *Feuer – Wasser:* Antonymie: Die beiden Wörter zeigen einen Bedeutungsgegensatz.

f) *Katze – Tier:* Hyponym – Hyperonym: Es handelt sich um Unter- und Oberbegriff.

g) *weiß – weiß:* Homonymie (‚Farbe' – ‚informiert sein/im Gedächtnis haben') (siehe d).

h) *tun – machen:* Synonymie (siehe c).

i) *Tenor – Tenor:* Homonymie: Homographie (‚Sänger' – ‚Grundgedanke'). Die beiden Wörter werden gleich geschrieben, lauten aber unterschiedlich (Betonung) und haben unterschiedliche Bedeutungen.

j) *Pferd – Pferd:* Polysemie (‚Tier' – ‚Schachfigur'). Es handelt sich um ein Wort mit mehreren Bedeutungen.

k) *Mutter – Mutter:* Homonymie (‚weiblicher Elternteil' – ‚Gegenstück einer Schraube') (siehe d).

3. Bedeutungen von *abschneiden*

abschneiden$_1$: ‚ein gutes Ergebnis erzielen', z. B. *Ich habe in der Prüfung gut abgeschnitten.*

abschneiden$_2$: ‚etwas von etwas trennen', z. B. *Die Hose ist zu lang, du musst sie abschneiden lassen!*

Zumindest auf synchroner Ebene lässt sich kein gemeinsames semantisches Merkmal feststellen, d. h., es liegt Homonymie vor: Zwei Wörter haben bei gleicher Schreibung und Lautung unterschiedliche Bedeutungen.

4. Denotation, Konnotation, Assoziation

Gesundheitsapostel:
Denotation: ‚Verfechter gesunder Lebensweise', Konnotation: negativ; Assoziation: lebt asketisch, freudlos, gönnt sich nichts.

Ernährungsexperte:
Denotation: ‚Wissenschaftler, der sich mit dem Thema Ernährung/Essen beschäftigt' bzw. ‚jemand, der beruflich andere über Ernährung aufklärt, berät', Konnotation: positiv; Assoziation: Fachmann mit Wissen über Ernährung, kennt sich aus, man kann sich auf seine Meinung verlassen.

Völlerei:
Denotation: ‚übermäßiges, ungezügeltes Essen'; Konnotation: negativ; Assoziation: Vorgang, bei dem man unvernünftig viel zu viel isst und weder auf das Sättigungsgefühl noch auf gesundes Essen achtet.

5. Bedeutungswandel

a) Bedeutungsverengung
b) Bedeutungsverbesserung
c) Bedeutungserweiterung
d) Bedeutungsverschlechterung

VII. Phonologie und Phonetik

1. Minimalpaare?

a) Nein, es kommt ein Laut [t] hinzu.
b) Ja, [r] wird durch [t] ersetzt.
c) Ja, durch die Auslautverhärtung von <d> zu [t] wird nur der Laut [f] gegen [v] ausgetauscht.
d) Nein, kein lautlicher Unterschied, beides Mal [fɛlt] (vgl. Auslautverhärtung).
e) Ja, [x] wird durch [ʃ] ersetzt.
f) Nein, zwei Laute [k], [l] werden durch einen Laut [f] ersetzt.
g) Ja, langes [i:] wird durch kurzes [i] ersetzt.
h) Nein, die Positionen der beiden Laute [r] und [m] werden getauscht.

2. Phonemnachweis

Nachweis am Wort selbst durch Minimalpaare:

- für /f/: *Fass – dass, Fass – Bass, Fass – Hass* usw.;
- für /a/: *Fass – Fis, Fass – FOS* (Fachoberschule), auch: *Fass – Fuß*: bei gleicher lautlicher Umgebung wird eine Opposition zwischen kurzem /a/ und langem /u:/ aufgezeigt;
- für /s/: *Fass – Fall, Fass – fang* usw.

Der Phonemcharakter der drei Laute kann natürlich auch an anderen Minimalpaaren nachgewiesen werden, z. B. *Bass – Bus* für den Phonemstatus von /a/, *fällen – bellen* für /f/ oder *reißen – reisen* für /s/.

3. Artikulatorische Merkmale

/d/ und /t/ sind beide dental/alveolare Explosiva. Sie unterscheiden sich in der Stimmbeteiligung: /d/ ist stimmhaft, /t/ stimmlos.

4. Lautreihen

a) [l] passt nicht – alle anderen Laute werden an demselben Artikulationsort (bilabial) gebildet.
b) [ç] passt nicht – alle anderen Laute werden auf dieselbe Artikulationsart (Affrikata) gebildet.
c) [h] passt nicht – alle anderen Laute werden auf dieselbe Artikulationsart (Nasale) gebildet.
d) [g] passt nicht – alle anderen Laute werden an demselben Artikulationsort (dental/alveolar) gebildet.

5. Artikulationsart und -ort

Genesung: /g/: velarer, stimmhafter Explosiv, /n/: dental/alveolarer Nasal, /z/: dental/alveolarer, stimmhafter Frikativ, /ŋ/: velarer Nasal

6. Lautschrift

Häufchen [ˈhɔɪfçən], *Stickerei* [ʃtɪkəˈraɪ], *versprechen* [fɛɐ̯ˈʃprɛçən], *Wirsing* [ˈvɪrzɪŋ], *ziemlich* [ˈtsiːmlɪç] (nach Duden: Aussprachewörterbuch, 4. Aufl. 2000)

VIII. Graphemik

1. Verhältnis Lautung-Schreibung

	Phonem	Graphem	Besonderheiten der Phonem-Graphem-Korrespondenz
eine	/ai/	<ei>	Ein Phonem wird durch eine Buchstabenverbindung wiedergegeben; weitere Allographe sind <ai>, <eih>, <ay>. Außerdem sind als Allographe stets auch die entsprechenden Großschreibungen möglich, die im Folgenden jedoch nicht jeweils aufgeführt werden.
	/n/	<n>	Das Phonem /n/ kann neben der Einfachschreibung im Silbenauslaut auch durch Doppelschreibung <nn> wiedergegeben werden, welche dann eine vorausgehende Vokalkürze bezeichnet. <n> kann auch /ŋ/ bezeichnen, z. B. in *Enkel*.
	/ə/	<e>	Das Graph <e> kann sich auch auf andere Phoneme beziehen, z. B. /ɛ/ oder /e:/
wissenschaftliche	/ʊ/	<w>	Das Phonem /ʊ/ kann auch durch das Allograph <v> (vgl. *Vase*) wiedergegeben werden.
	/i/	<i>	<i> kann auch den Langvokal /i:/ bezeichnen, z. B. *Bibel*.
	/s/	<ss>	Das Phonem /s/ (stimmloses *s*) kann auch durch die Allographe <s> oder <ß> wiedergegeben werden. Wegen des vorausgehenden Kurzvokals wird hier <ss> geschrieben.
	/ə/	<e>	s. o.

/n/	\<n\>	s. o.
/ʃ/	\<sch\>	Ein Phonem wird durch eine Buchstaben-verbindung wiedergegeben. Im Wort- oder Silbenanlaut vor *p* und *t* existiert \<s\> als (stellungsbedingtes) Allograph.
/a/	\<a\>	\<a\> kann auch den Langvokal /aː/ bezeich-nen, z. B. *Gabe*.
/f/	\<f\>	Das Phonem /f/ kann auch durch das Al-lograph \<v\> (vgl. *Vater*) wiedergegeben werden.
/t/	\<t\>	Das Phonem /t/ kann neben der Einfach-schreibung im Silbenauslaut auch durch Doppelschreibung \<tt\> wiedergegeben werden, welche dann eine vorausgehende Vokalkürze bezeichnet.
/l/	\<l\>	vgl. Ausführungen analog zu /t/
/i/	\<i\>	s. o.
[ç]	\<ch\>	Ein Graphem steht für zwei komplementär verteilte Allophone: *ich*- und *ach*-Laut. Hier: *ich*-Laut.
/ə/	\<e\>	s. o.
/ɛ/	\<E\>	Im Deutschen werden Substantive stets groß geschrieben (grammatisches Prinzip). Das Graph \<e\> kann sich auch auf andere Phoneme beziehen, z. B. /eː/ oder /ə/.
/m/	\<m\>	vgl. Ausführungen analog zu /t/
/pf/	\<pf\>	Ein Phonem (Affrikate) wird durch eine Buchstabenverbindung wiedergegeben.
/eː/	\<eh\>	Die Vokallänge ist durch ein Dehnungs-*h* gekennzeichnet. Das Graph \<e\> kann sich auch auf andere Phoneme beziehen, z. B. /ɛ/ oder /ə/.
/l/	\<l\>	vgl. Ausführungen analog zu /t/
/u/	\<u\>	\<u\> kann auch den Langvokal /uː/ bezeich-nen, z. B. *suchen*.
/ŋ/	\<ng\>	Ein Phonem wird durch eine Buchstaben-verbindung wiedergegeben. \<ng\> ist ein stellungsbedingtes Allograph, da \<n\> (vor k) ebenfalls das Phonem /ŋ/ wiedergeben kann (vgl. *Enkel*).

Empfehlung

2. Fremdwörter

Da das Fremdwort *Chor* keine fremden Laute besitzt, ist es nur auffällig hinsichtlich seiner Schreibung <Ch> für [k].

Fotografie ist hinsichtlich Lautung und Schreibung vollständig integriert. Die ältere Schreibung *Photographie* weist hingegen das besondere Graphem <ph> für das Phonem /f/ auf.

Bei *Sabotage* liegt eine Mischung zwischen Leseaussprache (das *e* wird im Gegensatz zum Französischen zumindest als Schwa-Laut gesprochen) und fremdsprachlicher Aussprache (der stimmhafte palatale Frikativ [ʒ] existiert im deutschen Kernwortschatz nicht) vor. In der Schreibung gibt es (außer der Großschreibung aller Substantive im Deutschen) keine Veränderung.

Das Wort *Intrige* wurde sowohl hinsichtlich seiner Lautung (*e* wird als Schwa-Laut realisiert) als auch seiner Schreibung (Wegfall des *u*) an das deutsche Sprachsystem angepasst.

3. *e* und *h*

In folgenden Fälle sind *e* und *h* nur Buchstaben (grafischer Charakter) und keine eigenständigen Phoneme:

- *e* und *h* sind Dehnungszeichen und damit Teile eines Graphems; sie zeigen in der Schrift an, dass ein Langvokal vorliegt: *D<u>ie</u>, wi<u>e</u>der, s<u>eh</u>r*
- *e* und *h* sind Teile eines Graphems ohne eigene Funktion: *Ho<u>ch</u>wasserlage, si<u>ch</u>, h<u>eu</u>te, glücklic<u>her</u>wei<u>se</u>, <u>sch</u>nell*
  Schwierig: *Hochwass<u>er</u>lage, glücklich<u>er</u>weise, wi<u>e</u>d<u>er</u>*: Da <er> für den Laut [ɐ] steht (laut Duden-Aussprachewörterbuch), kann <e> allein kein Graphem sein.

In folgenden Fällen sind *e* und *h* Grapheme (denn sie sind die grafische Realisierung eines Phonems):

- durch <h> wird das Phonem /h/ wiedergegeben: *<u>H</u>ochwasserlage, <u>h</u>at, <u>h</u>eute* (vgl. Minimalpaar: *hat – matt*)
- <e> steht für das Phonem /ə/: *Hochwasserlag<u>e</u>, heut<u>e</u>, glücklicherweis<u>e</u>* (vgl. Minimalpaar: *such<u>e</u> – sucht*)
- <e> steht für das Phonem /ɛ/: *schn<u>e</u>ll, <u>e</u>ntspannt* (vgl. Minimalpaar *schellen – schälen*)
- <e> steht für das Phonem /e:/: *s<u>e</u>hr* (vgl. Minimalpaar *Eber – aber*)

4. Graph-<e>

<e> $_1$:   /e/ G<u>e</u>neration
<e> $_2$:   /e:/ d<u>e</u>r, l<u>e</u>bt
<e> $_3$:   /ɛ/ M<u>e</u>nsch
<e> $_4$:   /ə/ ein<u>e</u>, Gen<u>e</u>ration, Blum<u>e</u>, ein<u>e</u>n

In den Wörtern <u>e</u>ine, d<u>ie</u> und <u>e</u>inen ist das *e* nur Teil eines Graphems.

5. Phonem /s/

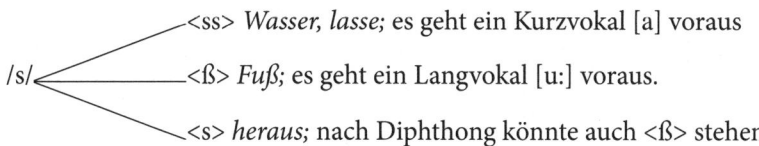

<ss> *Wasser, lasse;* es geht ein Kurzvokal [a] voraus

/s/ <ß> *Fuß;* es geht ein Langvokal [u:] voraus.

<s> *heraus;* nach Diphthong könnte auch <ß> stehen

! ‹s› in *sieht* ist ein stimmhaftes *s* und gehört demnach zum Phonem /z/ und nicht /s/!

6. Rechtschreibprinzipien

a) Stammprinzip
b) Lexikalisch-semantisches Prinzip: Homonymenscheidung
c) Herkunftsprinzip und Anpassungsprinzip
d) Historisches Prinzip

IX. Textgrammatik

1. Beschreiben Sie in den folgenden Sätzen die unterstrichenen Topiks (Referenzverhältnis, syntaktische Typen).
   a) *Sarahs – Sie:* Referenzidentität, Pro-Substantiv (Pronomen), heterosyntaktisch: BA ist ein Substantiv im Genitiv (vorangestelltes Attribut), VA ist Nom-E.
      Sohn – Jungen: lexikalischer Verweisausdruck mit Referenzidentität: Lexemsubstitution (Synonymie), heterosyntaktisch: BA ist Nom-E, VA ist Akk-E.
   b) *Fabian und alle seine Freunde – Die Kinder:* lexikalischer Verweisausdruck mit Referenzidentität, Reverenzvereinigung, homosyntaktisch: Nom-E.
   c) *Liegestuhl – Stuhl:* lexikalischer Verweisausdruck mit Referenzidentität, Lexemsubstitution (Hyper-/Hyponymie, mit partieller Lexemidentität), homosyntaktisch: Nom-E.

d) *Länder – Ägypten*: lexikalischer Verweisausdruck ohne Referenzidentität, Referenzverkürzung, heterosyntaktisch: BA ist Akk-E, VA ist Nom-E.

e) *Erdbeeren, Äpfel, Pflaumen und Aprikosen – Obstsorten*: lexikalischer Verweisausdruck mit Referenzidentität, Reverenzvereinigung, homosyntaktisch: Akk-E.

2. Textsorte, Textfunktion/Absicht des Autors, Themenentfaltung

Es handelt sich um eine Nachricht, einen Bericht mit der Funktion zu informieren. Die Themenentfaltung ist dementsprechend deskriptiv.

3. Isotopiebenenen

Die Isotopieebene zum Klassem ‚gefährdet' beinhaltet folgende Sprachzeichen: *„Rote Liste"* (Z. 1 und Z. 7), *gefährdete* (Z. 2), *dramatisch* (Z. 4), *ausgestorben* (Z. 5), *verschollen* (Z. 5), *bedroht* (Z. 5), *Überleben* (Z. 6), *Arten- und Individuenschwund* (Z. 7).
Anteil an der Isotopieebene haben also Substantive, Verben und Adjektive.

4. Referenzketten

Zur Referenzkette *gefährdete Tierarten* gehören folgende Ausdrücke:

- *gefährdete Tierarten* (Z. 2): BA in der Überschrift, syntaktisch: Nom-E
- *16 000 heimische Tierarten* (Z. 3): Partialität zwischen BA und VA, d. h. keine Referenzidentität, VA: totum pro parte; syntaktisch: VA: Akk-E
- *die Hälfte der bayerischen Fauna* (Z. 3f.): Partialität zwischen BA und VA, d. h. keine Referenzidentität, VA: totum pro parte; syntaktisch: VA: Präd-Nom
- *40 Prozent* (Z. 4): VA: kotextuelle Synonymie zu BA
- *der Hälfte der Tiere* (Z. 5f.): Partialität zwischen BA und VA, d. h. keine Referenzidentität, VA: pars pro toto; syntaktisch: Dativ-E
- *die ... verschuldeten Probleme* (Z. 9): VA: kotextuelle Synonymie; syntaktisch: Akk-E

5. Konnektoren

Konnektoren sind *und* (Z. 5), *jedoch* (Z. 7), *und nicht zuletzt* (Z. 8) sowie grafisch ein Doppelpunkt (Z. 4).

- *Und nicht einmal der Hälfte der Tiere...* (Z. 5f.): Syntaktisch isolierter Konnektor ohne Staupause am Satzbeginn; steht auf Position Ø; es handelt sich um eine Konjunktion.

- *Sie stellt jedoch auch Tiere vor, die* ... (Z. 7f.): Syntaktisch integrierter Konnektor innerhalb des Satzes, die Satzgliedstellung ändert sich nicht. Es handelt sich um ein adversatives Konjunktionaladverb.
- *Und nicht zuletzt geht es um Projekte, mit denen* ... (Z. 8ff.): Syntaktisch integrierter Konnektor am Satzbeginn mit Inversion, d.h., die Satzgliedstellung ändert sich. Es handelt sich um eine Konjunktion und ein durch ein Adverb (*nicht*) attribuiertes Adverb (*zuletzt*). Interessant ist, dass die Einordnung des Konnektors am Adverb liegt, denn wäre nur das *und* vorhanden (*Und es geht*), gäbe es keine Inversion und es läge ein syntaktisch isolierter Konnektor ohne Staupause am Satzbeginn vor.

6. Textsorte, Textfunktion/Absicht des Autors

Es handelt sich um einen Leserbrief, die Textfunktion ist auch hier zu informieren. Anders als z.B. bei der Nachricht kommt noch eine subjektiv-bewertende Einstellung dazu (z.B. ‚etwas richtig oder falsch/schlecht finden‘). Der Absender spricht in diesem Fall Leser an und die Journalisten der Zeitung, welche für den vorausgegangenen Artikel, auf den sich der Schreiber bezieht, verantwortlich sind (Mehrfachadressierung).

7. Isotopieebene ‚falsche Darstellung‘

Die Isotopieebene ‚falsche Darstellung‘ besteht aus den Ausdrücken *verwechselt* (Z. 1), *erfunden* (Z. 2), *Verwechslung* (Z. 3), *zeigt ... nicht* (Z. 5), *ganz andere Frage* (Z. 8). Es handelt sich um Verben und Substantive. Für die Erfassung des Textes ist auch die Richtigstellung der Sachverhalte durch den Autor wichtig, die jedoch für sich das Klassem ‚falsche Darstellung‘ nicht enthalten.

X. Stilistik

1. Rhetorische Figuren

a) Synekdoche – ein Teil (*Hände*) steht für das Ganze (*Menschen*) (pars pro toto) – und Antithese (*paar – tausend*)
b) Zeugma mit polysemem Verb *wachsen* (*Blumen wachsen* ‚gedeihen‘ vs. *Gebühren und Steuern wachsen* ‚steigen an‘), evtl. auch Klimax (*Blumen, Gebühren, Steuern*)
c) Alliteration und substantivische Metaphern (es findet eine Jagd nur im übertragenen Sinne statt, ebenso hat hier keine Person Atemnot)

d) Parallelismus und Ellipse (*Die Schiffe wurden zerschmettert …*)
e) Wortwiederholungen (*Land – Land, Dorf – Dorf, für – für*) bei gleichzeitigem Parallelismus (phraseologische Paarformeln: *Land für Land* und *Dorf für Dorf*)
f) substantivische Metapher: Skispringer wird als *Luftschiff* bezeichnet
g) Klimax
h) Metonymie: räumliches Verhältnis: *Uni Würzburg* steht für *Forscher der Uni Würzburg.*

2. Lösungsvorschlag zur Stilanalyse in Stichwörtern

Makrostilistik:
Textausschnitt aus einem autobiografischen Prosatext von Viktor Klemperer. Thema: Beschreibung von Neapel
Gliederung dieses Textausschnitts: 1. Einleitung (= Hinführung zum Thema; eine Art Selbstgespräch bzw. fingierter Dialog mit dem Leser, vgl. *Doch um es gleich zu sagen,* Z. 1, und das Satzäquivalent *Nein,* Z. 4), 2. Beschreibung des Sturms (ab: *Es war ein solches Brausen und Heulen …,* Z. 6ff.)
Erzählsituation: Ich-Erzählsituation (für autobiografische Texte textsortentypisch)
Erzählweise: szenische Darstellung (sehr anschaulich und bildhaft, s. u.)
Erzählhaltung: engagiert (emotional)
Da der Text bereits älter ist, könnte man evtl. einen Zeitstil erwarten, außerdem den Funktionalstil der „schönen Literatur" (dazu mehr unter Mikrostilistik).

Mikrostilistik
- **Satzstilistik:**
Bis auf den Satz *Die Wogen … hinein* (Z. 10f.) liegen nur komplexe Sätze vor, in zwei Fällen sind Hauptsätze asyndetisch aneinander gereiht (gleichzeitig: Parallelismus, s. u.: *Es war ein solches Brausen …, es war ein solcher Luftdruck,* Z. 6ff., und mit elliptischem finiten Verb und elliptischer Nom-E im zweiten Hauptsatz: *Jeden Tag wurden …, jeden Abend von neuem zerschlagen oder erstickt,* Z. 17f.).
Tempus: im ersten Satz Perfekt (Funktion: das in der Vergangenheit Geschehene ist zum Sprechzeitpunkt noch relevant), dann Wechsel zu Präsens (Funktion: Relevanz zum Sprechzeitpunkt wird beschrieben), Beschreibung des Sturms im Präteritum (Funktion: typisches Erzähltempus der geschriebenen Sprache).

- **Wortstilistik:**
Wahrnehmungsverben: *sehe und höre, fühle und schmecke* (Z. 5)

Weiterer Wortschatz aus dem Bereich der Wahrnehmung:
visuell: *brannten* (Z. 11), *weißauffunkelnd* (Z. 12), *erloschen* (Z. 14), *erstickt* (Z. 18)
im Sinne von ‚auslöschen'
akustisch: *Brausen und Heulen* (Z. 6f.), *betäubten Ohren* (Z. 7f.), *Ruhe* (Z. 8), *klirrte*
(Z. 12), *lautlos* (Z. 14), *das Brechen des Glases* (Z. 15), *das Rollen des Donners*
(Z. 15), *das Schlagen der Türen* (Z. 15f.), *andere Einzelgeräusche* (Z. 16), *aus
dem ständigen Lärm* (Z. 16)
haptisch: *Luftdruck* (Z. 9)
gustatorisch: *Salzgeschmack von den Lippen* (Z. 8)
→ Der Schwerpunkt der Sinneswahrnehmung liegt auf dem Hören.

Sachbezirk „See/Meer": *Wogen* (Z. 10), *Ufer(brüstung)* (Z. 10), *das Largo* (Z. 11),
Wellen (Z. 11), *Wassers* (Z. 16)
Sachbezirk „Sturm": *Sturm* (Z. 5), *Donners* (Z. 15)
Sachbezirk „Straße": *Straße* (Z. 10), *Laternen* (Z. 11, Z. 17), *Pflaster* (Z. 13)

Insgesamt: gehobene Stilebene; Klemperer verwendet etwa *sich etwas einprägen*
(Z. 2) statt *merken*, *reproduzieren* (Z. 4) statt *wiederherstellen*, *erlöschen* (Z. 14)
statt *ausgehen* oder *neu instand setzen* (Z. 17) statt *erneuern*.

- **Lautstilistik:**
viele Onomatopoetika (Lautmalerei): *Brausen* (Z. 6), *Heulen* (Z. 7), *schossen* (Z. 11),
klirrte (Z. 12), *Brechen* (Z. 15), *Rollen* (Z. 15)

- **Stilfiguren (Auswahl):**
Metaphern: verbale Metaphern und gleichzeitig Personifikationen: *der Sturm ...
tobte* (Z. 5f.), *schossen die Wellen ... nach den Glühstrümpfen* (Z. 11f.)
substantivische Metaphern: *Theatervorhang* (Z. 2), *(Glüh)Strümpfen* (Z. 12, lexikalisiert)
adjektivische Metapher: *geleckten Bildern* (Z. 4)
Parallelismus mit Wortwiederholungen: *Es war ein solches Brausen ..., es war ein solcher
Luftdruck ...* (Z. 6ff.), *Jeden Tag wurden die Laternen neu instand gesetzt, jeden Abend
von neuem zerschlagen oder erstickt* (Z. 17f., hier außerdem: Antithese *Tag – Nacht*)
Parallele Attributstrukturen (einfache Genitivattribute): *das Brechen des Glases,
das Rollen des Donners, das Schlagen der Türen* (Z. 15f.)
Synekdoche: *Wenn die Laternen brannten* (Z. 11) – eigentlich: *die Glühstrümpfe*
(Ganzes-für-Teil-Relation/totum pro parte)
Einbeziehung des Lesers: *Übrigens* (Z. 14), vgl. auch Anmerkung bei Makrostilis-
tik (fingierter Dialog)
Personifikation (siehe oben).

- **Stilzüge:**

anschaulich und bildhaft (vgl. Onomatopoetika und Wortschatz aus dem Bereich der Sinneswahrnehmung), emotional (z. B. Satzäqivalent *Nein*, Z. 4), subjektiv (*Ich*-Erzähler), gehoben (vgl. Wortstilistik)

- **Funktionalstil:**

Stil der „schönen Literatur" (vgl. gehobene Stilebene); einen bestimmten Zeitstil kann man allerdings nicht feststellen. Lediglich die Sachverhalte – Glühstrümpfe werden heute nicht mehr für die Straßenbeleuchtung verwendet – lassen erkennen, dass der Text älter sein muss.

Sach- und Personenregister

Abbildungsverzeichnis

Abb. 1 Dudenredaktion (Hrsg.): Duden – Die Grammatik. 4., völlig neu bearbeitete und erweiterte Auflage. Dudenverlag: Mannheim; Leipzig; Wien; Zürich 1984. Seite 635. *Abb. 2* Karl Bühler: Sprachtheorie. Die Darstellungsfunktion der Sprache. 2., unveränderte Auflage. Stuttgart 1965. Seite 28. *Abb. 3* Dudenredaktion (Hrsg.): Duden – Die Grammatik. 4., völlig neu bearbeitete und erweiterte Auflage. Dudenverlag: Mannheim; Leipzig; Wien; Zürich 1984. Seite 513. *Abb. 4* nach: Die deutschen Mundarten (um 1965). Kleine Enzyklopädie. Die deutsche Sprache. Leipzig 1969. Aus: Astrid Stedje: Deutsche Sprache gestern und heute. Einführung in die Sprachgeschichte und Sprachkunde. 4., unveränderte Auflage. Wilhelm Fink Verlag: München 1999. Seite 190. *Abb. 5* Dudenredaktion (Hrsg.): Duden – das Bildwörterbuch. 5., neu bearbeitete und erweiterte Auflage. Dudenverlag: Mannheim; Leipzig; Wien; Zürich 2000. Seite 62. *Abb. 6* Werner König: dtv-Atlas Deutsche Sprache. Grafiken von Hans-Joachim Paul. Seite 22. © 1978, 1994 Deutscher Taschenbuch Verlag, München. *Abb. 7* Jean Aitchison: Wörter im Kopf (= Konzepte 56). Tübingen: Max Niemeyer Verlag 1997. S. 68. *Abb. 8* Süddeutsche Zeitung Nr. 94, 24. April 2003. Seite R 3. *Abb. 9* Werner König: dtv-Atlas Deutsche Sprache. Grafiken von Hans-Joachim Paul. Seite 232. © 1978, 1994 Deutscher Taschenbuch Verlag, München. *Abb. 10* Dudenredaktion (Hrsg.): Duden – Die Grammatik. 4., völlig neu bearbeitete und erweiterte Auflage. Dudenverlag: Mannheim; Leipzig; Wien; Zürich 1984. Seite 26. *Abb. 11* Süddeutsche Zeitung Magazin, 27. Mai 2005, Seite 3.

Karin Pittner /
Judith Berman

Deutsche Syntax

Ein Arbeitsbuch

narr studienbücher
2., durchgesehene Auflage 2007
200 Seiten
€ 19,90/SFr 34,90
ISBN 978-3-8233-6278-4

Dieses Lehrbuch führt in die Grundbegriffe und Methoden der syntaktischen Analyse des Deutschen ein. Behandelt werden syntaktische Kategorien und Funktionen, Valenz und Argumentstruktur, die Formen des Passivs, die Wortstellung, der Aufbau von komplexen Sätzen, Besonderheiten bei der Verwendung der Pronomina sowie Grundbegriffe der Informationsstruktur.
Jedes Kapitel enthält Übungen mit Lösungshinweisen und Literaturtipps zum Weiterlesen, die den Studierenden die Möglichkeit geben, sich den Stoff weitgehend selbständig zu erarbeiten.

Narr Francke Attempto Verlag GmbH + Co. KG
Postfach 2560 · D-72015 Tübingen · Fax (07071) 9797-11
Internet: www.narr.de · E-Mail: info@narr.de